TEMAS

JUDÍOS

EN EL **NUEVO TESTAMENTO**

Al judío primeramente
y también al griego

¡Am Yisrael Jai!

Paul Morris

Editorial CLIE
www.clie.es

EDITORIAL CLIE
C/ Ferrocarril, 8
08232 Viladecavalls
(Barcelona) ESPAÑA
E-mail: clie@clie.es
http://www.clie.es

Original publicado en inglés bajo el título *Jewish Themes in the New Testament*. Copyright © 2013 por Paul Morris, publicado por Authentic Media Limited, PO Box 6326, Bletchley, Milton Keynes, Reino Unido, MK1 9GG. Todos los derechos reservados.

Versión bíblica usada en esta obra: RV Revisada (RVR)

Temas judíos en el Nuevo Testamento
ISBN: 978-84-18204-34-0
Depósito Legal: B 4163-2021
Estudio bíblico
Nuevo Testamento
Referencia: 225153

INTRODUCCIÓN A LA EDICIÓN EN ESPAÑOL

Hay grandes similitudes entre los judíos en todas partes, por muy diferentes que sean el país y la cultura en la que viven. Los judíos de Sudáfrica que visiten Londres y asistan a un acto religioso o social judío se sentirán como en casa. Y con todo, notarán que hay diferencias, debido a la singular influencia de la historia, la religión, y la cultura de Londres. Lo mismo ocurre con cualquier otro país en donde los judíos se hayan asentado. Lo que sigue es un breve esfuerzo para resumir esas diferencias en Latinoamérica. Pido disculpas por las generalizaciones, y espero que un estudio más profundo del contenido del libro aporte una mayor claridad.

Los protestantes y los judíos llegaron por primera vez a Latinoamérica a principios del siglo XVI. Desde entonces han conocido experiencias parecidas de persecución, libertad, crecimiento e integración social. Tal cosa debería conducir a una gran comprensión y empatía mutuas. En lo que difieren, naturalmente, es que la mayor parte de la comunidad judía no cree que Jesús sea el Mesías, el Salvador y el Hijo de Dios. Pero, gracias a Dios, muchos creen y forman parte de las iglesias evangélicas junto con los creyentes de los diferentes pueblos que viven en Latinoamérica.

Hoy se dice que hay entre 460.000 y 600.000 judíos viviendo en Latinoamérica. Para empezar, eran judíos que huían de la Inquisición católico-romana en Europa, y que llegaban a asentamientos holandeses, británicos y franceses. La primera sinagoga de las Américas se fundó en Brasil en 1636. También había muchos cripto-judíos[1] que se establecieron en los centros urbanos coloniales de la Latinoamérica española y portuguesa hasta que llegó la Inquisición, tras lo cual se alejaron de los principales centros de población. Un gran número de estos inmigrantes iniciales se casó con mujeres no judías. Hoy existe un movimiento entre algunos de sus descendientes que quieren restablecer su identidad judía, lo que está causando cierta confusión. En este libro se aborda el tema, en especial el peligro del sincretismo. La mayoría de los judíos que hoy viven en Latinoamérica, llegaron durante los siglos XIX y XX escapando del antisemitismo en Europa y en el mundo árabe. Hoy los judíos siguen emigrando por razones familiares y económicas. Ha habido actitudes negativas hacia los judíos en Latinoamérica, como en otros lugares, pero en general han sido bien acogidos y han hecho contribuciones significativas a la sociedad, siendo Panamá el único país del mundo que ha tenido dos presidentes judíos en el siglo XX.

Durante los últimos ochenta años, y especialmente los últimos cincuenta, el número de iglesias protestantes ha

---

[1] El término "cripto-judío" es uno de los varios que se usan para referirse a los judíos que se declararon cristianos en tiempos de persecución pero que practicaban en secreto su judaísmo. Los distintos apelativos se explicarán más adelante en el libro.

experimentado un gran crecimiento. Esto ha impactado a la comunidad judía y, junto con el trabajo de misioneros extranjeros, los judíos han escuchado y han creído. Lo que espero de este libro es que sirva para fomentar y comprender mejor el testimonio cristiano hacia el pueblo judío, y que ayude a que los cristianos entiendan a los judíos que llegan a las iglesias.

Los cristianos latinoamericanos deberían sentirse animados por la larga historia de actitud positiva hacia los judíos por parte de sus predecesores protestantes. Muchos líderes de la iglesia del pasado han estudiado las Escrituras para comprender mejor los propósitos permanentes de Dios para con los hijos de Abraham, Isaac y Jacob. Un ministro puritano inglés, Richard Sibbes, que vivió entre 1577 y 1635 lo resume en pocas palabras: "Los judíos fieles se gozaron pensando en el llamado de los gentiles; y ¿por qué no deberíamos alegrarnos nosotros pensando en el llamado de los judíos?". Lo que marcó a esos hombres fue su amor por la Biblia, la palabra de Dios. Al estudiar las experiencias de Israel tanto en el Antiguo como en el Nuevo Testamento, se dieron cuenta de cuánto les debían. Aprendieron de aquellos hombres y mujeres de la antigüedad, tratando de evitar sus errores y de seguir el ejemplo de su fidelidad. Al encontrarse con judíos en su propio día, los respetaron como descendientes de Abraham, Isaac y Jacob, y trataron humildemente de ganarlos para Jesús. Es bueno que los cristianos aprendamos todos de Israel y anhelemos su salvación.

ÍNDICE

INTRODUCCIÓN

El objetivo de este libro es ver lo que dice el Nuevo Testamento sobre los judíos en la era del Nuevo Pacto, el tiempo que sigue a la venida de Jesús el Mesías. No ha sido escrito desde la distancia, sino por alguien que ha pasado muchos años como testigo de Jesús entre su pueblo, Israel. No soy judío, pero me he esforzado por ponerme en el lugar de Israel tratando de hacerme judío para los judíos.

Puede que el título *Temas judíos en el Nuevo Testamento* sorprenda y, quizás, confunda. ¿Tan ambicioso es este trabajo como para intentar cubrir absolutamente todos los temas principales del Nuevo Testamento? ¿Acaso no son todos los temas del Nuevo Testamento "judíos", en el sentido de que el Nuevo Testamento es el cumplimiento de todo lo prometido al pueblo judío en el Antiguo Testamento? El objetivo de este libro no abarca tanto.

Nos centraremos en lo que ocurre con los judíos ahora que el Mesías[2] ha venido. ¿Se puede entender que desaparezcan de la escena ahora? Ese no es el destino que se podría esperar para aquellos que han recibido las promesas de Dios. El Nuevo Testamento está de acuerdo, y al leerlo descubrimos que Jesús y sus apóstoles tenían mucho que decir, lo que sigue siendo importante para los judíos y para la relación entre ellos y los creyentes en Jesús.

Am Yisrael Jai! (¡El pueblo de Israel vive!)

El alma de la enseñanza del Nuevo Testamento sobre los judíos afirma su existencia permanente y la fidelidad permanente de Dios hacia ellos, a pesar de que parezca todo lo contrario. ¡Es lo que proclama *¡Am Yisrael Jai!*

La mentalidad judía realza su identidad corporativa a un nivel raramente equiparable con ninguna otra nación. Los judíos piensan mucho más colectivamente que la mayoría de los pueblos. La historia y la experiencia judía (me refiero al pacto de Dios con ellos, el mandamiento de no mezclarse, la experiencia de la persecución), los ha llevado a un sentido de unión y solidaridad, tanto hoy como con todos los judíos de cualquier época, que hace que la expresión "Israel vive" sea bastante natural. Aún más, es una afirmación de fe y un grito de alegría.

---

[2] La mayoría de los lectores sabrá que el término *"HaMashiah"* es el título que se le da al libertador prometido por Dios. Equivale en español a Mesías, transcrito del hebreo al griego como *Mashiaj*, que significa "ungido". Como los sacerdotes, reyes y profetas de Israel eran ungidos, el Mesías es el ungido para cumplir con todas esas funciones. La palabra Mesías solo aparece dos veces en el Nuevo Testamento griego, mientras que el término más común en el griego es *Jristos*, que también significa "ungido", de donde tenemos la palabra "Cristo". En este libro he usado tanto Mesías como Cristo según convenga en cada contexto particular.

¡Am Yisrael Jai! es en realidad el título de una canción judía moderna que se regocija de su existencia perdurable, particularmente a la luz del Holocausto[3] y al establecimiento del Estado de Israel. Una canción así no debería sorprender a quien conoce el Nuevo Testamento. De eso trata este libro. Como pueblo viven: *¡Am Yisrael Jai!*

Temas judíos en el Nuevo Testamento

La existencia perdurable del pueblo judío es algo que el Nuevo Testamento espera, y la palabra "temas" del título está en plural porque son muchos los aspectos a tener en cuenta. Los escritores del Nuevo Testamento nunca imaginaron que, como consecuencia del rechazo de Jesús por parte de muchos de ellos, los judíos simplemente desaparecieran de la historia. Escribieron con el fin de ayudar a los cristianos a compartir el evangelio con ellos, alentar a los que alcanzaban la fe, entender la diferencia entre judíos, gentiles y cristianos, y comprender de alguna manera los propósitos de Dios para los judíos como pueblo. Demasiadas veces, los cristianos, al

---

[3] El término "Holocausto", se refiere al genocidio deliberado de millones de judíos y de su vida comunitaria perpetrado por los nazis durante la Segunda Guerra Mundial. No es el término que más me gusta, pero lo uso porque es el más conocido. Prefiero el término *"Shoah"*, que ahora se usa más ampliamente pero que no ha reemplazado al de "Holocausto". *Shoah* es una palabra hebrea que significa "desolación", como por ejemplo en Is 47:11, refiriéndose al destino de Babilonia, mientras que "holocausto" es el equivalente griego de la palabra hebrea *oláh*, referido a una ofrenda totalmente quemada. La idea de que el sufrimiento y la muerte del pueblo judío podrían de alguna manera expiar el pecado no es ajena al judaísmo rabínico, pero sí lo es para la Biblia, y por eso "Holocausto" es un término que no me gusta.

mencionar a los judíos pensamos solo en historia o profecía, por lo que todo el asunto se vuelve impersonal y teórico. Este libro tendrá en cuenta tanto la historia como la profecía, pero atiende a mucho más; trata de los judíos y del pueblo judío.

¿Es acaso otro libro de alguien atacado por el "virus judío"? Entre los cristianos de hoy hay quienes parecen ver a la iglesia como un fenómeno que ha alcanzado su "fecha de caducidad"; toda su visión se ha llenado de judíos, y parece que no pueden hablar de otra cosa. Estas personas pueden ser muy repelentes para aquellos cristianos que ven a la iglesia como el cuerpo glorioso de Cristo, pero que están dispuestos a considerar estos temas judíos en el Nuevo Testamento. Espero que este libro no lo sea para ti, que solo te emocione, te llene de humildad y te conduzca a la alabanza y la oración.

Al final de cada capítulo hay algunas preguntas que pueden usarse para discutirlas en grupo o considerarlas individualmente. En este último caso, recomendaría escribir las respuestas a las preguntas, ya que creo que responder una pregunta en su mente y asegurarse de que tiene claro el tema es fácil, pero escribirla es mejor y así corroborar si se ha entendido bien el asunto en cuestión.

1ª PARTE

Privilegios y promesas

CAPÍTULO 1

Yahveh, el Dios de Israel

El evangelio es el evangelio de Dios y es para su gloria. Ahí es donde debería comenzar nuestra consideración de los temas judíos. El pueblo de Israel vive, y eso demuestra algo acerca de Dios mismo.

Dios tiene nombre. No es una idea abstracta, sino una persona, y reveló su nombre y todo cuanto significa a los judíos. Su nombre es Yahveh.[4] Sé que hay diferentes ideas sobre cómo se debe pronunciar el nombre divino, pero en este

---

[4] YHVH son las cuatro letras hebreas del nombre de Dios. La pronunciación Yahveh viene por la forma en que el nombre fue transcrito al griego en la literatura cristiana primitiva. La pronunciación "Jehová" es mucho más tardía (siglo XII) y resulta de combinar las consonantes YHVH con las vocales de la palabra hebrea *adonai* (mi Señor), siendo esta última la palabra usada por los judíos para sustituir el nombre de Dios cuando leían el texto, ya que el nombre de Dios se consideraba demasiado sagrado para ser pronunciado. Aunque la ortografía *Yahveh* es la pronunciación más correcta, en inglés se suele usar *Yahweh*.

libro usaremos "Yahveh". No es mi intención usar "Yahveh" siempre, cuando "Señor" sería lo normal, ya que puede ser poco común para la mayoría de los lectores, pero lo haré cada vez que aparezca por primera vez en un capítulo para subrayar que Dios tiene un nombre. No hay duda de que el nombre está relacionado con el verbo "ser". El Dios de Israel declara por su nombre que *él es*, que *él vive*. ¡Porque él vive, podemos exclamar *¡Am Yisrael Jai!* El pueblo de Israel vive.

Cuando en Romanos 11 el apóstol Pablo analiza más de cerca los propósitos de Dios para con los judíos, comienza planteando la cuestión de su rechazo y si, a causa de ello, están excluidos de los planes futuros de Dios. Su respuesta es enfática: "¡De ninguna manera!" (Ro 11:12). Lo que se subraya aquí es que Yahveh es un Dios fiel. Una vez que entra en una relación de pacto con un pueblo, nunca renegará de ellos, sino que cumplirá todas sus promesas.

Un poco más adelante en ese mismo capítulo, Pablo escribe que Israel es "amado(s) por causa de los padres" (Ro 11:28), refiriéndose a Abraham, Isaac y Jacob. Debido a su fidelidad para con aquellos hombres, Dios ama a los judíos hoy. Lo hace libre e incondicionalmente. El Dios de Israel es un *Dios de amor*. Como dijo cierto escritor de himnos, el amor de Dios es más amplio que la medida de la mente humana.

Tenemos que estudiar la incredulidad de muchos judíos y los dolorosos acontecimientos de su historia. Pablo explica su dureza de corazón diciendo que Dios les ha dado un espíritu insensible debido a su incredulidad, y el Señor Jesús enseñó que la destrucción de Jerusalén y el sufrimiento del exilio de la tierra fueron "días de retribución" (Lc 19:41-44, 21:20-24). Eso muestra que Yahveh es un Dios de juicio. Es una advertencia para nosotros. Como Pablo escribió a los cristianos que solían jactarse contra los judíos: "No te jactes, sino teme, porque si Dios no perdonó a las ramas naturales, a ti tampoco te perdonará" (Ro 11:20-21).

En Romanos 9 al 11, el apóstol Pablo aborda la cuestión del trato de Dios para con su pueblo, los judíos, en los días del Mesías, centrándose al principio en el problema de su incredulidad. ¿Se equivocó Dios? ¿Han sido anuladas todas las promesas que les fueron hechas? ¿Son los judíos especialmente perversos? La respuesta de Pablo comienza con Dios, y su explicación básica es que Dios toma decisiones basadas en su sola voluntad. Lo que importa es que *Yahveh es soberano*. Si las personas creen en el evangelio, no es porque de alguna manera estén más inclinados a hacerlo que otros, sino porque Dios los ha elegido para salvación y les ha dado la gracia de creer. Esto es lo que se dice de los judíos que creen en Jesús llamándoles "un remanente elegido por gracia" (Ro 11:5). Algunos judíos creen debido a la elección soberana de Dios. Tales verdades nos llenan de humildad y recalcan nuestra total dependencia de la gracia de Dios.

Al final de Romanos 11, Pablo reflexiona sobre los propósitos de salvación de Dios para con los gentiles y los judíos, en concreto, de su desobediencia. En su respuesta se maravilla de *la sabiduría y el conocimiento de Yahveh* (Ro 11:30,33). No podemos adivinar la forma de actuar de Dios, ni le hemos aportado la más mínima idea. En cuanto a revelación, dependemos absolutamente de él.

Al final del mismo pasaje de Romanos, Pablo solo puede gozarse en Dios y declarar: "a él sea la gloria por los siglos. Amén" (Ro 11:36). Dios ha de ser glorificado por todas sus criaturas por todo cuanto hace, pero es especialmente glorificado por la obra misionera: la difusión de su reino en los corazones de hombres y mujeres de todo su mundo. Satanás ha desafiado a Dios, ha tratado de manchar su gloria, pero Dios, a través de su Hijo, de Jesús el Mesías, es quien tiene la última palabra. Los judíos están incluidos en esta batalla. Ver a un pueblo que tiene un pacto con Dios Todopoderoso, pero caracterizado casi totalmente por la incredulidad, agrada sin duda a Satanás, si acaso es esto posible. Pablo nos asegura que la última palabra le pertenece a Dios, y que será glorificado.

CAPÍTULO 2

Su pueblo

"Seré a vosotros por Dios, y vosotros me seréis por pueblo" es la declaración que mejor resume lo que es para un pueblo tener una relación pactada con Yahveh. Se usa en el Antiguo Testamento para describir la relación de Israel con Dios (Jer 7:23), y en el Nuevo Testamento Pedro usa palabras similares cuando habla de la iglesia (1Pe 2:9-10). Esto indica que Dios ha adquirido un compromiso y sitúa a las personas en una posición de bendición y de obligación. Al comienzo de Romanos 11, describiendo la relación de los judíos con el Señor en la era del Nuevo Testamento, el apóstol Pablo los llama "su pueblo" (Ro 11:1). Dios sigue comprometido con ellos, dispuesto a bendecirlos, y ellos todavía le deben obediencia.

Puede parecernos raro, y sobre todo para quienes tenemos una mente sistemática, pero eso quiere decir que hay dos grupos en el mundo de hoy que llevan el nombre de "pueblo de

Dios": los judíos y la iglesia. Sencillamente, la naturaleza de sus relaciones pactadas es distinta, pero está claro que ambos tienen una relación sea cual sea su clase. Si nos detenemos a pensarlo, llegaremos a la conclusión de que tal cosa es inevitable debido a la naturaleza del evangelio, porque es el cumplimiento de las promesas que Dios hizo a Israel como pueblo suyo. Mientras Dios esté salvando a judíos y gentiles –y sabemos que así será hasta el fin del mundo– para Israel, el evangelio es una promesa cumplida. Siguen siendo su pueblo de la promesa y continuará siempre salvando a mucho de ellos. Pero, como es natural, esos judíos y gentiles que creen vienen a ser parte de un nuevo cuerpo, la iglesia de Jesucristo, que es el pueblo del nuevo pacto con Dios. No hay otro camino para los judíos, no hay un plan diferente, el objetivo es ser parte del cuerpo del Mesías y esperar de nuevo su venida en gloria. El punto de llegada es el mismo, pero el punto de partida es diferente, lo que quiere decir que los judíos tienen que arrepentirse y creer que las promesas que Dios les hizo se han cumplido en Jesús. Veremos con más detalle la conexión que hay entre los judíos y la iglesia en la 4ª parte de este libro, pero en relación con esto podemos decir que, en lo que respecta a la relación de la humanidad con Dios, esta se divide en tres grupos, como en otro lugar escribe Pablo en relación con la comida ofrecida a los ídolos: "No seáis tropiezo ni a judíos, ni a gentiles, ni a la iglesia de Dios" (1Co 10:32). Los cristianos tendemos a ver el mundo según dos categorías principales, la iglesia y el mundo, lo cual, si tenemos en cuenta a Pablo, es claramente simplificar demasiado. Una consecuencia de ello es que para muchos cristianos los judíos simplemente no aparecen en su radar, y al Antiguo Testamento parecen darle poca importancia porque tienen el Nuevo. Es una pena que las cosas sean así.

Pero, ¿cuál es la relación pactada entre Dios e Israel ahora? Si se abolió el pacto mosaico, ¿qué queda? (Jer 31:32-33; Heb 8:13). En Romanos 11, Pablo escribe: "son amados por causa de los padres" (v. 28). No solo nos dice que la actitud fundamental del Señor hacia Israel es de amor, sino que, además, responde a nuestra pregunta. Debido a su relación con Abraham, Isaac y Jacob, por las promesas que les hizo, y a pesar de su incredulidad, el Señor sigue comprometido con los judíos. No han sido tirados a la papelera de la historia. Él permanece fiel. Pocos padres y madres se negarán a visitar a un hijo que ha sido metido en la cárcel por un delito grave, a pesar de la vergüenza y el dolor que sientan. ¿Cómo no va a permanecer fiel el Señor a los judíos?

Ahora me doy cuenta de que volver a referirme al pacto abrahámico plantea algunas preguntas difíciles. Podría parecer que ignoro todo lo acontecido a partir de aquel pacto. ¿Acaso trato de retrasar el reloj y decir que todo continúa como cuando el Señor hizo por primera vez aquel pacto con Abraham? Claro que no. Pero el hecho de que Pablo hable de Abraham en Romanos 11:28 indica que existe un lugar donde buscar la manera de entender cómo el Señor trata con los judíos hoy. El Señor hizo siete promesas a Abraham cuando le habló por primera vez (Gn 12:1-3). Cómo entender su fidelidad con respecto a estas promesas en la actualidad es el verdadero tema de este libro.

Una conclusión equivocada

Muchos llegan a la conclusión de que, puesto que los judíos siguen siendo el pueblo de Dios, algún día se les devolverá instantáneamente todo cuanto perdieron por causa de su incredulidad. Esperan que el orden mosaico de las cosas sea restaurado, incluidos el templo, el sacerdocio y el reino, ignorando de alguna manera el desarrollo de los propósitos de Dios a través del nuevo pacto. El libro de Hebreos fue escrito para que los creyentes judíos perdieran tales esperanzas, y el mismo efecto debería producirse en los creyentes no judíos. En Hebreos 10:1, se dice que las estipulaciones del pacto mosaico son como "la sombra de los bienes venideros", seguidas en el versículo 9 por la declaración: "quita lo primero para establecer lo segundo". El objetivo general de Hebreos es resaltar que estamos en los últimos días del trato de Dios con la humanidad (Heb 1:1-2), que el nuevo pacto es a través de su Hijo, y que no debemos esperar más cambios antes del regreso del Hijo —y desde luego nada que huela a un retorno al antiguo estatuto del pacto mosaico.

Me parece que esta expectativa de un retorno a alguna forma de judaísmo ha provocado una reacción contraria que lleva al otro extremo y, a concluir, que la incredulidad de los judíos significa que, como nación, han perdido todo lo que una vez tuvieron. Es decir, que Dios ya no trata más con los judíos como pueblo; simplemente no figuran en el escenario. Se trata de una grave y exagerada reacción. No nos debe sorprender que algunos creyentes judíos respondan de manera tan exagerada a un fenómeno cristiano gentil que creo tiene todas las características típicas de esa arrogancia frente a las ramas naturales que Pablo denuncia en Romanos 11:18-19.

Los judíos no son judíos, los cristianos sí

Hay quienes llegan a decir que aquellos a quienes llamamos judíos en realidad no son judíos en absoluto. Suelen referirse a Romanos 2:25-9, donde Pablo escribe: "No es judío el que lo es exteriormente, ni es circuncisión la que se hace exteriormente en la carne", y concluyen que los cristianos son los únicos judíos verdaderos y que los judíos que no creen, no son judíos en absoluto. Pero tal interpretación del pasaje es errónea. Es verdad que Pablo dice que los gentiles no circuncidados, que tienen lo realmente importante, han de ser vistos por los judíos como realmente circuncidados, pero lo que realmente pretende es despertar a judíos no salvos y que se justifican a sí mismos espiritualmente. En este pasaje, no se dirige a los gentiles convertidos para decirles que son judíos y que los judíos que no creen no lo son. Viéndolo desde una perspectiva eterna, si los judíos que no creen continúan en ese estado, lo perderán todo, todos los privilegios de ser judíos; esa es la advertencia. Pablo quiere provocarlos para lograr su propósito. Su propósito no es privar a los judíos que no creen de su carácter de judíos, porque en el mismo versículo que sigue (3:1) usa el término "judío" para referirse a los judíos en general a lo largo de la historia, creyentes y no creyentes. Y vemos que utiliza el mismo lenguaje más adelante en Romanos: "¿Qué, pues? Lo que buscaba Israel, no lo ha alcanzado; pero los escogidos sí lo han alcanzado, y los demás fueron endurecidos" (Ro 11:7). Aquí Pablo usa a Israel para referirse tanto a los que creen como a los no creen; él no pretende que los que creen dejen de ser Israel. Incluso me he encontrado con quien dice, basándose en Romanos 2:25–9, que los judíos que no eran judíos en su interior en el período del Antiguo Testamento no eran en absoluto judíos. Supongo que es el resultado lógico de malinterpretar a Pablo. Si así fuera, entonces los profetas se equivocaron al acusarlos de no cumplir con sus obligaciones del pacto, y Dios fue tremendamente injusto por castigarlos por ese fracaso si, en realidad, nunca estuvieron en el pacto, al no ser en absoluto judíos.

Hay que resaltar que el objetivo de Pablo en Romanos 2:25-9 no es centrarse en la nueva situación de los creyentes no judíos. Él hace eso en Gálatas 3:7 y 3:29, donde habla de ellos según su relación con Abraham. Cuando el propósito de Pablo es ocuparse de la nueva situación espiritual de los creyentes gentiles, no usa el término "judío", lo que causaría confusión. Prefiere usar la expresión "hijos de Abraham", "herederos de la promesa", "parientes". Ciertamente, si un no judío da testimonio a alguien que es judío, y se identifica también como judío, lo confundirá y lo ofenderá, mientras un término como "hijo de Abraham por fe" no lo hará. Los judíos están acostumbrados a ser tratados como si no fueran personas, y que un cristiano diga ser judío les huele mal.

Me parece interesante que, en todo cuanto he leído de quienes dicen que los judíos que no creen ya no son judíos, nunca he leído que le hayan asignado un nuevo nombre. Me da la impresión de que tales cristianos se preocupan muy poco de los judíos como pueblo; simplemente no están en su radar. De esta manera no consiguen reflejar la imagen de Dios al que dicen servir.

Hay quienes llevan esta línea de pensamiento al extremo de decir que quienes se autodenominan judíos hoy en realidad no pueden reclamar ser descendientes de los judíos bíblicos. Afirman que, debido a tantos matrimonios mixtos y a un conocido caso de conversión en masa al judaísmo,[5] los

---

[5] En su libro *The Thirteenth Tribe* (La tribu número trece), Arthur Koestler, autor judío secular, dice que la conversión al judaísmo a mediados del siglo VIII de la nación jázara, un pueblo de origen turco que vivía en la región entre el mar Negro y el mar Caspio, significó que la mayoría de los judíos europeos dejaron de ser semíticos al unirse en matrimonio los jázaros con

descendientes de los patriarcas simplemente han desaparecido de la historia. Por tanto, quienes hoy en día se autodenominan "judíos" no pueden reclamar esas promesas como suyas. Yo les respondería lo siguiente: toda la argumentación de Pablo en Romanos 11 presupone la existencia continuada de los judíos como el pueblo de las promesas, recalcado por una de las declaraciones finales del capítulo, "porque los dones y el llamamiento de Dios son irrevocables" (Ro 11:29). Como nación, todavía tienen un llamado de Dios y su incredulidad no lo niega, como tampoco nuestros fallos niegan el nuestro.

"Teología del reemplazo"

Si no sabes lo que es la "teología del reemplazo", esta es sin duda una buena ocasión para presentarla. Es un término creado para expresar la opinión de que los judíos, como pueblo, ya no figuran en los propósitos de salvación de Dios. Este punto de vista no niega que los judíos puedan ser salvos

---

sus descendientes semíticos. Su conclusión es que los judíos de hoy han de aceptar esta realidad, dejar de fingir que son diferentes, asimilarse y terminar con el antisemitismo. Su argumento está lleno de conjeturas, ya que hay pocas evidencias de lo que les sucedió a los jázaros después de que su imperio fuera debilitado por los rusos alrededor del año 1000 d.C. y destruido por Genghis Khan a mediados del siglo XIII. Koestler supone que los supervivientes huyeron en masa hacia el oeste, se mantuvieron fieles al judaísmo y aumentaron masivamente el número de judíos de Europa del Este. Es mucho suponer, y su talón de Aquiles es la falta de palabras prestadas del turco en *yiddish*, el idioma de la judería de Europa del Este, que es esencialmente un dialecto del medio este alemán mezclado con elementos hebreos y eslavos. Además, podríamos contestarle a Koestler: "Bueno, y qué". El pertenecer a la nación judía siempre se ha otorgado a los conversos al judaísmo, y como los jázaros lo eran, entonces eran judíos".

individualmente, pero entiende que la nación judía no figura ya en los propósitos de Dios, y que cualquier estado especial que alguna vez hubieran tenido se perdió debido a su incredulidad. Este punto de vista cree que Dios ha cumplido las promesas que les hizo, y que la iglesia de Jesús el Mesías ha reemplazado a Israel; de ahí la expresión "teología del reemplazo". No es un tema fácil de tratar, así que espero que seas paciente mientras trato de explicar mi punto de vista.

La "teología del reemplazo" fue elaborada por cristianos que prevén que el gran final de la historia es el regreso de Jesús para establecer un reino terrestre y milenario en la tierra de Israel, con su trono en Jerusalén y con alguna forma de restauración de las instituciones mosaicas (generalmente llamado premilenarismo). Obviamente, este punto de vista considera a los judíos como parte muy importante de los propósitos de Dios.

Algunos de los que tienen esta esperanza milenaria han sacado las cosas de quicio y enseñan que ese reino terrenal fue siempre el plan principal de Dios, y no la iglesia que vemos hoy (visión conocida como dispensacionalismo); es decir, que su intención era establecerlo como el clímax del ministerio terrenal de Jesús. Tal punto de vista no considera a la iglesia, tal como la conocemos hoy, como parte del plan original de Dios, por lo que hablar de la iglesia como la cumbre del plan de redención de Dios implicaría reemplazar a Israel de su posición central.

La desafortunada consecuencia de emplear el término "teología del reemplazo" es que los cristianos que no esperan un reino milenario terrenal son inmediatamente tildados como los del "reemplazo", siendo rápidamente rechazados por no amar a Israel, aunque crean que Israel sigue siendo el pueblo del pacto y la promesa, y esperen una futura adhesión de los judíos al Mesías por causa del pacto y la promesa de Dios. Yo soy uno de ellos y hay muchos más como yo, y se nos estigmatiza simplemente porque no somos premilenaristas. Pero me molesta que me clasifiquen con aquellos que creen que Dios ha desechado a Israel simplemente porque no soy premilenarista.

Para complicar aún más las cosas, a algunos de los que creen como yo, les encanta usar la "teología del reemplazo" para explicar que Israel no conserva su posición de pueblo de Dios. El resultado es que la misma expresión "teología del reemplazo" se utiliza para identificar dos puntos de vista diferentes. Una opinión habla de "reemplazo" porque rechaza a Israel como pueblo de Dios; la otra habla de "reemplazo" porque también rechaza el premilenarismo. La confusión está servida y, por eso, no la uso.

¿Hay entonces una expresión mejor que podamos utilizar en caso de tener que referirnos a la opinión de quienes no estamos de acuerdo con la enseñanza de que Israel mantiene un pacto con el Señor? Sugiero dos posibilidades: teología de la *exclusión* o teología de la *arrogancia*. La de la exclusión no es la mejor porque da a entender que se excluye a los judíos de la salvación, cosa que nadie en este debate sostiene, a pesar de que hay quienes en realidad los están excluyendo de la posición del pacto. El término es mejor que el de reemplazo, porque todos cuantos creen que los judíos mantienen la posición del pacto pueden usarlo y sin estigmatizarse mutuamente. Sin embargo, prefiero la expresión *teología de la arrogancia* porque recoge la terminología de Pablo al ir contra esa idea errónea (Ro 11:18-19), y se dirige tanto al corazón como a la mente de la persona.

Pero todo lo anterior tiene que ver con palabras que se usan para describir una opinión contraria. ¿Qué término usamos para expresar lo que creemos? Hablaremos de esto más adelante, cuando consideremos la metáfora del olivo de Romanos 11, donde se resalta el *injerto*, aunque seguramente, el término del Nuevo Testamento es *cumplimiento*. La creación de la iglesia del nuevo pacto compuesta por judíos y gentiles es el cumplimiento de las promesas de Dios a Israel bajo el antiguo pacto. De no ser así, los escritores del Nuevo Testamento simplemente no habrían podido emplear la terminología del Antiguo Testamento para describir las realidades del Nuevo Testamento.[6] O, mejor aún, el infinitivo *cumplir*, que subraya que se trata de una obra de Dios en fase de realización en la actualidad. Es un término que no deja el más mínimo lugar a la idea de que los judíos han perdido su posición como pueblo de la promesa, porque subraya que las promesas hechas a Israel todavía se están cumpliendo en la obra del evangelio hoy, en particular mediante la salvación de los judíos que creen. Es un término que también mantiene la puerta abierta a mayores posibilidades futuras mediante un nuevo impulso de la obra del Espíritu de Dios en Israel.

Preguntas:

1. ¿En qué sentido Israel sigue siendo el pueblo de Dios?
2. ¿Es judío un cristiano gentil?
3. ¿Cuáles son los pros y los contras de la expresión "teología del reemplazo"?

---

[6] Ef 2:19-22; 1Pe 2:4-5 (hay quien enseña que 1 Pedro fue escrita solo para los judíos cristianos, pero 2Pe 3:1 deja claro que la segunda epístola fue escrita para la misma audiencia que la primera, y esta segunda epístola está claramente dirigida a todos los cristianos. Ver 2Pe 1:1).

CAPÍTULO 3

Al judío primeramente

Las palabras de Pablo, "al judío primeramente", son palabras que provocan respuestas diversas. Para algunos, son un grito de guerra en la lucha por crear el interés por los judíos, pero para otros son palabras que deben pronunciarse con mucho cuidado en caso de que ideas supremacistas surjan y se propaguen. Quiero comenzar retrocediendo un poco para ver las cosas en su contexto.

El Señor Jesús describió claramente a sus apóstoles su plan para la difusión del evangelio al abandonar esta tierra: "Me seréis testigos en Jerusalén, en toda Judea, en Samaria, y hasta lo último de la tierra" (Hch 1:8). Sus palabras han guiado e inspirado las estrategias misioneras desde entonces, produciendo declaraciones como: "No es realista mirar a lo lejos si no somos fieles y activos aquí donde estamos". Es decir, comienza donde estás, en tu propia Jerusalén.

Ahora bien, eso está bien siempre y cuando no se pierda de vista la perspectiva más amplia de las palabras del Señor Jesús. Jesús no dijo comenzar en Jerusalén porque allí es donde estaban en aquel momento. Después de todo, la mayoría eran galileos, y ciertamente se habrían sentido más cómodos comenzando en la tierra de origen, lejos de Jerusalén, donde Jesús había sido crucificado. Siguiendo los criterios del sentido común, habrían preferido Galilea. Sin embargo, había algo en el sitio que Jerusalén ocupaba en los propósitos de Dios que hacía esencial el comenzar allí. Y lo mismo podría decirse de los propios judíos. Algo en cuanto a su posición en los propósitos de Dios hacía que su nación fuera la primera en oír el evangelio. Esa verdad también afectaría la primera predicación del evangelio más allá de los confines de la tierra de Israel, y es mirando a esa historia que comenzamos a entender por qué Pablo escribió que el evangelio es, en primer lugar, para los judíos y, después, para los griegos (Ro 1:16).

El ejemplo de Pablo

Pablo era el apóstol de los gentiles, pero sería comprensible que pensáramos que muchas veces se olvidaba de ello, porque a dondequiera que iba, acudía siempre primero a los judíos. Por ejemplo: su primer viaje misionero, que comenzó en Chipre: "Y llegados a Salamina, anunciaban la palabra de Dios en las sinagogas de los judíos" (Hch 13:5). En Berea, durante su segundo viaje, leemos: "Y ellos, habiendo llegado, entraron en la sinagoga de los judíos" (Hch 17:10). Pablo siguió actuando así en su ministerio posterior en Éfeso: "Y llegó a Éfeso, y a ellos los dejó allí; mas él, entrando en la sinagoga, discutía con los judíos" (Hch 18:19). Por último, cuando llegó a Roma bajo arresto, lo primero que hizo fue dirigirse a los suyos: "Aconteció que tres días después, Pablo convocó a los principales de los judíos" (Hch 28:17). El libro de los Hechos se cierra con la nota del apóstol de los gentiles haciendo un intento específico de alcanzar a los judíos. Lucas lo resume todo al describir la visita de Pablo a la sinagoga de Tesalónica: "Y Pablo, *como acostumbraba*, fue a ellos, y por tres sábados discutió con ellos, basándose en las Escrituras" (Hch 17:2, cursivas mías). Hablando en la sinagoga de Antioquía, Pablo dijo: "Era *necesario* que la palabra de Dios os fuera anunciada primero" (Hch 13:46, cursivas mías). No se trataba simplemente de una brillante idea de Pablo como estratega inteligente, sino de una obligación que le era impuesta.

Las promesas de Dios

Cuando Pablo predicaba a los judíos, les anunciaba una promesa cumplida: "Y nosotros también os anunciamos la Buena Nueva de que la promesa hecha a nuestros padres, Dios la ha cumplido a los hijos de ellos, a nosotros, resucitando a Jesús" (Hch 13:32-33). Nunca utilizó ese lenguaje con los gentiles. Para ellos, el evangelio era un llamado directo al arrepentimiento, porque Dios había pasado por alto sus pecados de ignorancia (Hch 17:30); no menciona promesa alguna que Dios les hubiera hecho. Es más, en Efesios, Pablo declara que los gentiles son, por definición, "extranjeros en cuanto a los pactos de la promesa" (Ef 2:12).

Las promesas en las que Pablo estaba pensando eran, obviamente, las hechas por Yahveh a Abraham, y que repitió y desarrolló tantas veces a través de los profetas: promesas sobre sus destinos nacionales, y promesas de un Salvador que los libraría de la maldición del pecado, promesas que vislumbraban la compasión de Dios por el mundo entero. En previsión de su cumplimiento, el salmista escribió: "Se ha acordado de su misericordia y de su verdad para con la casa de Israel; todos los confines de la tierra han visto la salvación de nuestro Dios" (Sal 98:3). Para Pablo esto significaba que, como apóstol de los gentiles, él tenía la obligación de hablarles a los judíos primero.

¡Dios es fiel a sus promesas! Se asegura minuciosamente de que los receptores no sean ignorados, porque entonces él mismo sería infiel e incluso falto de amor. Como ejemplo, podemos imaginar una situación en la que se envían sendos paquetes idénticos a dos personas distintas. A una de ellas se le prometió un regalo y se le pidió que estuviera a la espera, pero la otra desconoce por completo que se le enviaría un regalo. Lo propio es que el remitente le haga saber al transportista que es prioritario entregar el paquete prometido primero y a tiempo. La reputación del remitente está en juego, y el receptor no debe dudar en ningún momento del amor y la fidelidad del remitente que le envía el regalo. Esa es la actitud que Dios tiene para con los judíos y es por eso que ellos han sido los primeros en oír. Pero imaginémonos —siguiendo este ejemplo— que el transportista no sigue las instrucciones, y la persona que está a la espera y atenta se da cuenta de que el regalo es entregado en otro sitio, y que no se ha hecho ningún esfuerzo por entregar el que se le había prometido primero y a tiempo. Valdría preguntarse si el otro paquete que tiene el transportista es o no el regalo prometido. En ese caso, los judíos habrían tenido motivos para cuestionar si Jesús era el

Mesías, siendo sus mensajeros negligentes por no hablarles a quienes realmente lo estaban esperando.

"Al judío primeramente" ahora

Hay quien puede pensar que todo esto es muy interesante, pero que seguramente no es más que historia, y que tiene poca relevancia para la obra evangelizadora y misionera actual. Podría ser así si la posición prioritaria de Israel solo se mencionara en los evangelios y en los Hechos, pero si encontramos que las epístolas también insisten en ello, deberíamos pararnos a pensar. Las palabras "Al judío primeramente" de Romanos 1:16-17 nos desafían a que lo hagamos. Estas son las palabras de Pablo: "Porque no me avergüenzo del evangelio, porque es poder de Dios para salvación a todo aquel que cree; al judío primeramente, y también al griego. Porque en el evangelio la justicia de Dios se revela por fe y para fe, como está escrito: «Mas el justo por la fe vivirá»".

Este es el resumen del evangelio de Pablo, siendo el resto de Romanos esencialmente su exposición. Si tú mismo intentaras resumir el evangelio en dos frases –¿por qué no pararte e intentarlo en este momento?– me pregunto si incluirías la declaración "al judío primeramente y también al griego". Creo que la mayoría de los cristianos evangélicos de hoy en día no lo haríamos. Pero lo cierto es que Pablo sí lo hizo, y por la muy buena razón de que expresó una verdad tan fundamental como las demás. Mencionar al judío y al gentil nos recuerda que el evangelio se basa en cómo ha obrado Dios en la historia y, en particular, con un pueblo, los judíos. El evangelio no es solo otro sistema más de ideas. La mención de los judíos también habla de que el evangelio tiene que ver con promesas hechas por Dios y que se han cumplido. "Al judío primeramente" es, por tanto, la esencia misma del evangelio.

Pero muchos se han olvidado de su importancia. Y, sin embargo, ¿quién pasaría por alto la importancia de las otras expresiones utilizadas por Pablo, como "justicia", "fe", "se revela"? Todos los cristianos se horrorizarían con solo pensarlo. Y, aun así, de algún modo, "al judío primeramente", es para muchos algo de relevancia pasajera. Por tanto, si la historia y la promesa exigían, en los días de Pablo, que el evangelio fuera predicado primero a los judíos, que Pablo incluyera la frase "al judío primeramente" en su resumen de lo que es el evangelio como relevante en todo tiempo, tiene que afectar a nuestra predicación del evangelio ahora. El evangelio sigue siendo un mensaje arraigado en la historia y sigue siendo el cumplimiento de las promesas hechas a un pueblo, los judíos.

La siguiente vez que, en Romanos, Pablo utiliza la frase "al judío primeramente", subraya que es "relevante para todos los tiempos". Escribe sobre eso: "el día de la ira y de la revelación del justo juicio de Dios", y las consecuencias para quienes no se arrepientan: "tribulación y angustia sobre todo ser humano que obra lo malo, el judío primeramente y también el griego" (Ro 2:5,9). Sea lo que sea que eso signifique en detalle, una cosa está clara: que los judíos están primero, porque los privilegios y las promesas de Dios están vigentes hasta el mismo día del juicio, y tendrán sus consecuencias en ese día.

El paradigma del final de Hechos

La forma en que acaba Hechos muestra que la prioridad sigue siendo la misma. El relato de Lucas cuenta la historia de cómo comenzó a cumplirse el mandato del Señor Jesús de predicar el evangelio en Jerusalén, Samaria y hasta lo último de la tierra (Hch 1:8). Su relato se acaba en Roma, con la historia inconclusa, pero mostrando que se sigue dando testimonio a todos, incluido un esfuerzo específico del apóstol de los gentiles para llegar al pueblo de la promesa, los judíos. La manera de terminar su recorrido en el registro de las Escrituras, el apóstol de los gentiles es claramente un modelo de cómo la iglesia debe continuar con respecto a las naciones del mundo. Es como si el Espíritu dijera: "Así es como debéis continuar con esta tarea"; tarea que implica que la iglesia alcance a las naciones, haciendo siempre un esfuerzo especial por alcanzar a los judíos.

En la actualidad las cosas no son del todo iguales

Lo de "al judío primeramente" sigue siendo relevante hoy, pero no podemos ignorar cómo ha cambiado la situación desde los días de Pablo. La obligación literal de ir primero a los judíos antes que a los gentiles se ha cumplido, y la comunidad judía ha tenido, en general, la oportunidad de asumir que Jesús es el Mesías. Los judíos de hoy no son un pueblo que ignore esto. La actitud de la sinagoga viene determinada por los dirigentes judíos, que han oído hablar de ello y han rechazado a Jesús como Mesías. Por tanto, no es posible entrar en una sinagoga, como hizo Pablo, y anunciar el mensaje de Jesús como si se tratara de noticias de última hora. Pero si nos distanciamos del panorama general, tendremos que preguntarnos: ¿qué pasa con las nuevas generaciones de judíos que han surgido, muchos de los cuales nunca han oído el evangelio de primera mano, sino solo una versión confusa y llena de prejuicios? Obviamente, no podemos decir que el mandato de llevar el evangelio a todo el mundo siga sin cumplirse hasta que hayamos buscado a cada judío o judía y lo hayamos compartido con él o con ella primero. Pablo no actuó así. Cuando Pablo regresaba a lugares que ya había evangelizado, no iba primero directamente a la sinagoga, como en su primera visita. Aun así, tampoco podemos decir que las palabras "al judío primeramente" ya no sean importantes para nuestra estrategia misionera cuando el pueblo de la promesa sigue aún vivo, necesita todavía el perdón de sus pecados y desconoce cómo obtenerlo. Consecuentemente, ¿qué significa todo esto en cuanto a la evangelización en nuestra iglesia y nuestra estrategia misionera?

"Al judío primeramente" y el testimonio de la iglesia local

En primer lugar, ver a los judíos como hijos de la promesa es una cuestión de perspectiva. No podemos tratarlos como si fueran un grupo étnico más, con su propia cultura. Son únicos porque son el pueblo al cual Dios hizo las promesas mesiánicas. Para ellos, el mensaje de un Salvador prometido es especialmente oportuno. El alma de su cultura apunta a una esperanza de salvación; toda su razón de ser es esperar esa salvación. La mayoría de sus días santos y fiestas fueron ordenados por Dios para enseñar el método y la meta de la salvación. Ninguna otra nación ha sido así creada y moldeada por Dios. Por eso Pablo, en Romanos 11:24 y en otro capítulo posterior, habla de ellos como las ramas naturales. Por esa razón, hay que presentarles a Jesús como el cumplimiento de aquellas promesas.

Una iglesia cercana a una comunidad judía, para alcanzar a los judíos de su barrio, ha de estar preparada y sensibilizada. Hay que esforzarse en instruir a la iglesia sobre el modo de predicarles siendo el pueblo de la promesa y, si nos lo tomamos en serio, capacitar de algún modo a alguien del liderazgo de la iglesia para que aprenda a predicarles a los judíos, responsabilizándose del testimonio de la iglesia a sus vecinos judíos. Deberíamos considerar que es un privilegio de Dios tener al pueblo de la promesa en el barrio de nuestra iglesia, y no algo incómodo. Yo seré el primero en admitir que hacer un esfuerzo especial así para alcanzarlos puede que traiga inconvenientes, pero no parece que Pablo dejase que algo así alterara su estrategia.

Esas iglesias deberían ver que tienen una oportunidad única de mostrar el "nuevo hombre" en Cristo (Ef 2:15). En su sabiduría, Dios ha dispersado al pueblo judío por todo el mundo, y especialmente por tierras donde oirán el evangelio. ¿No podemos verlo como parte del plan de Dios para salvar a algunos y lograr su propósito de crear un nuevo hombre en Cristo, compuesto por judíos y gentiles? Esas iglesias deberían entender que se trata de una oportunidad para algo glorioso, no como un problema a evitar.

A veces me pregunto si esta tendencia de ignorar a los judíos se debe a que algunos cristianos piensan que los judíos de hoy ya conocen el evangelio puesto que tienen el Antiguo Testamento. ¿Nos gozamos viendo al Mesías Jesús y la salvación en sus páginas, y por eso estamos seguros de que ellos también pueden verlo? Nada más lejos de la verdad. Por ejemplo, cuando les digo a amigos judíos que la muerte de Jesús satisface la gran demanda de sangre expiatoria enseñada en sus Escrituras hebreas, generalmente palidecen. No se les ha enseñado que aquellos sacrificios tuvieran ningún valor salvífico y no los vinculan con la sangre de Jesús. Creo también que, a algunos cristianos e incluso a líderes de la iglesia, les asusta la comunidad judía. Saben de la oposición que la comunidad judía puede levantar contra los intentos de evangelizarlos, y renuncian a hacerlo. A ninguno nos gusta ese tipo de conflictos, pero tanto nuestro Salvador como sus apóstoles anduvieron ese camino; y difícilmente podemos esperar que ahora sea distinto.

"Al judío primeramente" y la misión de la iglesia local

Globalmente, la iglesia aún está obligada a llevar el evangelio al judío primeramente y también al gentil. Si podemos teorizar por un momento, imaginemos a los líderes de una iglesia recién plantada sentados para discutir cómo hacer obra misionera más allá de su propio barrio. Su programa misionero es una hoja en blanco. Saben que son responsables de llegar a un mundo necesitado, pero la cuestión principal es a dónde ir o qué apoyar. Pero, retrocediendo un paso, ¿qué es lo que los hace ser conscientes de su responsabilidad? Es el mandato de Jesús el Mesías de ir a todo el mundo (Mt 28:19). También es lo que Pablo enseña: que, yendo, han de ir primero al judío. Quiere decir que han de reconocer que tienen la obligación de apoyar la obra entre los judíos, al tiempo que también buscan lo que Dios quiere que hagan en el mundo gentil. La estrategia ha de ser siempre doble, como lo fue la de Pablo hasta el final de Hechos. La conclusión es que las denominaciones eclesiásticas, o las iglesias locales independientes, son responsables al considerar la obra misionera, por participar en la evangelización de los judíos. Doy gracias a

Dios porque muchos lo hacen, pero también me entristece que muchos no entiendan su responsabilidad. Puede que
muchas iglesias sean celosas de la misión y envíen misioneros a todo el mundo y, sin embargo, se olviden por completo
de los judíos. Es una omisión que hay que confesar y arrepentirse. ¿Y tú y tu iglesia, qué?

La oración por el pueblo judío en la vida de la iglesia

Cuanto estoy diciendo acerca de ir primeramente al judío,
no habría sorprendido a algunos grandes hombres de Dios
de generaciones precedentes. Por ejemplo, *The Directory
for Public Worship in the Westminster Confession of Faith* (El
Directorio para el Culto Público de la Confesión de Fe de
Westminster) es una de las primeras y más completas declaraciones de fe y práctica escrita por protestantes, que fue
creada por ministros británicos del evangelio reunidos en
Londres en 1646 y es utilizada por muchas iglesias de todo
el mundo. Hay un artículo que dice que cuando se ora por
la venida del reino de Cristo, se debe mencionar de manera
específica la conversión de los judíos. En la lista de motivos
de oración está en primer lugar. Entre quienes escribieron
aquel directorio se contaban algunos de los mejores y más
capacitados predicadores y teólogos que jamás se hayan re-
unido para definir las enseñanzas de las Escrituras. No es
poca cosa que llegaran a esa conclusión. ¡No hace falta ser
muy imaginativo para entender cómo crecería el interés de
los cristianos por la salvación de los judíos si cada predicador
orara por su salvación cada domingo! Y esto no es solo para
los predicadores; la oración habitual pública y privada de

cada cristiano a favor de los judíos significa obedecer a esta enseñanza: "Al judío primeramente y también al griego".

Peligros a evitar

La palabra "primeramente" en la frase "al judío primeramente" a menudo se entiende mal. No significa que los judíos tengan una espiritualidad innata que los haga distintos de los demás. Como dijo un ingenioso judío: "Los judíos somos como todo el mundo, solo que más". Una simple lectura del Antiguo Testamento debería bastar para disipar cualquier idea de que el pueblo judío sea una nación de superhombres espirituales, aunque la idea persiste.

Con todo, hay quienes siguen pensando que los judíos no necesitan a Jesús el Mesías para llegar al cielo. Enseñan que los judíos tienen su propio pacto con Dios y que eso basta. Lo dicho por Pablo y Pedro debería ser suficiente para refutar tal idea: "Por cuanto todos pecaron, y están destituidos de la gloria de Dios" (Ro 3:23); "No hay otro nombre bajo el cielo, dado a los hombres, en que podamos ser salvos" (Hch 4:12).

Este mito de la espiritualidad innata de los judíos hace que haya cristianos que vean a los judíos que creen en Jesús como poseedores de un aura especial. Muchas veces me han dicho con un tono bastante efusivo: "¡Son tan maravillosos cuando se convierten! ¿no es cierto?". Es muy interesante tener tradiciones nacionales y familiares cuyas raíces están en la revelación de Dios. Todo el mundo siente un atractivo natural hacia sus raíces, y las de los judíos están en la Biblia. Pero nada los hace de manera innata mejores seguidores de Jesús el Mesías. No existe un camino fácil que nos haga espirituales y que seamos una bendición espiritual para los demás; tal cosa es el resultado del crecimiento lento pero seguro en la gracia y que nace de la sumisión a la verdad de Dios. No dudo que sea importante y valioso tener creyentes judíos en la iglesia, pero no hay ninguna bendición automática que se derive de ello.

Otro peligro que resulta de exagerar la importancia de los judíos es el de menospreciar la iglesia. A la comunidad del nuevo pacto del Mesías, compuesta por judíos y gentiles, se la llama el cuerpo glorioso de Cristo, y eso es lo que es. Hay que evitar cualquier intento de minimizar su posición bíblica como cumplimiento y vértice del plan de salvación de Dios cuando se insista en el interés que Dios tiene por Israel. Según mi propia experiencia, he descubierto que esta tendencia en muchos de los que aman al pueblo judío suele ser lo que más desagrada a quienes comienzan a considerar estas verdades acerca de los judíos. Hay quienes creen que la iglesia nunca formó parte del plan del Señor, sino que recurrió a ella solo como una especie de Plan B cuando los judíos, como pueblo, no aceptaron a Jesús como el Mesías. En consecuencia, su plan de establecer un reino mundial, centrado en Jerusalén, quedó en suspenso, y la "era de la iglesia" se instituyó como fase intermedia hasta que él vuelva a establecer su reino milenario. Tal punto de vista presenta inevitablemente a la iglesia como mejor opción secundaria, y plantea serias preguntas acerca de la soberanía de Dios.

Dificultades y objeciones

Estoy seguro de que, a estas alturas, aunque espero haber respondido a la mayoría de las preguntas que surgen de este problema, algunos lectores habrán dicho varias veces: "Sí, pero…". Sin embargo, me vienen al pensamiento otras dos preguntas que trataremos a continuación.

El período de transición de los Hechos de los Apóstoles

Hechos habla no solo de los comienzos del evangelio, sino también del singular período de cambio del antiguo pacto al nuevo. Hay cosas en los Hechos que pertenecen solo a ese momento de transición; por ejemplo, el que los creyentes judíos continuaran asistiendo fielmente al culto del templo. ¿Podemos decir lo mismo sobre lo de "al judío primeramente"? Para responder hemos de preguntarnos, ¿se enseña esta práctica o principio en las epístolas? Si es así, es vinculante hoy y no algo transitorio. Ya he demostrado anteriormente que lo de "al judío primeramente" se enseña claramente en las epístolas.

Cristo derriba la pared intermedia de separación (Ef 2:14)

Él lo hace en verdad. Pero es algo que sucede en Cristo cuando los pecadores creen en él. Sin embargo, la expresión "al judío primeramente" habla de judíos y gentiles mientras son inconversos, hayan o no recibido promesas de Dios. Espiritualmente hablando, el mundo no se divide simplemente en creyentes y no creyentes, pues el mundo no creyente, a la vista de Dios, se divide a su vez en judíos y gentiles, según escribe Pablo: "No seáis tropiezo ni a judíos, ni a gentiles, ni a la iglesia de Dios" (1Co 10:32).

Preguntas:

1. ¿Por qué escribió Pablo que el evangelio se dirige "al judío primeramente"? ¿Se puede aplicar eso hoy?
2. ¿Qué peligros hay en exagerar lo de "al judío primeramente"?
3. ¿De qué modo reconoce tu iglesia que el evangelio va dirigido "al judío primeramente"?

CAPÍTULO 4

El olivo

¿Crees que los judíos son las ramas naturales o las silvestres? Si la pregunta te confunde, imagina entonces un árbol que representa a la iglesia del Nuevo Testamento, con sus propias ramas naturales y también con otras silvestres que le han sido injertadas. ¿Cuáles de ellas crees que representan al pueblo judío, las primeras o las segundas, las naturales o las silvestres? Para Pablo, los judíos son las ramas naturales y todas las demás son las silvestres. Yo mismo soy una de ellas. Pero me temo que muchos cristianos no ven a los judíos como las ramas naturales. Al parecer, la iglesia es la última organización a la que los judíos querrían pertenecer; entonces, ¿cómo podemos verla como su ámbito natural? Usando otra metáfora: la iglesia es el medio en el que más se sentirían como pez fuera del agua. ¿De qué se trata, pues? Para responder a esa pregunta, tenemos que pensar en el olivo de Romanos 11:16-24.

La figura del olivo

Pablo presenta esta ilustración como parte de su intención de mostrar en Romanos 11 que Dios no se ha lavado las manos con respecto al pueblo judío. Su metáfora del olivo es única en el Nuevo Testamento porque usa una figura para describir al pueblo de Dios, desde sus comienzos con el pacto de Abraham hasta su cumplimiento en el nuevo pacto. Otras metáforas, como la del cuerpo, la novia o el templo, pueden captar imágenes del Antiguo Testamento, pero no pretenden ilustrar la transición del Antiguo al Nuevo. Con el olivo, Pablo nos muestra un árbol que tiene raíz, savia y dos tipos de ramas: las naturales y las injertadas. Los judíos son las ramas naturales y los creyentes gentiles son las ramas injertadas (v. 24). Al tratar de entender su lenguaje aquí hemos de recordar que el pasaje va dirigido a cristianos de origen gentil (ver 11:17,24), en el que "vosotros" (o ustedes), a quienes se dirige, se refiere a aquellos que no pertenecen por naturaleza al árbol: los gentiles.

El árbol de partida es el pueblo de Israel antes de la venida de Jesús. Podemos pensar que la raíz son los patriarcas, Abraham, Isaac y Jacob, los primeros receptores de las promesas de Dios. La savia representaría la bendición de Dios que fluía hacia los judíos por ser su pueblo. Hay quienes piensan que el árbol representa a Cristo, pero esa es una idea que emerge más de la lógica espiritual que del propio texto. No se hace mención de Cristo, sino que el texto se centra en el pueblo de Dios. Pablo declara que los judíos son las ramas naturales del árbol (Ro 11:21,24), por tanto, el árbol, en su origen, es Israel. Además, la idea de que Cristo es el árbol ignora que el propósito de Pablo es evitar que los cristianos gentiles se jacten frente a los judíos recordándoles que dependen de lo que Dios ha hecho a través de Israel. Sin duda, es Cristo quien nos otorga la gracia, pero Pablo no está hablando aquí de la fuente de provisión, sino del canal por el que se suministra la gracia de Cristo.

Sin embargo, hay un cambio que se produce con la llegada del Mesías. La fe en Jesús se convierte en la condición para permanecer en el árbol y recibir así la bendición del pacto con Dios (Ro 11:24). Los judíos que creyeron permanecieron en él, como Pedro, Santiago y Juan, y recibieron las bendiciones del nuevo pacto de Dios. Los judíos que no creyeron, la mayoría de la nación con el paso del tiempo, siguieron un curso diferente. Como rechazaron a las nuevas iglesias, y tras la destrucción del templo, fueron apartados de los medios de gracia de Dios; para ellos la savia dejó de fluir.

¿Pero, acaso no era tan importante y necesaria la fe antes de que viniera el Mesías? Si es cierto que "sin fe es imposible agradar a Dios" (Heb 11:6), eso quiere decir que las cosas no han cambiado tanto, ¿no? Claro que sí, pero también tenemos que recordar que, según el antiguo pacto, un israelita podría carecer de fe y, sin embargo, seguir siendo realmente alguien perteneciente al pueblo del pacto de Dios, por nacimiento natural. La gente era cortada del pueblo solo por un número limitado de pecados graves. Mientras un israelita evitara cometerlos, él o ella podían carecer de una fe salvadora y, aun así, disfrutar de algunas de las bendiciones temporales del pacto de Dios, como buenas cosechas, liberación de los enemigos y un código moral sublime; cosas de las que era beneficiaria toda la nación. Claro que, tratándose de experimentar bendiciones espirituales y tener vida eterna, la fe en el camino de salvación de Dios era esencial. Si consideramos los reinados de David y Salomón, cuando toda la nación experimentaba gran bendición de parte de Dios, seguro que habría muchos de ambas categorías. Un ejemplo claro sería el de Nabal y su esposa Abigail (1Sa 25). Parece que él carecía de la verdadera fe, pero ella sí la tenía de manera clara; aun así, ambos conocían las bendiciones temporales de Dios como parte de la gracia de su pacto con toda la nación durante los reinados de Saúl y de David.

En su día, Jesús fue la clave que evidenció a cuál de esas dos categorías pertenecía cualquier judío. La fe en él era lo que distinguía el trigo de la paja. Algunos, como Natanael, pasaron sin problemas de una fe del Antiguo Testamento a una fe del Nuevo Testamento, sin pasar nunca por una fase de ruptura; aquella fue una generación única. Pero otros, al rechazar a Jesús, demostraron que nunca tuvieron una fe viva y terminaron perdiendo incluso la que tenían.

Y entonces los gentiles comenzaron a oír y a creer. Por fe vinieron a ser miembros del pueblo de Dios y comenzaron a recibir su bendición. Pablo dice que es como si hubieran sido injertados (Ro 11:17). Por nacimiento eran ramas de un olivo silvestre, pero ahora, por el nuevo nacimiento, habían sido injertados en el buen olivo (Ro 11:24). El olivo silvestre representa la cultura pagana con todas sus falsas enseñanzas sobre Dios y la vida, produciendo vidas que no llevan fruto para Dios. El remedio de Dios no es inyectar la verdad en su cultura para que ese pueblo se convierta en el pueblo de Dios; no, sino que los introduce en lo que para ellos es un pueblo nuevo, unido por lazos espirituales, con una nueva cultura espiritual, aunque es una cultura que ha estado desarrollándose durante muchos años. Este pueblo tiene un nombre nuevo, la iglesia, los convocados, convocados de entre las naciones y de Israel.

Claro que hay que señalar que al decir que los gentiles que creen son introducidos en un nuevo pueblo y cultura espiritual, preexistente, no estoy sugiriendo que esa nueva cultura espiritual sea la ley de Moisés. Jesús el Mesías ha inaugurado un nuevo pacto para el pueblo de Dios, y sus condiciones y requisitos para quienes creen son diferentes de los del pacto mosaico, sean judíos o gentiles. Pero hay que decir que la ley de Moisés no ha desaparecido, como escribió Pablo: "Para que la justicia de la ley se cumpliese en nosotros" (Ro 8:4). La vida cristiana sigue rigiéndose según los rectos principios de la ley de Moisés. Entonces, el árbol en el que se injertan los gentiles puede parecer otro, pero es esencialmente el mismo árbol. Los gentiles participan en todo lo que Israel había recibido de Dios a través de su verdad, sus promesas y su presencia; y, además, la plenitud de todas esas cosas en las bendiciones del reino del Mesías.

Para concluir nuestro estudio del olivo, el tema final que Pablo menciona es el injerto de nuevo de los judíos creyentes de generaciones posteriores. Pablo escribe: "Dios puede volverlos a injertar" (Ro 11:23). La frase "volverlos a injertar", puede sonar rara. ¿Si los judíos de las generaciones posteriores eran los desgajados, cómo pueden ser injertados *otra vez*? Esta manera de hablar muestra cómo Pablo ve la continuidad del Israel de hoy con el Israel de antaño. Hay una realidad práctica en esa continuidad que le permite a Pablo hablar de la conversión de los judíos como de un injerto en su *propio* olivo.

Continuidad y consecuencias para Israel

Todo lo anterior tiene consecuencias para los judíos que no creen, sin las que no se pueden entender las ramas cortadas ni su historia posterior. Han seguido siendo un pueblo con una identidad étnica y una religión nacional y siguen siendo "amados por causa de los padres" (Ro 11:28). Los judíos nacidos en la actualidad son criados en una religión que externamente se parece a todo cuanto Dios le dio a Israel bajo el antiguo pacto. Por ejemplo: la creencia en el único Dios verdadero; el respeto a la ley y a los profetas; la celebración del sábado y de fiestas como la Pascua; un tiempo de arrepentimiento como el Día de la Expiación; y la esperanza en la promesa del Mesías y de la vida después de la muerte. Tiene sus bellezas, pero es la belleza de una concha vacía que cuando se mira dentro decepciona; no hay salvación. Es difícil imaginar peor consecuencia.

Pero esto no debería llevarnos a descartar o ignorar algunos efectos valiosos que el judaísmo ejerce sobre los judíos, efectos derivados de la influencia de las Escrituras del Antiguo Testamento, así como de las tradiciones de los rabinos. Muchos de los ritos y ceremonias religiosas del judaísmo ejercen un efecto ennoblecedor y aportan humildad al espíritu humano. La insistencia judía en la justicia, la moral y la caridad; ha beneficiado a los judíos y a otros a lo largo de la historia. La nación judía puede ser una rama desgajada, pero no destruida. Ha seguido teniendo una vida cultural propia y una religión única. Se han desviado de Moisés, pero no tanto como para que ya no se las pueda considerar como las ramas naturales. Hay una continuidad que tiene muchos beneficios.

Aunque los líderes judíos rechazan de manera permanente al Mesías Jesús, sin embargo, por la gracia de Dios, muchos creen. Para la mayoría de los judíos, parece un acto extraño, e incluso algunos cristianos ven a un judío que cree como un pez fuera del agua; pero para Pablo no es así, para él son injertados *de nuevo*. Han hecho lo propio, por decirlo así; han vuelto a casa. ¿Cómo sucede eso en la vida real? Eso variará según el grado de influencia de la religión y de la historia judías en cada individuo, pero lo normal es el que sigue. Si tenían dudas, ahora ya están seguros de que la historia de su nación realmente es la historia de Dios. El lejano Dios de sus padres se ha hecho cercano, las promesas que les hizo han cobrado vida, experimentan la expiación de la que tanto se hablaba, la ley está en el corazón y ya no es una carga, y el Mesías ha venido a ellos. Estos son temas judíos esenciales, por lo que no es sorprendente escuchar a un recién convertido judío exclamar: "¡Ahora me siento de verdad judío!". El árbol dio origen a su pueblo y ahora están de vuelta en él.

Hay quien ha dicho: "Cuando Dios quita el velo del corazón de los judíos, la sinagoga se convierte en iglesia". Aunque eso no es del todo cierto, porque algunas enseñanzas del judaísmo no son bíblicas y hay que rechazarlas, pero resalta algo básico que no puede decirse de otra gente y de su religión.

Algunas conclusiones

1. Un pueblo, distintas dispensaciones

Solo hay un árbol. A lo largo de la historia solo ha habido un pueblo de Dios. Él no comenzó con un grupo, después lo rechazó y volvió a comenzar con otro. Las diferencias aparentes de su pueblo a través de la historia de la redención son debidas a que ha gobernado sobre ellos con diferentes dispensaciones o pactos. La dispensación final, antes de la gloria misma, es el nuevo pacto del Mesías. El nuevo pacto no significa el rechazo de todo lo anterior, un comienzo totalmente nuevo, por así decir. Tampoco es una entidad gentil, como si Dios hubiera decidido darle la espalda a Israel. Es el cumplimiento de todo lo precedente. Es la *teología del cumplimiento*. O, si queremos tener en cuenta la terminología del olivo, se trata de la *teología del injerto*. Dios no desarraiga ni recoloca. Hay continuidad en todos sus propósitos.[7]

---

[7] Hay un punto de vista reciente en la historia cristiana que no alcanza a ver esta continuidad. Por el contrario, ve una discontinuidad fundamental al no ser Israel capaz como nación de aceptar a Jesús como el Mesías. Esta discontinuidad es que el plan de Dios para establecer un reino en la tierra, con Jesús como rey en Jerusalén, debido a la incredulidad de Israel, sufre un retraso hasta que Jesús regrese; como consecuencia, se ha establecido la iglesia de judíos y gentiles. Según este punto de vista, al no ser ese el plan original de Dios, la iglesia de judíos y gentiles no está prevista en ninguna parte del Antiguo Testamento. Tal afirmación es arriesgada y no tiene fundamento. Aunque sin duda es verdad que la iglesia, en su desarrollo tal como lo observamos hoy, no se enseña con detalle en el Antiguo Testamento, pero el debate de Jerusalén en Hechos 15 (especialmente vv. 6 a 21) deja claro que estaba prevista. La propia necesidad del debate resalta que la enseñanza del Antiguo Testamento no estaba totalmente clara. Pero los apóstoles encontraron la respuesta en el Antiguo Testamento. Discutían si los nuevos convertidos gentiles tenían que ser circuncidados y guardar la Ley de Moisés, y en el transcurso de la discusión, Santiago afirmó claramente que lo que Pedro había contado sobre que los gentiles habían creído y se habían convertido en pueblo de Dios fue predicho en Amós 9:11,12. Lo que Pedro y Santiago respondieron demostraba que aquello novedoso que había sucedido delante de sus propios ojos formaba parte del plan de Dios, tal como lo predijeron los profetas. Fue anunciado en el Antiguo Testamento, y citaron a Amós como prueba de ello. No hay discontinuidad. En ocasiones se recurre a Efesios 3:1-7 para argumentar que el Antiguo Testamento no dice nada de una Iglesia de judíos y gentiles, pero esto es una mala interpretación del pasaje. En los versículos 5 y 6, Pablo en realidad enseña que el que los gentiles vinieran a ser coherederos del mismo cuerpo no se había dado a conocer en épocas anteriores *como* se dio a conocer entonces a los apóstoles y profetas del Nuevo Testamento. Pero eso no significa que fuera algo *desconocido* para el Antiguo Testamento, solo que no estaba tan claro. La palabra que importa aquí es "como". Si Pablo hubiera usado "pero", entenderíamos que se trataba de una revelación completamente nueva; "como" indica que había sido revelado tanto en el Antiguo como en el Nuevo Testamento, aunque de manera mucho más clara en el Nuevo. Pablo lo subraya al describir todo este asunto como

A algunos cristianos, lo que he escrito no les parece continuidad en absoluto, sino más bien desarraigo y recolocación. Miran las promesas del Antiguo Testamento hechas a Israel y concluyen que un día habrá un reino terrenal restaurado para los judíos, con el Mesías reinando sobre ellos en la tierra de Israel. Leen pasajes como los dos primeros capítulos de Lucas, donde israelitas creyentes como María, Zacarías y Simeón hablan de Jesús heredando el trono de David e Israel sirviendo a Dios en paz sin temor a los enemigos. ¿No apunta todo esto a un reino terrenal? ¿No es esa la verdadera continuidad? Si es así, sería justo decir que esos primeros creyentes deben haber sufrido una decepción por la forma en que resultaron las cosas; o aprendieron a ver las cosas de otra forma.

Podemos decir tres cosas. En primer lugar que, aunque sus esperanzas de bendición bajo el Mesías eran claras, personas como María, Zacarías y Simeón no dicen mucho sobre cómo veían ellos las cosas en detalle. Algunas de sus ideas sobre el tema podían estar equivocadas, aún tenían su esperanza de salvación claramente puesta en el Mesías. Los apóstoles tenían que ser constantemente corregidos por Jesús con respecto a sus ideas del reino.

En segundo lugar, podemos decir que algunos aspectos de las promesas hechas para los días del Mesías se cumplirán en los nuevos cielos y la nueva tierra; la paz perfecta y la

---

un "misterio". En el Nuevo Testamento, un misterio no es algo de lo que nunca se haya oído hablar antes; es algo que está en las Escrituras, pero que ahora una luz lo ilumina para que podamos entenderlo con claridad. Otro ejemplo es Romanos 11:25-26 en donde Pablo ciertamente cita el Antiguo Testamento para subrayar la verdad de un misterio que él está sacando a la luz.

seguridad en el servicio a Dios nunca ocurrirán en este mundo caído y pecaminoso. Siempre habrá oposición y persecución.

En tercer lugar, el gobierno del Mesías sobre el trono de David es una realidad espiritual que está presente ahora en la iglesia de judíos y gentiles. Los cristianos no debemos dejarnos seducir por la terminología del Antiguo Testamento para pensar que el cumplimiento tiene que tener exactamente la misma forma que su original davídico. En su sermón del día de Pentecostés, Pedro dice que Jesús ha resucitado para sentarse en el trono de David (Hch 2:30), pero entiende que el trono de Jesús está ubicado en la gloria, a la diestra de Dios (Hch 2:33-34). El reino de David ha cambiado de forma para convertirse en el reino espiritual y universal de Cristo, compuesto por judíos y gentiles, viviendo bajo un nuevo pacto, pero manteniendo la misma entidad a los ojos de Dios. Me parece que los cristianos que tienen dificultades para aceptar este cambio suelen pensar que Israel sale perdiendo porque no tiene un reino terrenal de paz en la tierra prometida. Parecen pasar por alto que la aparición del Mesías en medio de Israel, las bendiciones de su enseñanza, su expiación y resurrección, y la plenitud de su Espíritu, es el punto culminante de la gracia de Dios para con ellos. Es algo infinitamente superior a un reino terrenal.

Dos ilustraciones pueden ayudarnos a aclarar todo esto; una subraya la forma; y la otra, la vida y el esplendor. Alguien compró en mi barrio una casa unifamiliar bastante normal con el fin de transformarla a una propiedad como tres veces mayor. Sin embargo, la ampliación tenía que estar en consonancia con el carácter de lo existente. No parecía que los dos objetivos fueran compatibles y era un misterio saber qué acabaría siendo aquello. Ahora que ya está terminado, puedo pensar que una persona nueva en el vecindario podría a primera vista tener dificultades para imaginar el original, pero para quienes han visto ambas estructuras, está claro. Igual pasa con la iglesia. Puede que un recién llegado desconozca los orígenes espirituales y la historia de la iglesia, pero los mejor informados pueden ver cómo su forma viene determinada por lo que había antes. O pensemos en cómo cambia una mariposa partiendo de la crisálida y la oruga. Es una metamorfosis: la sustancia es la misma, pero cambia la forma. Es una ilustración perfecta del desarrollo del pueblo de Dios: siempre uno, siempre vivo, cambiando a veces, para alcanzar finalmente una forma que supera todas las expectativas. Tanto es así, que es excusable que pensemos que el final es algo muy diferente, aunque no lo sea. Cada etapa tiene su gloria, pero la gloria de la etapa final es tal que la de las otras parece nada en comparación (ver lo que dice Pablo en 2Co 3:7-11.) Pero todas forman un todo.

2. A los cristianos no judíos: ¡No te jactes contra los judíos!

El fin de las palabras de Pablo en Romanos 11: 17–22 es pastoral, y va dirigido a los cristianos de trasfondo no judío. Debe haberse dado cuenta de que, en algunos de los cristianos de Roma, se estaba desarrollando cierta actitud malsana hacia los judíos y quería corregirla. Su amonestación de no jactarse contra las ramas naturales por el hecho de haber caído indica que algunos cristianos de trasfondo gentil estaban abrigando sentimientos de superioridad sobre los judíos (Ro 11:17-18), porque ellos habían creído y los judíos no.

Parece que estaban intentando justificar de alguna manera esta jactancia apelando al propósito soberano de Dios: "las ramas, dirás, fueron desgajadas para que yo fuese injertado"

(Ro 11:19). Pero estaban malinterpretando esa verdad para poderse sentir ellos superiores. Pablo les recuerda inmediatamente dos cosas, en primer lugar, que son personas a quienes se está ayudando, beneficiarias de los propósitos de salvación de Dios por medio de Israel. En segundo lugar, les recuerda que la fe es lo que les permite estar en el árbol. Los gentiles no están dentro por ser gentiles, y los judíos no están fuera por ser judíos.

Además, Pablo quiere desinflar la arrogancia gentil señalando que el pueblo judío puede llegar a la fe de modo más directo que los gentiles. De ahí que se diga "cuánto más" respecto de los judíos (Ro 11:24). Para los gentiles, la fe se asemeja a una rama silvestre que se injerta en un árbol ya cultivado; lo cual no es lo normal o, como dice Pablo, no en lo natural. En la naturaleza, simplemente daría aceitunas silvestres. Si un agricultor quiere más aceitunas buenas ha de injertar una rama de un árbol bueno en un árbol silvestre. La tentación sería pensar que Pablo tendría que haber elegido una mejor ilustración, pero es evidente que eligió ésta precisamente porque resalta la dificultad que tienen los gentiles para convertirse. Tienen que salir fuera de su hábitat natural, por decirlo así. Los judíos no tienen que salir; lo que tienen que hacer es volver. Es algo muy diferente, que llevó a Pablo a decir: "¿Cuánto más estos, que son las ramas naturales, serán injertados en su propio olivo?". Cuando Dios decida ejercer su gran misericordia hacia Israel, ¡imaginemos cómo será la vuelta a casa!

Es importante recordar que aquí Pablo se está dirigiendo a cristianos de verdad, cristianos que hablaban de los judíos, o a los judíos, con este espíritu arrogante. Es algo que ocurre en las iglesias evangélicas actuales, y con lo que todos hemos de tener cuidado. Hoy se manifiesta sobre todo en una cierta actitud negativa hacia el Estado de Israel, y que parece no soportar que los judíos se fortalezcan de nuevo. La amonestación de Pablo está incluida en Romanos 11 porque el Espíritu de Dios sabía que sería un problema recurrente. Todos estamos en pie por la fe; pero no es fe en nuestra fe, sino en el único que nos salva: el Señor Jesús. No tenemos nada de lo que jactarnos. ¿Cuál es tu actitud hacia los judíos?

Claro que el deseo de todo cristiano ha de ser que Dios manifieste su poder de modo que los judíos se vuelvan a él, que se quite el velo y que crean. A este proceso contribuye enormemente el que los cristianos eviten cualquier actitud arrogante, que se arrepientan de ellas si las tienen y que valoren que la revelación que Dios dio primero a los judíos constituye las raíces de su fe.

Preguntas:

1. ¿Qué representan los diferentes elementos de la ilustración del olivo de Pablo?
2. ¿Por qué dice Pablo que el que los gentiles se conviertan en cristianos es "contra la naturaleza"?
3. ¿De qué manera los judíos son hoy las "ramas naturales"?
4. El olivo de Pablo nos habla de una metamorfosis. ¿Qué quiere decir esto? ¿Cómo nos permite esto entender el lenguaje utilizado por los profetas de Israel para describir el reino del Mesías?

CAPÍTULO 5

Deudores

Todos somos deudores. Somos deudores frente a Dios; somos deudores a familiares y amigos, a quienes nos han prestado dinero, a quienes nos ayudaron cuando las cosas se pusieron difíciles, y a quienes nos trajeron el evangelio. Los cristianos de origen no judío están en deuda con la nación judía. El olivo de Romanos 11, del que hemos hablado en el capítulo anterior, lo deja claro. Los cristianos procedentes de las naciones se han convertido en participantes gracias a algo que se dice pertenece a los judíos. Así era y así seguirá siendo. Además, hemos de recordar cómo las naciones oyeron por primera vez del Salvador. Los judíos que creían en Jesús salieron a anunciarlo al mundo pagando un alto precio. El libro de los Hechos se escribió para decirnos cómo se extendió el evangelio desde Jerusalén hasta Roma, el corazón del mundo gentil, pero es fácil perder de vista el hecho de que los protagonistas eran judíos que habían creído, que por compasión se abrieron a un mundo que vivía en oscuridad espiritual. Un mundo en el cual se los había llenado de prejuicios, y que con frecuencia también estaba lleno de prejuicios contra ellos. Pero perseveraron. Deberíamos sentirnos agradecidos hacia aquellos primeros evangelistas judíos. Pensemos en Pedro en Hechos 10, yendo a casa de Cornelio para llevarle el evangelio. Está claro que no fue fácil para Pedro, pero él venció sus reservas; y en cuanto a Cornelio, su gratitud parece incluso exagerada, "Cuando Pedro entró, salió Cornelio a recibirle, y postrándose a sus pies, adoró" (Hch 10:25). ¿Cuándo fue la última vez que usted hizo algo así por un predicador del evangelio? Cornelius es para nosotros un ejemplo claro de gentil agradecido.

Hay cristianos a quienes les cuesta entender los conceptos corporativos, ya que su mentalidad es demasiado individualista. Otros, como los africanos, no suelen tener esa misma dificultad, como lo ilustra la siguiente anécdota. Cierto pastor de Inglaterra fue a visitar algunos puntos de misión remotos en la República Democrática del Congo. Se le dio la bienvenida con un discurso que a cada rato repetía: "Le estamos muy agradecidos por haber traído el evangelio a nuestra gente". Sin embargo, nunca antes les había predicado; ¡acababa de llegar! Lo que estaban diciendo era que le estaban muy agradecidos porque su gente (de varias generaciones atrás) les había traído el evangelio a sus aldeas. Lo consideraron parte de aquella misma gente y por eso le estaban agradecidos a él. Los cristianos de origen gentil deberían ver las cosas de modo semejante respecto a los judíos.

Permítaseme dirigir aquí algunas palabras a los cristianos de trasfondo gentil. Cuando llevemos el evangelio a los judíos, esta misma gratitud debería ser parte de nuestra motivación. También tenemos que examinarnos a nosotros mismos para ver si tenemos prejuicios en contra de los judíos. Según hayamos sido educados podemos haber sido influenciados con prejuicios en su contra, o esos prejuicios pueden ser el resultado de alguna experiencia negativa. Esas cosas inhiben nuestra capacidad de dar testimonio a los judíos y debemos eliminarlas. Aquellos primeros creyentes judíos tuvieron que aprender esa lección y nosotros tenemos que aprenderla también.

Esta dependencia se expresa también de otras formas. Sobre todo, y puede que ni haga falta decirlo, Jesús era judío. Su humanidad esencial para hacer su obra como mediador la vivió como judío, descendiente de David, en la tierra de Israel, hace dos mil años. ¡Todos los creyentes somos dependientes de un hombre judío único! Sin duda, Jesús pensaba en ello cuando dijo: "La salvación viene de los judíos" (Jn 4:22). Pero esa frase dice mucho más. Habla de Israel como una luz para los gentiles (Hch 13:47), y no es solo una cuestión de historia. Semana tras semana escuchamos a los predicadores decir, "Isaías nos dice…", o "Pedro nos enseña…". Por medio de los autores judíos de las Escrituras, Israel enseña a los gentiles. Además, Israel oró para que las naciones fueran salvas. Cierto israelita piadoso escribió estas palabras: "Te alaben los pueblos, oh Dios; todos los pueblos te alaben. Alégrense y gócense las naciones" (Sal 67:3-4). Dios oyó sus oraciones.

De hecho, Pablo trata este tema directamente en Romanos 15:25-8. Dice que los cristianos gentiles son sus deudores, deudores de los judíos. Está compartiendo con los creyentes de Roma su plan de visitar Jerusalén y entregarles a los creyentes de allí una ofrenda de las iglesias de Macedonia y Acaya. Obviamente, dieron aquella ofrenda de forma voluntaria, pero Pablo se esfuerza en señalar que había un cierto elemento de obligación al respecto, usando términos similares a los usados con los corintios: "Porque si los gentiles han sido hechos participantes de sus bienes espirituales, deben también ellos servirles con sus bienes temporales" (Ro 15:27). Alguien podría pensar que Pablo estaba siendo grosero: ¿por qué recalcar que era una obligación cuando de un modo u otro estaban ofrendando voluntariamente? No sabemos la respuesta, pero obviamente él creía que necesitaba insistir. Si está en las Escrituras, es algo en lo que también hay que insistir hoy.

Pagar la deuda a los judíos que creen en Jesús

En Romanos 15, al escribir sobre la deuda contraída por los no judíos, Pablo estaba pensando en las necesidades que padecían los judíos mesiánicos en Jerusalén. Muchas podían ser las razones por las cuales los que estaban en Jerusalén necesitaban ayuda, pero es posible que un factor significativo fuera la persecución. Ser expulsados de la sinagoga significaba menos oportunidades de trabajo y de negocio, lo que habría empobrecido a muchos. No es algo ajeno hoy a muchos cristianos que viven en culturas anticristianas.

Esta misma preocupación por los judíos creyentes debería marcar a los cristianos gentiles hoy. El rechazo y los problemas son la norma para los judíos que creen en Jesús, y con frecuencia acarrea consecuencias materiales. Una de las razones para la fundación en 1926 de la Alianza Internacional Hebrea Cristiana (ahora la Alianza Judía Mesiánica) fue canalizar fondos para ayudar materialmente a los creyentes judíos empobrecidos por el rechazo y el aislamiento. No todos los judíos disfrutan de holgura material. En Rumania, por ejemplo, muchos judíos mayores dependen de paquetes de comida de su comunidad y tienen miedo de acudir a oír el evangelio, no sea que les corten el suministro. En Israel hoy no es raro que quienes dan trabajo a judíos mesiánicos sean presionados por gente de la comunidad ortodoxa para que los despidan. Los cristianos de las naciones deben intentar ayudar a esos judíos mesiánicos necesitados sabiendo que cumplen con una obligación. Los charlatanes o "aprovechados",[8] como los llaman los mismos judíos, serán siempre un peligro, pero para el cristiano, una forma de intentar cumplir con esta obligación de manera segura es dando a organizaciones misioneras reconocidas, o apoyando organizaciones como la Alianza Judía Mesiánica, o las iglesias en Israel, las cuales entienden que el apoyo material a los creyentes judíos es parte de su ministerio.

Pagar la deuda con la nación judía en conjunto

La enseñanza concreta de Pablo en Romanos 15 se refiere a los judíos creyentes, pero ¿señala allí alguna obligación hacia el pueblo judío no creyente? En cierto sentido, ya hemos respondido a esto anteriormente, pero pensemos una vez más en lo que dice Pablo acerca de los "bienes espirituales". De esos bienes espirituales se habla en Romanos 9:4,5 como "la adopción, la gloria, el pacto", etc. ¿Eran estas bendiciones

---

[8] La palabra procedente del yidish es *schnorrers*. Otras palabras españolas descriptivas podrían ser las de "gorrones" o "chupópteros" y, sin duda, muchas más procedentes del rico español de América Latina. N.T.

solo para los creyentes de la nación, o a toda la nación descendiente de Abraham, Isaac y Jacob? La respuesta es obvia: los pactos se hicieron con toda la nación y se esperaba que todos obedecieran. Esto significa que los cristianos de origen gentil deberían sentirse en deuda con el pueblo de Israel como un todo debido a los bienes espirituales recibidos por su medio. ¿Qué significa esto en la práctica? No hace falta decir que la mejor manera de que los cristianos paguen su deuda es compartiendo con ellos lo más valioso que tenemos: el evangelio. Lo primero para nosotros ha de ser satisfacer sus necesidades espirituales. Las iglesias deberían orar por ellos interesándose por quienes han sido llamados a llevarles el evangelio, sin que eso implique descuidar a los demás.

Y, además, está el asunto de cubrir sus necesidades materiales. Jesús y sus apóstoles no establecieron ningún programa de ayuda material a pesar de que el mundo probablemente lo necesitaba más que ahora, pero mientras predicaban la verdad, encontraban personas necesitadas y atendían a sus necesidades. Esta debería ser nuestra manera de actuar. Nuestro ministerio principal hacia los judíos es predicarles el Mesías, pero si nos encontráramos con otras necesidades, debemos estar dispuestos a ayudar. Si lo hacemos con el espíritu de pagar una deuda, y se lo decimos, lo normal es que eso despierte el interés por saber más. En el mundo son pocos los judíos que necesitan ayuda material y, por lo general, están bien organizados para ayudarse mutuamente, pero no siempre es así en todas partes, especialmente entre los judíos que viven en el antiguo bloque de Europa del Este. Tal ayuda no es un simple medio carente de compasión para obtener un fin, acusación que con frecuencia se nos hace, sino parte de nuestro amor hacia todas las personas.

"Love Israel"

Quizás este puede ser el momento adecuado para considerar los esfuerzos que algunos cristianos realizan para "bendecir" al pueblo judío y ayudarles a regresar a la tierra de Israel. No se trata solo de buenas intenciones, sino que implica la creación y la gestión de organizaciones para lograr estos objetivos. Invitan a los cristianos a amar a Israel porque hay odio e indiferencia a su alrededor. De ahí el subtítulo *Love Israel* (Ama a Israel). ¿Por qué tenemos los cristianos que amarlos? La respuesta que ofrezco es que estamos en deuda con los judíos, y esta es la manera de mostrar nuestra gratitud en nuestra generación. No me gusta criticar a estos grupos porque comparto su amor por los judíos, aunque lo bueno puede ser enemigo de lo mejor.

1. Un testigo mudo

Lo que me preocupa es que la evangelización no forma parte de su programa. Si analizamos sus páginas web vemos que este tema, o bien no está, o es directamente rechazado. Algunos hablan del deseo de "compartir el mensaje de su amor por Israel como por la iglesia", pero no se menciona el evangelio. ¿Podemos bendecir a Israel y mostrarles el amor de Dios, pero sin que el evangelio esté claramente incluido en la agenda? Años de testimonio personal hacia los judíos, aun de modo informal, me han demostrado que los líderes y las organizaciones judías no quieren nuestro amor si viene acompañado del evangelio. Hace unos años, un destacado artículo del *Jewish Chronicle*[9] abordó este tema y terminó con

---

[9] La principal publicación semanal judía del Reino Unido.

esta nota: si el amor cristiano viene acompañado del evangelio, "sintiéndolo mucho, caminaremos cada uno por su lado". Aun así, y esto es importante, individualmente, muchos judíos, no responden de esa manera. Si se les muestra un profundo interés por sus inquietudes, a pesar de mostrarles de manera clara el evangelio, normalmente lo aprecian bastante, aun si no están abiertos de manera clara al mensaje. Un ejemplo bien conocido es la vida de Corrie Ten Boom.[10]

Creo que la lección está clara; si los cristianos crean organizaciones para mostrar amor hacia los judíos, y luego intentan relacionarse con dirigentes e instituciones judíos, van a sentirse muy comprometidos a dejar a un lado el evangelio. Por desgracia, así es como muchos han actuado. Creo que, si quieren seguir esta vía, tienen que convencerse de que los judíos tienen que creer en Jesús. Si eso significa tener menos influencia, pues que así sea. Pueden seguir brindando a los cristianos enseñanza e información sobre los judíos, animando y guiando así a los creyentes a mostrar amor, amistad y apoyo a los judíos, pero sin empobrecer el evangelio.

2. Influencia de las profecías de los últimos tiempos

Una justificación concreta de este empobrecimiento del testimonio evangélico está vinculado a las profecías de los últimos tiempos. La mayoría de quienes se involucran en las actividades de *Love Israel* tienen una visión particular de las profecías de los últimos tiempos que les hace minusvalorar la evangelización. Cuando los apóstoles le preguntaron a Jesús acerca del tiempo de cumplimiento de los planes de

---

[10] Le recomiendo la lectura de cualquiera de sus libros, pero sobre todo *El Refugio Secreto*.

Dios para con Israel, su respuesta fue precisa: "No os toca a vosotros conocer los tiempos o las sazones que el Padre puso en su sola potestad; pero recibiréis poder, cuando haya venido sobre vosotros el Espíritu Santo, y me seréis testigos en Jerusalén, en toda Judea, en Samaria, y hasta lo último de la tierra" (Hch 1:7-8). Esto nos dice claramente que el tiempo de tales cosas no ha sido y no será revelado. No sabemos cuándo será, y quienes piensan que lo saben se engañan o, lo que es peor, son falsos profetas. El otro detalle que Jesús señala a los apóstoles y a nosotros es que de lo que tenemos que preocuparnos es de predicar el evangelio. Esto implica que la evangelización nunca ha de suspenderse por lo que creamos acerca del tiempo en que estamos, pues siempre será un error.

3. Apoyar a la Aliyah[11]

Una actividad concreta de *Love Israel* es ayudar a los judíos a regresar a la tierra de Israel. Lo menciono aquí porque está íntimamente ligado a las profecías de los últimos días y el conocimiento del tiempo. El momento actual se ve como un momento especial en los propósitos de Dios, y que ya es hora de que todos los judíos regresen a la tierra para estar preparados para Dios. Hay quienes incluso afirman que la mayoría de los judíos se salvarán después de que hayan sido llevados de vuelta a su propia tierra, no antes, justificando así su falta de testimonio público. No puedo ver ninguna justificación para esta actividad en particular, y en caso de que alguien crea que pensar así deja a los judíos pobres abando-

---

[11] La *aliyah* es un término usado por los judíos que designa el regreso para vivir en la tierra de Israel.

nados en lugares remotos, ha de saber que la Agencia Judía es muy eficiente a la hora de hacer regresar a Israel a quienes desean volver, pero carecen de recursos.

Creo que este es otro error: creer que debemos interpretar las profecías de los últimos tiempos en el sentido de poder desempeñar un papel directo para hacer que se cumplan los propósitos de Dios. Esto es lo que, en efecto, tales grupos hacen. Incluso han llegado a enviar gente a lugares remotos de países como Rusia para "pescar" y "cazar" judíos, para animarlos a regresar a Israel. ¿Hay acaso algún ejemplo en la Biblia que nos diga que hagamos tal cosa? La verdad es que Dios no ha puesto tal carga o responsabilidad sobre los cristianos. La única forma de hacer avanzar en concreto los propósitos de su reino es mediante la obra evangelizadora y misionera, tarea que se nos ha encomendado.

4. El apoyo a Israel en el conflicto palestino-israelí

En los últimos años, se han fundado muchos grupos cristianos para mostrar su apoyo a los problemas de Israel en el conflicto de Oriente Medio. La mayoría se sitúa bajo la bandera del Sionismo Cristiano, y todos están convencidos de que conocen los tiempos de las profecías sobre los últimos tiempos y lo importante que es el regreso de los judíos a su antigua patria. Lo menciono de paso aquí, porque es la deuda con los judíos lo que motiva todo esto. Hablaré más del tema en mi capítulo que habla del retorno a la tierra, pero permítaseme notar un simple detalle al respecto. No hace falta tener estas fuertes convicciones proféticas para que los cristianos muestren su interés. Basta con sentir que estamos en deuda con ellos, sentimiento que todos los cristianos deberíamos tener. En aras del debate, dejemos de lado la profecía y consideremos al Estado de Israel simplemente como otra comunidad judía, pero que está bajo amenaza de aniquilación. Los cristianos debemos sentirnos preocupados por ello. No es cuestión de profecía. A finales del siglo XIX, los judíos de Rusia eran perseguidos de forma sistemática con cierta y evidente connivencia de las autoridades rusas. Grandes manifestaciones de protesta fueron organizadas en Gran Bretaña y en América por líderes judíos, eclesiásticos, sindicales y académicos, lo que produjo algunos cambios. La profecía no tuvo nada que ver. Sin duda, nuestros tiempos son otros, pero los procesos políticos y sociales siguen pareciéndose. Los cristianos tienen que involucrarse y expresar su interés por que los judíos tengan su propia patria y que su supervivencia esté protegida de la amenaza mortal que se cierne sobre ella. El problema ahora es que las certezas originadas por lo que yo llamo fuertes convicciones proféticas han creado la tendencia a pasar por alto las injusticias israelíes, y de ahí la comprensible, la otra respuesta cristiana que pide que también se llame la atención sobre la difícil situación de los palestinos, especialmente los que son cristianos. Los cristianos no podemos inclinarnos hacia una sola parte en este asunto. Deseo ardientemente que llegue el día cuando se trabaje conjuntamente bajo una pancarta que diga algo así como "Cristianos por la justicia y la paz en el conflicto palestino-israelí".

Los cristianos de origen no judío estamos en deuda con la nación judía por todo lo que hemos recibido por medio de ellos, pero debemos ser ecuánimes y bíblicos en la manera de expresarnos, y no dejarnos llevar por un sentimiento o dudoso razonamiento espiritual. Que Dios nos ayude a los cristianos de origen gentil a enterrar el orgullo y crucificar nuestra autosuficiencia, y que reconozcamos humildemente nuestra deuda con este pueblo a menudo despreciado.

Preguntas:

1. ¿Por qué los cristianos no judíos están en deuda con la nación judía?
2. ¿Cómo podemos los cristianos no judíos pagar nuestra deuda con los judíos en la actualidad?
3. ¿Es legítimo amar a los judíos y al mismo tiempo no darles el evangelio?

2ª PARTE

Verdades duras

CAPÍTULO 6

La incredulidad de Israel

¿Cuántas veces has pensado, "sí, pero…" en relación con la forma de obrar de Dios? Pero parece que los hechos llevan a otra conclusión. O, de pronto aparece otra verdad que contradice lo dicho anteriormente. En este punto del libro adelanto un "sí, pero…". Sé que alguien dirá: "Sí, ya veo que la Biblia tiene mucho que decir sobre el amor de Yahveh hacia los judíos, pero, ¿por qué son tan pocos los que creen? Y, ¿por qué han sufrido tanto?". Estas preguntas no son nuevas. Lo que Pablo escribe en Romanos 9 y 10 indica que ese tipo de preguntas él ya las conocía. La nota triunfante al final de su exposición del evangelio en Romanos 1 al 8 las sugiere. Exclama con gozo que nada "nos podrá separar del amor de Dios, que es en Cristo Jesús nuestro Señor" (Ro 8:39), lo que plantea la pregunta: "fíjate en Israel; si Dios no ha conseguido preservarlos, ¿no podrá ocurrir lo mismo con los cristianos hoy? Pablo sabía que había llegado el momento de enfrentarse a la dificultad.

La elección

La respuesta de Pablo comienza con Dios y la inmutabilidad de sus promesas. Sin embargo, no va directo al grano, sino que comienza expresando su dolor por la pérdida de Israel. A mi parecer, comienza hablando de sus sentimientos más profundos porque sabía que tenía que decir algunas cosas duras acerca de Israel, y quería dejar claro que su actitud no era de superioridad. No se siente superior a un vencido dañino, sino que se lamenta por la pérdida de sus queridos compatriotas.

Pablo comienza con la elección soberana de Dios. Respondiendo a la idea de que la palabra de Dios, donde están sus pactos y promesas, pareciera ineficaz porque muchos en Israel sigan siendo incrédulos, simplemente declara: "no todos los que descienden de Israel son israelitas, ni por ser descendientes de Abraham, son todos hijos; sino que: «En Isaac te será llamada descendencia»" (Ro 9:6-7). Lo que dice Pablo es que, así como Dios eligió entre los descendientes físicos, la simiente de Abraham (Isaac fue elegido e Ismael no), y entre Jacob y Esaú, del mismo modo ha elegido entre los descendientes físicos de Jacob (Israel). Podemos parafrasearlo mejor: "no todo Israel es parte de Israel", ya que "no todos los que descienden de Jacob son príncipes con Dios".[12] Esta idea del primer Israel, según la expresa Pablo, hace que

---

[12] Israel significa "quien ha peleado con Dios" o "gobernante de Dios". Príncipe con Dios transmite ambos conceptos. En el contexto de Génesis 32:24-32 el nombre habla de un hombre que confía solo en Dios, pero que es fortalecido para Dios por esa misma confianza.

nos centremos en su carácter espiritual, que es de lo que habla Pablo aquí.

Estos son los elegidos. El primer uso que Pablo hace de la terminología de la elección en este pasaje es: "que el propósito de Dios conforme a la elección permaneciese, no en virtud de obras, sino de Aquel que llama" (Ro 9:11), y su designio está claro, subrayar que la elección de Dios no se basa en nada propio de ellos, sino en su propia voluntad inescrutable y soberana. En caso de que haya alguna duda de que esto es lo que él está enseñando, solo tenemos que mirar la dificultad anticipada en el versículo 14: "¿Acaso hay injusticia en Dios?". Una pregunta así solo se hace si hay algo que parece injusto, y la enseñanza de la elección incondicional suele provocar tal respuesta. En Romanos 11, Pablo enseña la misma verdad de la elección de Dios entre la nación judía cuando describe a los judíos creyentes de su época como "un remanente conforme a la elección de la gracia" (Ro 11:5). Por gracia, el Señor los eligió y, por tanto, creyeron y permanecieron fieles.

Por muy misterioso que nos parezca, esa es la explicación de por qué muchos judíos siguen siendo incrédulos. Dios no los ha elegido a todos para ser salvos. Podemos pensar que Dios, después de haber pasado tantos años preparando a un pueblo para recibir al Mesías venidero, se aseguraría de que la mayoría de ellos creyeran en él, y que luego llevaran las buenas nuevas al mundo; pero nos equivocaríamos, pues sus caminos no son nuestros caminos. La única cosa que podemos hacer es maravillarnos e inclinarnos ante él en humilde adoración.

A algunos no les gusta esta enseñanza y les cuesta aceptarla, pero si nos interesamos por la salvación de los judíos, es una enseñanza esperanzadora, porque si Dios no hubiera elegido a algunos para salvación, nadie sería salvo. Las palabras: "Tendré misericordia del que yo tenga misericordia" (Ro 9:15), nos recuerdan que estamos irremisiblemente perdidos por causa del pecado, y dependemos absolutamente de la misericordia del Señor, así como los escaladores dependen totalmente de su cordada si resbalan. Las palabras de Isaías lo expresan con más contundencia: "Si el Señor de los ejércitos no nos hubiera dejado descendencia, habríamos venido a ser como Sodoma, y seríamos semejantes a Gomorra" (Ro 9:29). El designio de Dios de que algunos crean es el propósito de la elección, y quiénes son ellos, lo que hace que la ruina no sea total.

¿De qué otra manera podemos estar seguros de una gran vuelta de los judíos al Mesías? Si esa esperanza futura para Israel dependiera en última instancia de su capacidad de respuesta, no habría garantía alguna de que algo así pueda suceder.

Responsable

La explicación que da Pablo de la incredulidad judía no se limita a la elección soberana de Dios; también cuenta la responsabilidad humana. ¿Cuál es la responsabilidad de los judíos en el asunto? ¿Han hecho una elección culposa de manera consciente? Si los judíos son castigados por su falta de fe, ¿es por no haber sido elegidos o por su incredulidad? No puede haber castigo sin culpa, ni culpa sin pecado, y Pablo deja muy claro que el rechazo de Israel a Jesús los convierte en "un pueblo desobediente y contradictor" (Ro 10:21). Hubo pecado en el campamento, y el pecado fue que "procuraron establecer su propia justicia" (Ro 10:3). Lo cual no quiere decir que todos los judíos trataran con todas sus fuerzas de lograr dicha justicia por medio de su religión, pero cuando se consideran las razones del rechazo de Jesús, algunas de ellas resaltan como fundamentales, como la declaración de Jesús haciéndose igual a Dios, y la de Pablo, acerca de establecer su propia justicia. Hoy, se trate de un judío que practique el judaísmo o no, la influencia de la afirmación del judaísmo de que es posible cumplir con la justicia forma parte de la mentalidad de todos los judíos. No recuerdo haber conocido a ningún judío que no se considere aceptable ante Dios por ser buena persona. Esto no significa que ignoren el pecado, sino que sobrevaloran sus buenas obras, especialmente el arrepentimiento. Hay una historia que cuenta la tradición rabínica sobre cómo un conocido judío muy pecador se convirtió durante un período de profundo arrepentimiento, haciéndose patente que "su arrepentimiento fue tan profundo que en pocas horas los pecados de toda una vida fueron limpiados". Una idea así no es la forma en que Dios nos limpia del pecado. Jesús el Mesías vino a hacer todo lo necesario para que el pecado sea perdonado y para proporcionar a los pecadores la justicia de Dios. Tal era el objetivo global de la ley revelada a Israel, pero se entendió mal. Cometieron el error de creer que la obediencia legalista a la ley, lo que Pablo llama las obras de la ley, era el camino que lleva a la justicia delante de Dios, siendo esta un regalo a recibir por fe. Así era incluso en el tiempo cuando se vivía bajo la ley, como explica Pablo en Romanos 9:31 a 32: "Mas Israel, que iba tras una ley de justicia, no la alcanzó. ¿Por qué? Porque iban tras ella no por fe, sino como por obras de la ley". La justicia siempre fue un regalo que se recibía por fe.

Se podía vivir en obediencia a Dios bajo la ley de Moisés sin ser legalista, viviendo en humilde gratitud por su bondad, confiando en la provisión de su perdón por medio del sacrificio, y conscientes del don de la justicia para quienes creían. En principio, Pablo lo demuestra en Romanos 10:5-8, al explicar lo que dice Moisés en Levítico 18:5 y Deuteronomio 30:12-14, dando la aplicación del Nuevo Testamento en el versículo 9. Quien entiende el mensaje de la ley, ha de acabar dándose cuenta de que no hay esperanza. Moisés lo predijo y aseguró a Israel que no era algo insuperable, como pensaban. No les dio a entender que podrían lograrlo esforzándose lo suficiente; lo que quería que vieran es que, si el corazón era receptivo a todo lo que la ley decía acerca de su pecado, y la misericordia ofrecida por medio de los sacrificios, y si estaban dispuestos a confesarlo, podían también estar seguros de la misericordia y el perdón de Dios. Eso era depender de Dios y no de sí mismos. Esa era la palabra de fe. En el tiempo del Nuevo Testamento esto se expresa por la fe en el Señor Jesús, especialmente por haber sido resucitado de la muerte por Dios.

En tiempos de Jesús había israelitas que entendían bien a Moisés, personas como Zacarías, Ana y Simeón, sobre quienes leemos en los primeros capítulos de Lucas. Su fe y humildad relucen en sus páginas. No me cabe duda de que, al entender el mensaje de Jesús, lo aceptaron como totalmente coincidente con la fe que ya tenían. Para muchos otros, cuando oyeron el mensaje del evangelio, comprendieron por primera vez que no había esperanza en su pecado y vieron la provisión de justicia en Jesús. Creyeron y fueron perdonados. Pero la mayoría en Israel creyó otra cosa y siguió, de uno u otro modo, acercándose a Dios por medio de su justicia propia. Eran plenamente responsables de lo que pensaban y hacían. Los rabinos aún enseñan esta forma de justicia, y las consecuencias para la mayoría de Israel han sido desastrosas.

Reflexiones

1. Otras explicaciones

Sé que para muchos cristianos la enseñanza de la elección de Dios para salvación es difícil de aceptar. Reconocen contentos que Dios es soberano sobre todas las cosas, pero les cuesta trabajo aceptar una enseñanza que parece implicar que los seres humanos no son libres, una especie de fatalismo. Pero no veo que esos cristianos tengan problemas con la forma de elegir Dios a Israel. Aceptan que Dios eligiera a Abraham, Isaac y Jacob, y que al hacerlo no escogiera a otros individuos y a otras naciones del mundo, pero les cuesta aceptar que él actúa de la misma manera cuando una persona se convierte a Cristo. Una cosa depende de la otra.

2. Implicaciones importantes

Hemos de reconocer que rechazar esta verdad de la elección tiene implicaciones importantes. La primera es que hace que los judíos sean más impíos que los demás; implicación que llenará de satisfacción a los antisemitas. Lo que quiero decir es que, si no hay elección incondicional de Dios, la responsabilidad humana es el factor clave. Siendo así, y teniendo en cuenta que los judíos han recibido más privilegios que otros, pero persisten en su incredulidad, de algún modo han de ser mucho peores que los demás. Pero una conclusión así no podemos aceptarla.

La segunda implicación es que los misioneros que trabajan entre los judíos han de ser bastante incompetentes en su labor si los comparamos con otros misioneros, ya que, comparativamente, ven tan poco fruto. Para evitar llegar a este tipo de conclusiones hay a quienes les gusta subrayar que lo que hace especialmente difícil que los judíos consideren a Jesús es el antisemitismo "cristiano". No dudo que la persecución de los judíos en nombre de Jesús haya tenido efectos desastrosos, pero el rechazo de Jesús el Mesías y de los apóstoles por parte de la mayoría de la nación y de sus dirigentes comenzó mucho antes que un fenómeno como el antisemitismo "cristiano".

3. Hay que seguir dando testimonio

¡Dios ha garantizado que el evangelio dará fruto entre los judíos! Pablo enseña en Romanos 11, que siempre habrá quienes se salven por la elección de la gracia de Dios (Ro 11:5). No sé si tal promesa existe para alguna otra nación. El testimonio al pueblo judío está plagado de dificultades, pero Dios nos anima a perseverar asegurándonos que el trabajo dará su fruto.

4. Reprimir la frustración

La resistencia al evangelio por parte de los judíos suele ser muy firme. El hecho de que partamos del mismo libro y lleguemos a conclusiones radicalmente diferentes puede producir enfado y frustración. El que alguien tan valioso para nosotros (Jesús) sea rechazado o incluso ridiculizado nos ofende. Esto puede suceder año tras año en nuestros encuentros con vecinos o compañeros de trabajo judíos. La tentación es olvidarnos de ellos como casos perdidos. La doctrina de la elección nos recuerda que estamos en las manos de Dios y que cuando él elige, todo puede cambiar en un momento.

5. ¿Elección y apologética?

No hay duda de que hay que presentar el evangelio a los judíos advirtiéndoles de que tienen la responsabilidad de creer en él, teniendo a veces nosotros que echar mano de la apologética para responder a las objeciones y dificultades; pero, ¿debemos mencionar la elección como razón de la incredulidad judía? Jesús es nuestro ejemplo en esto, como cuando habla de sus ovejas en Juan 10:26, diciéndoles a sus oponentes: "vosotros no creéis, porque no sois de mis ovejas". Pienso que se trataba de una hipérbole destinada a alarmar a aquellos que habían determinado rechazarlo. Más adelante, en el mismo encuentro, Jesús les dice: "aunque no me creáis a mí, creed a las obras", lo que demuestra que todavía había esperanza. Muchas veces he oído a judíos decir: "Jesús no puede ser el Mesías dado que la mayoría de los judíos no creen en él", como si el factor clave fuera su sabiduría. Puede que venga bien destacar el factor de la elección de Dios. Esperemos que esto haga mella en su autoconfianza y les haga buscar humildemente a Dios.

6. Su incredulidad es grande

El hincapié de Pablo en la elección, le hace dulcificar sus comentarios sobre la responsabilidad de creer. No eran ignorantes; más bien habla de ellos como desobedientes y contrarios. Hoy ocurre igual. Si un judío no se convierte a Jesús, vendrá el día cuando se dé cuenta de su gran pérdida y de que la culpa es solo de él. Esto debería mover a los cristianos a enfrentar al pueblo jud ío con el peligro de tratar de establecer su propia justicia y rechazar el Mesías, a la vez que los anima dejándoles saber que los brazos de Dios están abiertos de par en par.

Preguntas:

1. ¿Cómo explica Pablo la incredulidad de Israel?
2. ¿Cómo apoya la verdad de la elección de Dios y la responsabilidad humana nuestro testimonio del evangelio?
3. Muchos en Israel creyeron bajo el Antiguo y el Nuevos Pacto. ¿Qué ejemplos usarías para ilustrar la naturaleza de la verdadera fe a un amigo judío?

CAPÍTULO 7

El reino: entonces y ahora

"Por tanto os digo que el reino de Dios os será quitado, y será dado a una nación que produzca los frutos de él" (Mateo 21:47).

¡Inquietantes palabras! Palabras pronunciadas por Jesús durante su última visita a Jerusalén. Había entrado en la ciudad montado en un asno y muchos lo saludaron como Mesías, tendiendo sus ropas o ramas de palma en el suelo a su paso, gritando alabanzas y un saludo mesiánico: "Bienaventurado el que viene en nombre de Yahveh". La emoción y la expectación llenaban el ambiente. Pero, sin duda alguna, su primera acción debió chocar a muchos: limpió un área del templo de sus mercaderes, volcó sus mesas y los echó de allí. Debió ser chocante, pero lo que presagiaba era más de lo mismo. Como era de esperar, los principales sacerdotes y dirigentes no lo dejaron pasar, sino que al día siguiente lo interrogaron diciéndole: "¿Con qué autoridad haces estas cosas?" (Mt 21:23). La respuesta fue una serie de advertencias a los líderes de Israel de que su actitud hacia él estaba llevando a la nación al borde de un precipicio, que acabaría en la pérdida del reino.

Advertencias a los dirigentes de Israel

Lo que nuestro Señor respondió a aquella pregunta se encuentra en Mateo 21:23-46 y tiene varias partes, pero lo que nos inquieta es su declaración amenazante: "el reino de Dios os será quitado, y será dado a una nación que produzca los frutos de él". Su significado parece claro: Israel como entidad nacional, que vivía bajo el pacto mosaico, ya no sería el pueblo a quien pertenecería en exclusiva el reino de Dios en la tierra; otros habían de recibirlo –pero, ¿qué quiso decir exactamente? Al analizar este asunto más detalladamente, debemos señalar que las palabras iban dirigidas a los dirigentes judíos legítimos y, como tales, a aquellos a quienes representaban. Es una profecía dirigida a toda la nación, algo que subrayaremos cuando nos ocupemos de la palabra "nación".

El reino de Dios

¿Qué es el reino de Dios? Literalmente, la expresión significa "el reinado de Dios", y apunta a las personas sobre las que Dios gobierna, quienes se someten a él. Cuando Jesús dijo aquello, la nación de Israel era esa gente y en Romanos 9 Pablo enumera algunos de los efectos de tal posición: la revelación escrita de Dios, la manifestación visible de la presencia de Dios, sus pactos y promesas, una tierra donde habitar, y un medio para acercarse a él (Ro 9:1-5). Gran parte de ello era visible y tangible y todo parecía hecho para durar, pero ningún israelita habría esperado que las cosas siguieran exactamente como estaban, porque siempre se entendió que el reino tenía una dimensión escatológica: la esperanza de un futuro más glorioso de dimensión mundial. Uno de los oyentes de Jesús, al parecer un hombre de cierta importancia en la comunidad, le dijo durante una comida: "¡Dichoso el que coma pan en el reino de Dios!" (Lc 14:15). ¿Pero, como israelita, no estaba ya en el reino? Está claro que sabía que algo mejor había sido prometido para los días del Mesías.

La misma manera de hablar de Jesús acerca del reino expresa la misma idea de desarrollo. Con frecuencia usaba la expresión "reino de Dios" (o reino de los cielos), como si hablara de algo completamente nuevo, como si antes no existiera el reino de Dios en la tierra. Y, aun así, no era completamente nuevo, puesto que Jesús habló de él como algo que les había sido quitado, enseñando que el reino de Dios que anunciaba era, en realidad, el desarrollo de lo que Dios ya había establecido. En verdad, el nivel de cambio esperado bajo el Mesías fue tan grande que llegó a ser algo casi completamente nuevo, a pesar de ser el desarrollo de lo ya existente.

Jesús también habló del reino como algo todavía futuro. En su descripción del juicio final, se muestra diciéndole a su pueblo: "Venid, benditos de mi Padre, heredad el reino preparado para vosotros desde la fundación del mundo" (Mt 25:34). El reino aún no ha alcanzado su gloriosa consumación.

En resumen, podemos decir que con la aparición del Mesías hubo un gran cambio. Dios había venido en medio de su pueblo, como había prometido. Con aquella gloriosa encarnación vinieron otros cambios. Las manifestaciones del reino de Dios habrían de ser menos visibles y tangibles, y más espirituales. Jesús le dijo a Pilatos: "Mi reino no es de este mundo" (Jn 18:36), y el apóstol Pablo escribió: "porque el reino de Dios no es comida ni bebida [refiriéndose a la distinción de la ley entre limpio e impuro], sino justicia, paz y gozo en el Espíritu Santo" (Ro 14:17). Además, al reino se entra de otra manera, por regeneración, un nacimiento espiritual de lo alto (Jn 3:3), cuando antes era por nacimiento natural y circuncisión (o convirtiéndose en prosélitos). El cambio final vendrá con la segunda venida del Mesías, la resurrección del cuerpo para ser un cuerpo espiritual. Entonces el reino tomará su forma final, la cual, dice Pablo, "la carne y la sangre no pueden heredar" (1Co 15:50).

La nación del reino

¿A quién se refería Jesús cuando dijo: "el reino de Dios... será dado a una nación que produzca los frutos de él"? ¿Cuál es esa nación? Un breve análisis del vocabulario puede ayudarnos en este detalle. *Ethnos* y *laos* son las dos principales palabras utilizadas en el Nuevo Testamento para referirse a un grupo de personas. Aunque su significado se superpone, resaltan conceptos distintos, como se puede ver al usar ambas en la descripción completa que Juan hace de toda la humanidad en un verso como Apocalipsis 5:9, "... de todo linaje, lengua, pueblo (*laos*) y nación (*ethnos*)". *Ethnos*, la palabra de la que se deriva "étnico" en español, casi siempre se traduce como "nación", y se refiere a lo que llamaríamos comunidades nacionales (no necesariamente nuestros estados nación modernos), grupos humanos unidos por lazos de sangre, geografía, historia, cultura, etc. El Señor Jesús la usa para referirse a las naciones del mundo (Mr 11:17), y los dirigentes judíos la usaron para describir a los judíos (Jn 11:48:50). *Laos* es mejor traducido como "pueblo" y es un vocablo más genérico, que se suele usar para referirse a una multitud reunida con algún propósito, o un grupo al que une alguna experiencia común. Es significativo que se utilice *ethnos* en referencia a este nuevo grupo al que se le daría el reino porque podría haber sido *laos*. Podríamos haber esperado que Jesús indicara una próxima transferencia interna de poder a otro grupo de dirigentes dentro de Israel, por ejemplo, a los apóstoles, para lo que *laos* habría estado bien, mostrando una entidad que seguiría siendo claramente judía. Pero *ethnos* indica un cambio mucho más radical. En realidad, suena como si el reino fuera ahora de otro grupo étnico, digamos los griegos o los egipcios. ¡Es una barbaridad!

En otras partes del Nuevo Testamento, especialmente en los Hechos de los Apóstoles, vemos que el propósito de Dios de redimir al mundo entero se desarrolla incluyendo en una nueva entidad a los gentiles junto a los judíos creyentes. Entre los vocablos utilizados para designar a esta nueva entidad se encuentra "reino", expresado de varias maneras. Por ejemplo: "porque el reino de Dios no es comida ni bebida, sino justicia, paz y gozo en el Espíritu Santo. Porque el que en esto sirve a Cristo, agrada a Dios, y es aprobado por los hombres" (Ro 14:17-18). Los creyentes en Jesús, judíos y gentiles, son el reino. A ellos se les ha dado el reino; son el nuevo *ethnos*, la nueva nación de la que habló Jesús.

Como hemos dicho antes, podríamos esperar que se hubiera usado *laos*, porque lo que une a estos judíos y gentiles es su fe en Jesús, pero si consideramos que esos creyentes también están unidos porque la persona divina del Espíritu del Dios viviente habita en ellos, entonces no nos sorprende que Jesús usara *ethnos*. Debido a tal privilegio, es una comunidad radicalmente distinta de Israel, y radicalmente distinta del mundo incrédulo que la rodea. Por eso, *laos* no es lo suficientemente fuerte y hay que hablar de *ethnos*.

Hay sitios en el Nuevo Testamento donde se usan ambas palabras referidas a la gente de este reino nuevo. El apóstol Pedro emplea *ethnos* y *laos* a la vez para designar a los creyentes en Jesús. Son "linaje escogido, real sacerdocio, nación santa [*ethnos*], pueblo adquirido [*laos*]" (1Pe 2:9). Son un *laos*, vinculados por lo que creen, por la confianza, por la vida espiritual, etc., pero son tan diferentes de quienes están alrededor que se puede decir de ellos que son un *ethnos*, siendo la santidad lo que los distingue. Pedro está hablando de la *ekklesia*, la iglesia, aquella comunidad compuesta por todos los creyentes en Jesús, ya fueran judíos o gentiles; son un pueblo y una nación.[13]

Si hay algún lector que aún tenga dudas acerca de si la iglesia es la nueva nación del reino, puede ayudarle considerar que todas las características del reino bajo Moisés se ven, en la forma del nuevo pacto, en la iglesia. Israel fue llamado a ser el pueblo de Dios; fueron atraídos a un pacto con el Señor, recibiendo promesas y poseyendo una revelación

---

[13] Sé que hay quienes piensan que 1 Pedro fue escrita para judíos que creían en Jesús. No podemos entrar aquí en todos los pros y contras al respecto. Creo que podemos responder brevemente considerando 2Pe 3:1, que deja claro que los destinatarios de 1 y 2 de Pedro son el mismo grupo. Sin embargo, dirigiéndose a sus lectores en 2Pe 1:1 no emplea expresiones que podemos interpretar que se refieran específicamente a judíos, como la de "extranjeros, esparcidos", de 1Pe 1:1, sino que se dirige a ellos como quienes han obtenido "una fe igualmente preciosa que la nuestra". Ambas cartas fueron escritas como mínimo treinta años después de Hechos 2, cuando se habían fundado en el mundo gentil muchas iglesias compuestas por judíos y gentiles, y puesto que no hay prueba de que entre ellas hubiera iglesias judías separadas, no podemos imaginar que escribió solo para los judíos.

escrita de Dios; igual que la iglesia. Así como Israel tenía un sacerdocio y conocía la presencia (*shekinah*) de Dios, la iglesia se acerca al Señor por medio del sacerdocio del Mesías, y la presencia de Dios está en medio de ellos por su Espíritu. Esto se ve especialmente por la forma en que el Nuevo Testamento se refiere a la iglesia como "el templo de Dios" (1Co 3:16; Ef 2:21) y como la "Jerusalén de arriba" (Gá 4:26). Estas expresiones muestran una clara continuidad entre la iglesia y la nación de Israel, siendo una el cumplimiento de la otra, pero también una nueva fase de la obra redentora de Dios en el mundo: el reino de su Hijo.

Una puntualización práctica, que yo haría aquí, es que los cristianos han de cuidar su vocabulario. Muchas veces, cuando los cristianos gentiles hablan de este cuerpo, la iglesia, lo hacen como si fuera un ente no judío. Es como si Jesús hubiera dicho: "El reino te será arrebatado (Israel) y entregado a los gentiles", pero él no dijo tal cosa. Es un cuerpo compuesto de judíos y gentiles creyentes. Lo que Dios comenzó con Israel, lo ha ampliado para incluir a los gentiles. Al hacerlo, ha alterado su forma, pero no ha abandonado al pueblo judío.

Aunque todo este cambio se hizo según el plan predeterminado y el propósito de Dios, con todo, no podemos pasar por alto el elemento de juicio sobre Israel. El reino de Dios les fue quitado debido a su esterilidad, esterilidad vívidamente ilustrada en un incidente anterior al encuentro entre Jesús y los dirigentes judíos, la maldición de la higuera estéril (Mt 21:18-19). La nación en su conjunto no estaba dando fruto para Dios, puesto de manifiesto concretamente por su respuesta negativa al Mesías entre ellos. Naturalmente, muchos creyeron, y muchos continúan haciéndolo ahora, pero la mayoría no lo hizo, ni entonces ni ahora. Esta esterilidad atrajo el juicio de Dios.

Esta triste realidad se puede ilustrar comparando una iglesia verdadera de hoy con una sinagoga. Si quieres saber el camino de vuelta a Dios, cómo ser perdonado y cómo tener vida eterna, no escucharás en una sinagoga un mensaje que te explique esas verdades de acuerdo con las Escrituras. Hay muchas cosas hermosas en los cultos de la sinagoga, incluso hay mucha palabra de las Escrituras y muchas expresiones de la verdad bíblica, pero tiene *Ichabod* escrito por todas partes: sin gloria. Por el contrario, todo lo que tiene que ver con la salvación y con experimentar la presencia de Dios se encuentra en una iglesia del Nuevo Testamento. Allí se puede experimentar la salvación, Dios está entre su pueblo y reina como rey.

El pueblo de Israel en la actualidad

Entonces, ¿en qué posición deja todo esto a los judíos como pueblo en la actualidad? ¿Perder el reino significa perderlo todo, salvo que Dios salvará siempre a un remanente de entre ellos? Al contestar a estas preguntas, los cristianos tendemos a polarizar. Unos creen que lo han perdido todo, otros que todo les será devuelto cuando Jesús regrese. Sobre este tema quiero entrar en más detalles en un capítulo posterior, pero aquí simplemente me gustaría llamar la atención sobre la diferencia entre reino y pacto, porque creo que ayuda a evitar la polarización.

Reino y pacto

El reino ha sido quitado, pero el régimen del pacto de Israel permanece. Hemos citado antes Romanos 11:1, y lo volveremos a citar, pero vale la pena repetir que para que Pablo hable de un Israel incrédulo como "su pueblo [de Dios]", es declarar inequívocamente que la relación de pacto sigue vigente. Más adelante, en el mismo capítulo, resalta que "los dones y el llamamiento de Dios son irrevocables". Si preguntamos qué pacto, tiene que ser el de Abraham, según queda claro por las palabras de Pablo en el versículo 28, son "amados por causa de los padres". Si nos preguntamos qué se entiende por dones y llamamiento, Pablo tuvo que estar pensando en los privilegios que enumera en Romanos 9:4-5.

El pacto abrahámico es el pacto de la promesa *fundacional* de Dios. Tanto el pacto Mosaico como el nuevo, podemos entenderlos como pactos *administrativos*, construidos sobre el pacto de la promesa hecha a Abraham, diseñados para administrar la promesa en sus dos diferentes situaciones. Quizás una ilustración imperfecta nos sirva. Es como si un arquitecto diseñara los cimientos para una casa pensando en dos estructuras. La primera estructura para las necesidades iniciales de una familia, a ser demolida en un momento determinado para dejar espacio a un hogar más grande y mejor cuando la familia crezca. Pero surge un problema cuando llega el momento de la demolición. Algunos miembros de la familia tienen claro que prefieren la primera casa y por eso construyen en una esquina de los cimientos algo que más o menos se le parece. El arquitecto no lo derriba y lo permite en su proyecto; aunque les advierte que, aunque su casa sobrevivirá, no durará mucho y tendrán que desalojarla y mudarse a la nueva casa si quieren estar seguros. Los cimientos representan el pacto abrahámico. La primera estructura es la dispensación del Pacto Mosaico, y la estructura final es la dispensación del Nuevo Pacto.

La casa con un parecido aproximado a la primera estructura es el judaísmo rabínico que sigue diciendo que los judíos son el reino de Dios en el mundo.

Lo que hay que señalar es que los cimientos permanecen. Sí, el pacto por el que Israel recibió el reino ha pasado, y con él el reino, pero el pacto hecho con Abraham y su descendencia permanece, lleno de promesas para Israel, especialmente la del Mesías y su nuevo pacto, al que se entra por fe.

Preguntas:

1. ¿Cuál es la nación de la que se habla en Mateo 21:43? Demuéstralo con otros textos.
2. ¿Qué en la vida nacional de Israel, bajo el Antiguo Pacto, mostraba que era el reino de Dios en la tierra? ¿Qué paralelos tiene con la vida de la iglesia del Nuevo Pacto?
3. ¿Cómo podría repetirse el fracaso y la pérdida de Israel en la Iglesia? (Ver Ap 2-3).

CAPÍTULO 8

Ira hasta el extremo

¡Qué terribles palabras! Fueron escritos por un judío que nos dice en otra parte que sufría continuamente en su corazón por la incredulidad de su pueblo. El amor de Pablo por su pueblo era tal que no temía asumir y enseñar verdades dolorosas sobre ellos, como lo expresan, sin tapujos, sus palabras en 1 Tesalonicenses 2:14-16.

> Porque vosotros, hermanos, vinisteis a ser imitadores de las iglesias de Dios en Cristo Jesús que están en Judea; pues habéis padecido de manos de los de vuestra propia nación las mismas cosas que ellas padecieron de manos de los judíos, los cuales mataron al Señor Jesús y a sus propios profetas, y a nosotros nos expulsaron; y no agradan a Dios, y se oponen a todos los hombres, impidiéndonos hablar a los gentiles para que estos sean salvos; así colman ellos siempre la medida de sus pecados, pues vino sobre ellos la ira hasta el extremo.

Con estas palabras, Pablo describe las consecuencias que para su pueblo tienen las actitudes religiosas equivocadas. Es una imagen sombría, y por eso nos gustaría evitarla, pero tenemos que asumir las palabras y estudiarlas con atención. Creo que la mejor manera de abordar este tema es establecer los principios bíblicos importantes y tratar después de entender su relación con los problemas de Israel. Al hacerlo, tenemos que reconocer que los detalles de los caminos de Dios a menudo nos son ocultos y están más allá de nuestro alcance, porque Dios es Dios y nosotros solo somos criaturas finitas.

Dios castiga la desobediencia de su pueblo

Esto es bastante explícito en los términos del pacto mosaico y un pasaje como Deuteronomio 28 lo deja claro. Por ejemplo, Moisés enseñó:

> Pero acontecerá, si no oyes la voz de El SEÑOR tu Dios, para procurar cumplir todos sus mandamientos [...] Dará El SEÑOR por lluvia a tu tierra polvo y ceniza [...] El SEÑOR te herirá con locura, ceguera y turbación de espíritu [...] El SEÑOR te esparcirá por todos los pueblos, desde un extremo de la tierra hasta el otro extremo [...] y estarás con miedo de noche y de día, y no tendrás seguridad de tu vida (Dt 28:15, 24, 28, 64, 66).

Aunque es un error mostrar la historia del Antiguo Testamento como un fracaso total, hubo momentos de desobediencia que llevaron al castigo. La más señalada en esa historia fue la deportación del pueblo de Dios a Babilonia tras la caída de Jerusalén ante los caldeos en el 605 a.C. Dios había advertido que ocurriría debido a la idolatría persistente, y ocurrió. Por muchos años había sido benigno con Israel, bendiciéndolos por su obediencia y siendo paciente y longánimo con sus pecados, pero cuando llegó el momento del castigo, los castigó. El exilio fue la medida extrema que Dios usó y, por medio de él, Dios estaba diciendo que los quería fuera de su vista, lejos del templo donde se manifestaba su presencia; su pecado los había vuelto insoportables. Sucedió por mano de los caldeos y volvió a suceder en el año 70 d.C. cuando los romanos conquistaron Jerusalén. Jesús enseñó claramente que la razón de este segundo exilio fue "por cuanto no conociste el tiempo de tu visitación" (Lc 19:44). Es decir, habían fallado como nación al no reconocer al Mesías en medio de ellos. No podía haber mayor fallo al oír a Dios que resistir a las palabras del gran Profeta cuando vino (Dt 18:18-19). El Dios de Israel irá contra el pecado en su pueblo y en su mundo.

El mayor de los castigos

En 1 Tesalonicenses 2:14-16, Pablo escribe a los creyentes para animarlos, dejándoles saber que no estaban solos en sus sufrimientos; sus hermanos y hermanas en Judea también habían sufrido. Luego profundiza acerca de la incredulidad de los judíos, su comportamiento y sus consecuencias. Es al final de este pasaje cuando emplea la expresión "ira... hasta el extremo".

El punto de vista principal de Pablo se centra en los pecados de los judíos de Judea y particularmente en los de sus dirigentes. Más adelante en este capítulo consideraremos cómo Juan emplea el término "los judíos" y veremos que su planteamiento es el mismo cuando se trata de atribuir la culpa de la muerte de Jesús. Pero, la referencia de Pablo de matar a sus propios profetas amplía su consideración a las generaciones anteriores. Además, sus palabras "ira... hasta el extremo" y "colman siempre" muestran que los efectos sobre las generaciones futuras están en su horizonte. Por tanto, debemos tener en cuenta lo que Pablo está diciendo acerca de los judíos, así como las consecuencias sobre las generaciones posteriores de judíos.

1. Ira hasta el extremo

Estas palabras nos inducen a pensar en la destrucción de Jerusalén por los romanos, o incluso en otros acontecimientos posteriores de la historia, pero no creo que Pablo estuviera pensando en algo así porque escribe en tiempo pasado, "vino sobre ellos la ira". La destrucción de Jerusalén aún no había sucedido cuando Pablo escribió, por lo que no podía referirse a ella. Creo que Pablo estaba pensando en algo que ya hemos visto: la pérdida por los judíos de su posición única como reino de Dios en el mundo. No podía haber mayor castigo que perder esa posición; y ocurrió; el reino ya había sido dado a otros. Fue la manifestación más extrema de la ira de Dios hacia un pueblo, la ira hasta el extremo. Pero, ¿cuáles han sido las consecuencias para las generaciones posteriores? La frase de Pablo "colman ellos siempre" nos lleva al terreno de las consecuencias futuras.

Colman ellos siempre la medida de sus pecados

Los continuos sufrimientos y problemas de los judíos han de verse a la luz de lo que dice Pablo: "colman ellos siempre *la medida* de sus pecados (enfatizo las palabras usadas en mi traducción, otras traducciones dicen "al límite").[14] Pablo entiende que su iniquidad acaba colmando la situación. Para entender esta frase poco común, podemos ir a otras dos citas de las Escrituras, una en el Antiguo Testamento y otra en el Nuevo. En Génesis 15:16, Yahveh le dice a Abram algo acerca del futuro de su descendencia, concretamente sobre el tiempo que estarían en Egipto y su posterior liberación.

El momento se describe así: "en la cuarta generación volverán acá; porque aún no ha llegado a su colmo [o se ha completado] la maldad del amorreo hasta aquí". Sabemos que el regreso de Israel conllevó el juicio sobre el pueblo de Canaán (llamados aquí amorreos), y está claro según estas palabras que cuando el Señor habló a Abram, sus pecados aún no habían llegado al punto establecido por Dios como límite antes del juicio. Para que llegaran a ese punto, la depravación todavía tenía que crecer; una vez traspasado, Dios los castigaría. En el Nuevo Testamento, el pasaje es Mateo 23:32, donde Jesús está a punto de pronunciar su más seria advertencia a los dirigentes judíos que se negaron a escucharlo y conspiraron para matarlo. Los presenta como seguidores de los pasos de quienes antes de ellos mataron a los profetas de Israel, y concluye diciendo: "¡Vosotros también colmad la medida de vuestros padres!". Nuevamente tenemos este concepto del pecado, acumulándose hasta un límite, hasta una medida. Lo que dice es que el hecho de rechazarle será el pecado que colme el vaso, que lo llene hasta el borde, la culpa concreta será de los dirigentes de Israel por

---

[14] La mayoría de las versiones en español emplean la palabra *medida*. La NVI dice *el colmo*. N.T.

rechazar a los portavoces de Dios. El juicio vendría sobre su generación, con la pérdida del reino y la destrucción de Jerusalén en el año 70 d.C.

La expresión de Pablo con respecto a los pecados de su pueblo debemos entenderla dentro de este marco de pensamiento. Pero hay una diferencia. La diferencia es que Pablo emplea la palabra "siempre": "colman ellos siempre". Lo que dice es que el proceso continúa. A lo largo de la historia habrá momentos en los que sus pecados llegarán a un límite cuando Dios actuará para castigar. Vemos a un pueblo que experimenta gran parte de su bondad, de su gracia y paciencia durante mucho tiempo y que, aun así, sigue viviendo en desobediencia a Dios, e incluso rechaza a su Hijo, por lo que el nivel de su pecado aumenta. Entonces, en algún momento que solo Dios conoce, todo cambia. Llega el momento del castigo y aparecen los instrumentos que, designados por él, y en algún lugar caen los problemas sobre los judíos.

No se trata de una experiencia netamente judía. Dios trata con todas las naciones según el mismo principio. Lo que le dijo a Abraham acerca de que la iniquidad de los amorreos aún no se había colmado, hablaba de una nación gentil, una nación que no tenía ningún pacto especial con Dios, como las naciones del mundo actual. La única diferencia radica en la naturaleza de los pecados mencionados por Pablo en 1 Tesalonicenses 2:15-16, típicos de los judíos. Según los acontecimientos de la historia y las filosofías que sostienen, las naciones desarrollan su propia maldad peculiar.

La nación judía no es diferente y, por tanto, hay que verla como otras naciones. No hay que estigmatizarla como especialmente malvada, condenada bajo una maldición permanente según la ley mosaica, por siempre, sin otra esperanza como nación que errar para siempre, en servidumbre y temor.

Hay otras explicaciones para los sufrimientos subsiguientes de los judíos

Aquí quiero presentar brevemente otras ideas de judíos y cristianos.

1. Pensadores judíos

Los mismos judíos responden de muy diversas maneras, desde los que ignoran los caminos de Dios hasta quienes echan la culpa a sus paisanos judíos por no guardar la Torá. Los religiosos consideran que la ley de Moisés todavía está vigente y que, por tanto, su incumplimiento hoy tiene consecuencias aquí y ahora. Sin embargo, los pensadores religiosos más estrictos dirán que si están fuera de su tierra se debe al pecado cometido por el pueblo cuando todavía estaban en la tierra, por lo que cualquier problema actual tiene su origen en algún pecado del pasado que hizo que Dios los enviara al exilio para después darles la espalda. Al hacerlo, su protección se pierde y vendrán tiempos en los que sus enemigos les causarán problemas. Pero son muy pocos los que se aventuran a sugerir por qué se dan los problemas en un lugar y no en otro, en una determinada ocasión y no en otra.

2. ¿El pacto mosaico hoy?

Cuando los cristianos pensamos en lo vivido por los judíos, inevitablemente nos enfrentamos a estas mismas preguntas. La primera pregunta tiene que ver con el pacto mosaico. ¿Sigue vigente? La respuesta de la Escritura es, rotundamente no. Jeremías habló de un nuevo pacto que Dios establecería con Israel como cumplimiento del pacto mosaico (Jer 31:31-34). Zacarías predijo que Dios rompería su pacto y relacionó la ruptura con su desprecio hacia el siervo del Señor (Zac 11:10-14). Jesús el Mesías inauguró este nuevo pacto con Israel en su última cena de Pascua con sus discípulos (Mt 26:26-28). En Hebreos leemos: "Al decir: Nuevo pacto, ha dado por anticuado al primero"; y, hablando de Jesús, "es mediador de un mejor pacto, establecido sobre mejores promesas" (Heb 8:13,6). Por último, el apóstol de los gentiles se identifica a sí mismo como ministro del nuevo pacto (2Co 3:6). Todo esto deja bastante claro que el pacto mosaico ya no tiene vigencia, ni para Israel ni para la iglesia de Jesús el Mesías.

Sin embargo, en cierto sentido, el pacto mosaico todavía afecta a los judíos. La dispersión de los judíos entre las naciones es la consecuencia de un grave acto de desobediencia bajo el pacto mosaico: el rechazo del Mesías de Dios por parte de los líderes y por la mayoría de la nación.

3. Padres e hijos

A estas consecuencias se refieren las palabras del segundo mandamiento: "Yo soy El SEÑOR tu Dios, fuerte, celoso, que visito la maldad de los padres sobre los hijos hasta la tercera y cuarta generación de los que me aborrecen (Ex 20:5). El "visito" se refiere a las consecuencias del pecado de los padres, no que se considere culpables los hijos. En el universo moral de Dios existen la causa y el efecto, y Dios no está constantemente interviniendo para evitar las consecuencias. Pero ha fijado un límite. Esto plantea una pregunta con respecto a Israel, ¿qué ha pasado con las consecuencias durante generaciones? Para responder a esto, tengo que ver los pecados de los judíos que Pablo cita. Tenemos que ver cómo se manifiestan hoy entre los judíos porque son las mismas actitudes equivocadas que colman la medida del pecado.

¿Por qué lo hace Pablo?

Es una pregunta razonable. Dicho lo ya dicho, podría haber concluido al final de 1 Tesalonicenses 2:14, sin que los tesalonicenses se sorprendiesen de aquellos problemas –los creyentes los habían estado viviendo desde que comenzó el evangelio en Judea. Pero él sigue.

Una de las respuestas, es que quería dejar bien claro que los judíos contemporáneos de Jesús eran especialmente culpables de los pecados concretos mencionados y, lo más importante, de la muerte de Jesús. Quizás en aquel entonces la gente ya les echaba la culpa a todos los judíos por la muerte de Jesús. Si es así, Pablo les está inculcando firmemente esa idea en la cabeza.

Una segunda consideración es el contexto de los tesalonicenses. Creo que la oposición al evangelio de los judíos de Tesalónica fue extraordinariamente fuerte. Leemos en Hechos 17 que reunieron una multitud, alborotando toda la ciudad y arrastrando a algunos creyentes ante los gobernantes, y después, al saber que los predicadores del evangelio estaban teniendo un éxito parecido en Berea, se dirigieron allí y agitaron de nuevo a las multitudes (Hch 17:1-15). Podemos imaginar a aquellos judíos tan hostiles burlándose de los nuevos creyentes, sobre todo de los gentiles. Podemos verlos alardeando de que ellos eran los judíos de verdad que entendían la ley y no podían estar equivocados en lo concerniente al Mesías; los gentiles no sabían nada de esos asuntos como para entenderlos bien. Las cartas de Jesús a las iglesias de

Esmirna y Filadelfia en el Apocalipsis muestran el problema, porque allí Jesús habla de "la blasfemia de los que se dicen ser judíos y no lo son, sino sinagoga de Satanás" (Ap 2:9; 3:9). En este contexto, podemos ver por qué Pablo expone los pecados de Israel, en especial la larga tradición de rechazar a los portavoces de Dios, para demostrar que sus oponentes no podían en ninguna manera hacer alarde de sabiduría por el simple hecho de ser judíos. Este es un problema permanente para los gentiles cuando hablan con judíos, y mucho más si son ortodoxos. No sé cuántas veces se han burlado de mí los judíos religiosos o me han dicho, "el pueblo somos nosotros, tenéis que venir a nosotros si queréis entender las Escrituras". Es un desafío desalentador si no estás preparado, y creo que el fin de estas palabras de Pablo era ayudar a los cristianos gentiles para que no se dejaran intimidar.

Los pecados citados por Pablo (1 Tesalonicenses 2:15-16)

No es un asunto fácil de tratar. No solo porque no quiero parecer excesivamente crítico o altanero, sino también porque vivimos en un tiempo en el que todavía es un tema tabú debido al Holocausto. Pero tenemos que asumir lo que dicen las Escrituras. Antes de que Pablo escribiera Romanos 9 al 11, sabedor de que tenía algunas cosas difíciles que decir sobre su pueblo, declaró antes que nada su amor por ellos (Ro 9:1-5). Del mismo modo, solo puedo declarar que, no siendo judío, he dedicado mi vida a buscar el bienestar de los judíos y sigo intentando alcanzar el nivel al que llegó Pablo: sentir un dolor continuo en el corazón por su gran pérdida y el deseo de hacer cualquier sacrificio que contribuya a su salvación.

Cuando Pablo habla de los pecados concretos de sus compatriotas, debemos tomar nota del contexto para no desequilibrar las cosas. Todo surgió porque los cristianos de Tesalónica estaban siendo perseguidos por sus propios conciudadanos, lo que señala que no eran solo los judíos quienes perseguían a los discípulos de Jesús; los no judíos también lo hacían. Era una manifestación general del odio de la humanidad hacia la luz.

Pablo tiene seis cargos concretos que clavar en la puerta de los judíos respecto a su respuesta a la verdad de Dios. Si consideramos cómo esto ha afectado a otras generaciones, creo que deberemos centrarnos en quienes tienen la mentalidad religiosa de tales judíos, me refiero a judíos muy religiosos y ortodoxos. Si hablamos de los efectos en los judíos de hoy, suavizaré lo dicho sobre los judíos de dos maneras. Primero, señalando que los mismos defectos podemos verlos en practicantes de otras religiones y, en segundo lugar, porque el judaísmo y la cultura judía producen muchos efectos beneficiosos. Con todo, no podemos negar lo negativo.

1. "¿Quién mató al Señor Jesús?"

Es un hecho histórico innegable que algunos dirigentes judíos conspiraron para matar a Jesús, organizaron su arresto y juicio, lo condenaron porque decía ser el Mesías, incitaron a la multitud sumisa hasta conseguir que el gobernador romano lo condenara y estuvieron de acuerdo con su ejecución. No hay en la historia acto más reprobable que este, frente a su perfección, verdad, gracia, poder y amor. Incluso Pilatos, el gobernador romano, al no encontrar falta alguna en él (Jn 19:4), se dio cuenta de que los movía la envidia (Mt 27:18). El lector que no quiera aceptar el relato del Nuevo Testamento puede encontrar útil tomar nota del hecho de que el profeta Isaías esperaba que el siervo inocente de Dios, el Mesías, sería injustamente condenado a muerte (Is 53:7-9), y que el rey David dijo que los gobernantes de su época rechazarían al Mesías (Sal 118:22). El Nuevo Testamento no acusa a los judíos de algo que no hubieran predicho las Escrituras hebreas. Dios había venido entre ellos en la persona de su Hijo encarnado y había sido negado, rechazado y ejecutado. Pero hemos de recordar que, en sentido espiritual, eso es lo que hace todo el mundo cuando se niega a reconocer a Dios u obedecerlo: lo quieren muerto.

Para contrapesar esta acusación, se suele señalar que Jesús fue condenado y crucificado por los romanos, los únicos que en aquel momento podían condenar a la pena capital en Judea. En consecuencia, es a ellos a quien corresponde la culpa mayor y, por tanto, los gentiles son más culpables que los judíos. El mismo Jesús enseñó lo contrario. Hablando con Pilatos, le dijo: "el que me ha entregado a ti tiene mayor pecado" (Jn 19:11). La conspiración de los dirigentes judíos hizo que su crimen fuera más nefando. Las leyes de la mayoría de las naciones distinguen entre asesinato premeditado (a sangre fría) y el homicidio cometido en el calor del momento. Con toda razón el primero se considera peor que el segundo, y así fue como Jesús fue asesinado. Pilatos no era inocente, porque las palabras de Jesús muestran que sus actos fueron perversos, pero no lo fueron tanto como los de otros. Pilatos había declarado que Jesús era inocente y después lo entregó a la muerte.

Otra forma de dulcificar la acusación es decir que, en cierto sentido, todos matamos a Jesús, porque la cruz era necesaria para pagar el precio del pecado, y todos somos pecadores.

Me alegra reconocer que esta idea es cierta. Evita que haya quien, creyéndose mejor, señale con el dedo a los judíos, pero realmente no hace que la acusación en sí sea más leve.

Aunque los judíos actuales no son culpables de haber crucificado a Jesús, su continuo rechazo de él como Mesías, siguiendo los pasos de aquellos que lo condenaron, es un grave pecado. Quienes entre ellos justifican su ejecución como apóstata, aprueban lo que hicieron sus antepasados. Estas actitudes son pecados que "colman la medida de sus pecados" y tienen que ver con el pecado original de los judíos.

2. "Mataron a sus propios profetas"

Esta acusación vincula a los judíos que condenaron a Jesús con lo que hicieron sus padres. ¿Por qué mencionarlo? Creo que, como ya se ha dicho, Pablo quería ayudar a los convertidos de Tesalónica a no dejarse intimidar por las pretensiones judías de poseer un largo pedigrí de sabiduría. Lo que Pablo defiende es que también es largo su pedigrí de rechazo. Es triste que hoy en día sean relativamente pocos los judíos que leen a los profetas, y los judíos ortodoxos que lo hacen, por lo general creerán que las denuncias proféticas van dirigidas a otros judíos y no a ellos.

3. "A nosotros nos expulsaron"

Este patrón de rechazo se mantuvo en la forma de tratar los judíos a los portadores del mensaje de Jesús, como lo demostró la propia experiencia de Pablo en Judea. Aquí está otra vez animando a los creyentes gentiles de Tesalónica. Un erudito judío como Pablo estaba recibiendo el mismo trato que ellos; el problema no era que los gentiles fueran "ignorantes".

Este comportamiento de perseguir a los judíos que creen en Jesús, y a quienes llevan el evangelio a los judíos, sigue hasta el día de hoy. En el mejor de los casos, se les tolera a disgusto, pero con mayor frecuencia son despreciados, vilipendiados, amenazados y, a veces, maltratados y repudiados. Es un precio que saben que han de pagar, pero que no disminuye la culpa de sus perseguidores. No es un fenómeno exclusivamente judío; muchos de los que se convierten al cristianismo, procedentes de una religión tradicional, son perseguidos por sus compatriotas.

4. "No agradan a Dios"

Esta frase tiene que ver sobre todo con sus actitudes y comportamientos religiosos, no con su estilo de vida moral. Trataron de establecer su propia justicia y rechazaron la que les ofrecía el Mesías Jesús (Ro 10:3); lo que desagrada profundamente Dios. De nuevo vemos aquí un aviso de "no les tengas miedo", para animar a los cristianos tesalonicenses en su lucha. La mayoría de los judíos actuales pertenecen a la categoría de quienes no agradan a Dios. No confiar en el camino de salvación del Señor significa desagradarlo. Ocurre lo mismo con multitud de personas religiosas en el mundo que rechazan el camino de salvación de Dios que incluso asisten a la iglesia. No pretendemos negar que muchos judíos son buenos ciudadanos que se comportan de manera respetuosa con la ley y son buenos vecinos, que tratan de actuar de manera que concuerda con la palabra de Dios.

El judaísmo actual, con todos sus puntos positivos, es una religión que ha rechazado a Jesús como Mesías. La palabra "judaísmo" (*Ioudaismos,* en griego) aparece solo dos veces en el Nuevo Testamento (Gá 1:13-14). Pablo la usa cuando habla de la religión que tenía antes de su conversión. "Porque ya habéis oído acerca de mi conducta en otro tiempo en el judaísmo". La ve como una religión que se opone al evangelio, y así sigue siéndolo hoy. Podemos definirla como "la religión de los judíos en contraste con la del Antiguo Testamento".[15] El título de un libro escrito para explicar el judaísmo moderno a quienes no son judíos es, *To Heaven with the Scribes and Pharisees* (Al cielo con los escribas y fariseos), y tiene el subtítulo, *The Jewish Path to God* (El camino judío a Dios). Es lo más interesante que podrás sacar de él, porque el autor sabe muy bien que Jesús enseñaba otra cosa.

Podría escribir más, pero no me apetece mucho hacerlo. Es verdad que la práctica religiosa judía tiene una belleza que eleva y enriquece religiosa y moralmente, pero lo que Dios quiere es que amen a su Hijo.

5. "Se oponen a todos los hombres"

Esta es una afirmación que sorprende por lo amplia que parece. ¿Dónde está ese judío amable y socialmente capaz de los días de Pablo que engrasó las ruedas del comercio, que jugó un papel importante en política, en la sociedad y en las artes, y cuya contribución al bien de la humanidad fue tanta entonces como lo es ahora? Hemos de recordar una vez más que Pablo está pensando en aquellos judíos profundamente religiosos de su época, no en todos los judíos. Creo que concretamente se refiere a personas como él antes de su conversión, porque el lenguaje que utiliza es el mismo con el que describe cómo era él mismo. En 1 Timoteo 1:13, escribe:

---

[15] H.L. Ellison, 'Judaism', en el New Bible Dictionary (ed. J. D. Douglas; London: IVP, 1970), p. 670.

"habiendo yo sido antes blasfemo, perseguidor e injuriador". Es esta última expresión la que lo identifica como oponente. Sabía de qué hablaba.

¿Qué produjo aquella oposición y aún la produce hoy en día entre los descendientes espirituales de los judíos? Pienso que es lo siguiente. Los judíos sabían que habían sido llamados a estar del lado de Dios en un mundo idólatra, pero sin el favor o el poder divino, la tarea era imposible. En vez de ponerse a su favor, se opusieron. Para los judíos religiosos de hoy en día, vivir constantemente en medio de las naciones los sitúa en conflicto con los puntos de vista y las prácticas de los demás, y no lo han hecho mejor. Los no judíos a menudo han empeorado las cosas por la forma de reaccionar, creando un ciclo de oposición. Los cristianos entienden esta lucha. Viven las dificultades del mismo llamamiento, pero han nacido de nuevo por el Espíritu que vive en ellos; tienen los recursos para resolver el conflicto con gracia y verdad. Aun así, la historia y la experiencia muestran cuántas veces han fallado. Al parecer, la manera de hacer frente a esto de los judíos religiosos es poniéndose a la defensiva y con agresividad, y el resultado es oponerse. Ciertas enseñanzas actuales del judaísmo, promotoras del orgullo, no ayudan. El relato tradicional del judaísmo, de que Dios ofreció su ley a todas las naciones en el Sinaí, pero ninguna la quiso excepto los judíos, con dificultad producirá humildad ante Dios o una actitud humilde hacia los demás. La enseñanza mística de algunos judíos jasídicos de que solo los judíos tienen una segunda alma que es parte de Dios y, por tanto, capaz de obrar un gran bien, mientras que los gentiles tienen una sola alma que solo es capaz de hacer el mal, tampoco parece que vaya a producir una actitud positiva hacia los no judíos. Según piensa el hombre, así es él.

Todo esto afecta a la situación actual en Oriente Medio y creo que vale la pena detenernos para hacer un breve comentario. Hay dos conflictos claros entre Israel y los palestinos. El de los fundamentalistas de ambos lados y el del resto de cada lado. La mayoría del "resto", no solo quiere la paz, sino que además está preparada para hacer concesiones dolorosas para conseguirla. Son los fundamentalistas los que bloquean las cosas. La mayor parte de la culpa se atribuye a los islamistas violentos, pero los judíos ortodoxos que exhiben ese espíritu contrario debido a sus principios religiosos, y no están dispuestos a hacer concesiones en cuanto al territorio, sino que quieren todo lo que perteneció a Israel en los días bíblicos, no ayudan, sobre todo si usan métodos ilegales para conseguirlo.

6. "Impidiéndonos hablar a los gentiles"

Parece que el problema era mayor para Pablo de lo que es hoy. Muchos judíos no solo no estaban de acuerdo con el mensaje de Pablo sobre Jesús el Mesías, sino que además se sentían amenazados por el gran número de gentiles que creían, y por eso algunos se oponían.

¿Puede suceder esto hoy? Ciertamente, los dirigentes religiosos judíos pueden caer en la tentación de prestar su voz al coro desaprobatorio que saluda a las demandas cristianas actuales, aunque solo sea para evitar los intentos de evangelizarlos. Pero más allá de eso, un conocido rabino ortodoxo ha utilizado argumentos que ciertamente conducirían a "prohibir hablar con los gentiles". En 1998, el rabino Shmuel Boteach, irritado con los intentos de convertir judíos, tachó a la evangelización de "racista". El por qué utilizó ese término era que, según él, las religiones son la expresión del alma de la comunidad que las creó, por tanto, oponerse a esa religión en su totalidad sería denigrar a esas personas, una especie de racismo. Según ese razonamiento, el cristianismo es racista.

La forma de hablar de Pablo de su propio pueblo es con pena, y que le producía un dolor intenso. No ha sido fácil de analizar aquí, pero hemos tenido que asumirlo, y espero que el resultado sea bueno. La mejor manera de compensar el "colmo de pecados" del que hemos hablado aquí, será que muchos judíos los abandonen y crean a las buenas nuevas. Los cristianos han de compartir esas buenas nuevas con sus amigos judíos y entendiendo que involucrarse en el ministerio hacia los judíos no es fácil, pero, no han de dejarse intimidar.

Es escaso el contacto que muchos cristianos latinoamericanos han tenido con judíos, sobre todo con judíos ortodoxos del tipo de los que habla Pablo, hijos espirituales de los "judíos" de su tiempo. Si se encuentran con ese tipo de judíos en los caminos cotidianos de la vida, pueden parecerles encantadores y afables, algo diferentes a como los pinta Pablo aquí. Sin embargo, debemos recordar que lo que Pablo considera en estos versículos de Tesalonicenses, es su actitud hacia el evangelio, y hacia aquellos que lo creen y les predican. A este respecto, son hostiles, y se pone de manifiesto enseguida, en cuanto se les desafía de forma clara a arrepentirse y creer en Jesús el Mesías.

Cuatro consecuencias concretas para los judíos

En otras partes del Nuevo Testamento se habla con mayor precisión de las consecuencias que la incredulidad produce para el pueblo judío, y debemos analizarlas brevemente antes de que nos ocupemos del tema de la responsabilidad de quienes han causado problemas a los judíos.

1. Endurecimiento

En Romanos 11:7-10, Pablo cita el Antiguo Testamento para referirse al endurecimiento que afecta a los judíos que no creen, produciendo un "espíritu de sopor", a la vez que ceguera y sordera a la verdad. El mismo endurecimiento afecta a cualquiera que oiga de Jesús y rechace firmemente lo que dice. Uno puede asistir por años a una iglesia y darle la espalda en todo. El efecto es el mismo que el que se habla aquí. En otra parte, Pablo habla del efecto sobre los judíos como "un velo… sobre el corazón de ellos" cuando leen la ley, para que no puedan ver al Mesías en ella (2Co 3:15). Los cristianos me dicen muchas veces: "¿Por qué no pueden verlo? ¡Está tan claro!" Sí, es verdad, pero hay un velo en el corazón que oculta la verdad. Eso no significa que los judíos no puedan comprender intelectualmente que las profecías mesiánicas retratan a Jesús. Fui el director de una exposición de artesanía judía en la que la única presentación del evangelio era el texto de Isaías 53 puesto en un cartel en la pared. Después de leerlo, una instruida mujer judía se me acercó y me preguntó si Isaías vivió antes o después de Jesús. Cuando le respondí, ella comentó: "Da que pensar, ¿no?" Intelectualmente no tuvo problemas para comprender lo que Isaías estaba diciendo y su relación con Jesús. No hay que perder la esperanza; Dios quita el velo cuando el corazón de un judío se convierte al Señor.

2. Sinagoga de Satanás

Creo que este endurecimiento y ceguera, y su consiguiente tendencia al error y la falsa doctrina, llevaron a la sinagoga que Jesús llama "sinagoga de Satanás", y a los judíos "que dicen ser judíos y no lo son" (Ap 3:9). Ya hablé brevemente de esto antes, pero quiero repetirlo para señalar que, aunque palabras tan fuertes pueden sugerir todo tipo de actos malvados en una sinagoga, como la adoración satánica, y como si los judíos se hubieran aliado de alguna manera con el diablo, no obstante, hay que rechazar firmemente tales conclusiones. El único fin de tales palabras es señalar que quienes permanecían en la sinagoga seguían una mentira y, por tanto, estaban bajo el control de Satanás aun sin saberlo. Lo mismo puede decirse de las iglesias que han negado el evangelio, pero continúan existiendo como un teatro religioso.

Hay mucho que admirar en la sinagoga, suele ser un buen edificio y sus cultos son bonitos, la gente suele ser amable y educada, y las actividades sociales beneficiosas, pero en su esencia espiritual es una institución que rechaza al Mesías.

3. Su mesa es una red; sus espaldas, están agobiadas

En este mismo pasaje de Romanos que hemos citado antes (Ro 11:7-10), Pablo cita los Salmos: "Conviértase su mesa en trampa y en red, en tropezadero y en retribución". Puede que la expresión "su mesa" se refiera a las fiestas de Israel. La mayoría de los judíos conocen los eventos bíblicos que corresponden a estas celebraciones, pero el problema es que, aunque no se ignora por completo su valor mesiánico, lo que se subraya es lo que Dios hizo por ellos en el pasado y que él está con ellos hoy. El peligro es anclarse en la confianza de que todo está bien. Las fiestas son importantes ocasiones sociales y los judíos tienen una capacidad admirable para socializar y disfrutar de la vida; es algo de lo que por muchos años he disfrutado con mis amistades judías. Es una bendición para las iglesias cuando los creyentes judíos traen este regalo a la vida de la iglesia.

La expresión "agóbieles la espalda para siempre" al final de Romanos 11:10 es la triste imagen de un estado de opresión o de miedo, que hablan con demasiada precisión de los judíos en determinadas etapas de su historia. No todo ha sido pesimismo, ni mucho menos, pero la oscuridad ha sido muy negra; solo nos queda suspirar profundamente cuando tratamos esos asuntos.

4. La esclavitud de la ley

En Gálatas 4:25, Pablo habla de Jerusalén, es decir, de los judíos como nación, que "esta, junto con sus hijos, está en esclavitud". La esclavitud de la que habla es la obligación de guardar toda la ley con todos sus ritos y estatutos, junto con la inevitable culpabilidad por no poder hacerlo. La declaración de Pablo es religiosa y se refiere a la vida de los judíos religiosos. Es una esclavitud que contribuye a una mentalidad obsesiva que he observado en los judíos ortodoxos a los que me ha tocado conocer. No hay paz, sino solo una sensación de actividad incesante que conduce, para muchos, al agotamiento y la depresión, sin que nadie esté dispuesto a llegar al fondo del problema. Nos hace suspirar, especialmente si no se vuelven al que dijo: "Venid a mí todos los que estáis fatigados y cargados, y yo os haré descansar" (Mt 11:28).

Perseguidores de los judíos

La mayoría de los problemas que le han sobrevenido a los judíos han estado a cargo de quienes permitieron actitudes antijudías. Hay que analizar esas actitudes. A algunos de quienes persiguen a los judíos no les preocupa aducir algún tipo de justificación moral o piadosa de lo que hacen, y aunque a la mayoría sí les preocupa, es pura apariencia. Hay una de estas actitudes que destaca.

1. Una evidente justificación falsa de las actitudes antijudías: es con el permiso de Dios

Hay quienes justifican su persecución de los judíos basándose de alguna manera en que son los encargados de ejecutar el juicio de Dios. La Biblia realmente deja claro que Dios envía juicio contra los pecadores antes del gran día del juicio, y que Jesús es quien gobierna y juzga; el libro de Apocalipsis lo deja bien claro (Ap 6:1; Sal 2). Pero nada de esto justifica que hombres y mujeres tomen el asunto en sus propias manos porque creen que los demás están bajo el juicio de Dios. Los más culpables de este comportamiento suelen ser cristianos de fe nominal, muchas veces condicionados por los dirigentes de la iglesia cuya actitud hacia los judíos es negativa. Hay un pasaje en Jeremías que muestra cómo los enemigos de Israel estaban acostumbrados a justificar su comportamiento opresivo porque Israel había pecado: "Todos los que los hallaban, los devoraban; y decían sus enemigos: No pecamos, porque ellos pecaron contra El SEÑOR" (Jer 50:7). Cuando oímos hoy tal justificación, muchas veces tiene que ver con una interpretación incorrecta del uso que el Nuevo Testamento hace del término "los judíos". Veámoslo.

2. "Los judíos" en el Nuevo Testamento

Esto solo ya merece un libro, y para un estudio breve, pero más completo que este, recomiendo el libro *Anti-Semitism and the New Testament* (El antisemitismo y el Nuevo

Testamento)[16] de Steve Motyer.[17] Solo puedo señalar los puntos principales aquí. Sin lugar a dudas, ciertas expresiones del Nuevo Testamento sobre los judíos, como las consideradas anteriormente en 1 Tesalonicenses, han sido utilizadas incorrectamente para justificar comportamientos antijudíos. Es obvio que han de leerse junto con otras declaraciones del Nuevo Testamento, hechas por los mismos que hablan o escriben, con respecto a su actitud personal hacia los judíos. Jesús dijo algunas cosas fuertes sobre los judíos, pero lloró por los sufrimientos que se les venían encima (Lc 19:41-44).

Frecuentemente, quienes hacen esta acusación contra el Nuevo Testamento son lectores judíos contrarios que han olvidado que quienes hicieron esas declaraciones que no les gustan eran judíos como ellos. Ven el Nuevo Testamento como un libro cristiano, por lo que esas declaraciones son de cristianos acerca de judíos. Pero fueron hechas por judíos hablando de judíos; digamos que se trataba de un asunto interno. Los críticos deberían simplemente ver que lo que el Nuevo Testamento dice respecto del comportamiento judío, no difiere de lo que se lee en el Antiguo Testamento. Allí, los profetas judíos dijeron algunas cosas duras contra el comportamiento de su pueblo, como si todos fueran culpables, pero, que yo sepa, tales profetas nunca han sido acusados de antisemitismo.

3. El uso que hace Juan del término "los judíos"

El evangelio de Juan, en particular, suele ser fuertemente criticado por su forma de usar la expresión "los judíos"

---

[16] No disponible en español. N.T.
[17] Steve Motyer, Anti-Semitism and the New Testament (Cambridge: Grove Books, 2002).

y porque la usa con mucha más frecuencia que los otros evangelistas. El problema es que parece que todos los judíos estuvieran en contra de Jesús. Dicen que cuando los cristianos leen tales textos, se acrecienta en ellos las actitudes negativas en contra de los judíos como pueblo, lo que lleva al antisemitismo, y en consecuencia a la persecución y a la violencia. No hay duda de que eso ha sucedido, pero ¿es culpa del Nuevo Testamento? La verdad es que el Nuevo Testamento está muy a favor de los judíos; enseña que el mundo está en deuda con los judíos y amonesta a los cristianos gentiles que se creen mejores que los judíos. ¿Qué más puede hacer? Quienes estén buscando alguna buena razón para odiar a quienes envidian, normalmente podrán encontrarla, incluso en el libro sagrado que ellos respetan. El mismo Antiguo Testamento puede ser malinterpretado de la misma manera. Por ejemplo, la destrucción de los cananeos narrada en el libro de Josué puede ser mal utilizada por quienes se oponen, como los antisemitas de siempre, para acusar a los judíos de uno de los peores genocidios premeditados de la historia; y lo que es aún peor, que lo justificaron diciendo que Dios les había dicho que lo hicieran. No tengo dudas de que Dios lo ordenó, pero si la gente no lo cree así, llegarán a la conclusión de que los judíos son un pueblo odioso, dispuesto a hacer cualquier cosa para procurarse una patria para sí mismos. Los textos religiosos siempre pueden ser mal utilizados.

Entonces, ¿por qué Juan usó tanto la expresión "los judíos" y cómo la utilizó? La respuesta se reduce a algo muy sencillo. Juan nos da muchos más detalles sobre las visitas de Jesús a Jerusalén que los otros evangelistas, y "los judíos" es una manera de referirse a quienes vivían en Jerusalén y sus alrededores, Judea. Quizá en esos casos habría sido mejor traducir, "la gente de Judea".[18] Juan usa el término sesenta y siete veces en su evangelio, cuarenta y seis para referirse a los habitantes de Jerusalén con quienes Jesús se encontró; la mayoría de las otras veces que lo usa se trata simplemente de un término descriptivo, como "la Pascua de los judíos", refiriéndose a todos los judíos. Un ejemplo de esto se encuentra en el relato de Juan sobre el plan de Jesús de regresar a Judea. Él les dijo a sus discípulos, siendo todos ellos judíos, "Vamos a Judea otra vez. Le dijeron los discípulos: Rabí, ahora procuraban los judíos apedrearte, ¿y otra vez vas allá?" (Jn 11:7-8). Está claro que los discípulos hablaban de "los judíos" refiriéndose a los judíos de Judea, puesto que ellos eran también judíos. Entre esos judíos de Judea estaban los dirigentes de Israel y probablemente veintitrés de las cuarenta y seis referencias a judíos de Judea en realidad se refieren a sus dirigentes. Por ejemplo, en Juan 7:13, donde Juan habla de gente de Jerusalén (habitantes de Judea) que discutían si Jesús era el Mesías; Juan dice: "Sin embargo, ninguno hablaba abiertamente de él, por miedo a los judíos". Quienes discuten son judíos, llamados "los judíos" en otras partes, por lo que es obvio que Juan usa el término aquí para referirse solo a los dirigentes.

Creo que cuando Juan usa el término "los judíos" pretende hacer exactamente lo contrario de lo que sus críticos han concluido. Ellos lo ven como un término cuyo fin es medir a todos los judíos con el mismo rasero, haciéndolos a todos culpables de la muerte de Jesús, cuando lo que quiere es

---

[18] En inglés existe el término diferenciador *"Judeans"*, que no puede traducirse en español como "judeanos". Normalmente se ha traducido por "judíos", único vocablo español equivalente, pero en este caso para mantener el sentido del argumento puede traducirse por "la gente de Judea", o "los habitantes de Judea". N.T.

clavar la culpa en la puerta de una generación concreta que vive en Judea, concretamente en Jerusalén, y más concretamente todavía, la de los dirigentes que gobernaban desde allí.

Eso es exactamente lo que vemos si comparamos los sermones de Pedro con los de Pablo. Pedro predicó a los judíos en Jerusalén apenas después de la muerte de Jesús y les dijo: "A éste [Jesús], entregado por el determinado designio y previo conocimiento de Dios, lo prendisteis y matasteis por manos de inicuos, crucificándole" (Hch 2:23). Los culpa directamente. Cuando Pablo predica a los judíos en una sinagoga de Antioquía (hoy, Turquía), más de quince años después, les dice: "Los habitantes de Jerusalén y sus gobernantes, no conociendo a Jesús, ni las palabras de los profetas que se leen todos los sábados, las cumplieron al condenarle" (Hch 13:27). No hace acusación alguna contra su auditorio judío con respecto a la muerte de Jesús, sino solo contra aquellos que habitaban en Jerusalén y los dirigentes de aquel tiempo. Tratar de acusar a todos los judíos de aquel crimen, los de entonces o los de cualquier otro tiempo, está completamente fuera de lugar y no justifica en absoluto ir en contra de ellos. He dicho que tal justificación es falsa, entonces, ¿qué motiva a los opresores de los judíos? Merece la pena analizar algunas cosas.

Otros motivos para perseguir a los judíos

1. Poder y ganancias

Ha habido momentos en los que los gobernantes de las naciones de la cristiandad europea, viendo la riqueza de algunos judíos, encontraron una justificación religiosa para acosarlos y multarlos, y luego desterrarlos de sus reinos confiscando sus bienes. Llegaron incluso a cobrarles por regresar si así deseaban hacer. La expulsión de los judíos de Inglaterra en 1290 por el rey Eduardo I es un ejemplo de ello. El Islam tiene un historial similar, dada la opinión negativa de los judíos del Corán. En el año 627 d.C. Mahoma mató a todos los hombres de Qurayza, una comunidad judía en Medina, de la que desconfiaba. Las mujeres y los niños fueron vendidos. Desde entonces, los musulmanes fundamentalistas han tenido la misma visión de los judíos: no se puede confiar en ellos, y Dios está en contra de ellos, por lo que es un deber divino de los musulmanes ir contra ellos.

La capacidad de los judíos para salir adelante a pesar de las circunstancias adversas, especialmente por sus vínculos comerciales y su habilidad lingüística, les hizo sentirse superiores sobre sus vecinos cristianos o musulmanes. Eso podría hacerles pensar que su religión era superior o que Dios no estaba en contra de ellos. Para ir contra esta idea, acosarlos y desterrarlos fue la manera de que los otros se aseguraran de que Dios estaba con ellos y que su fe era superior. Las actitudes de avaricia, envidia y miedo no han desaparecido y por eso muchos tienen sentimientos en contra de los judíos.

2. Diferentes de nosotros

Algunas sociedades que se enorgullecen de su cohesión debido a su uniformidad racial, religiosa o social, se han vuelto en muchas ocasiones contra los judíos, porque, al ser diferentes, se les ha visto como una influencia debilitadora. Un ejemplo bíblico claro es la justificación que dio Amán ante el rey persa para destruirlos (Est 3:8). Otro ejemplo de tiempos más recientes es la actitud de algunos de los principales representantes de la Ilustración del siglo XVIII, descontentos de que los judíos gozaran de las recién estrenadas libertades de la Revolución Francesa sin desprenderse de sus señas diferenciales. Del mismo modo, la única forma que los ciudadanos judíos de los estados comunistas tenían para poder alcanzar alguna posición prominente era alejándose de cualquier expresión de carácter judío. Las sociedades totalitarias, ya sean religiosas o ateas, han sido las más opresoras. Parece que no pudieran soportar a un pueblo cuya presencia y creencias desafían las suyas, incluso si no existe un desafío público patente. En el fondo, pelean contra el único Dios verdadero.

3. Racialmente inferiores

El término "antisemitismo" fue acuñado en 1873 por Wilhelm Marr, basándose en una teoría que afirmaba que la genética y la raza eran factores clave en el desarrollo de las naciones; como es natural, quienes proponen tal idea se consideran a sí mismos muy desarrollados. Detrás de esto subyace el pensamiento evolutivo, afirmando que la pureza racial es necesaria para la supervivencia, el progreso y el desarrollo, y que donde mejor se lleva a cabo este proceso es en la patria natural de la raza. Los judíos no reunían los requisitos. Permitieron la mezcla racial mediante la conversión de gentiles al judaísmo y, sobre todo, no tenían patria, solo vivían en territorios ajenos. Por lo tanto, se les consideraba racialmente deficientes, permanente e inalterablemente dañinos para aquellos entre quienes vivían; eran parásitos. Eso era el antisemitismo cuando se acuñó el término por primera vez,[19] y fue lo que impulsó el plan nazi para destruir

---

[19] En la actualidad, el término "antisemitismo" tiene un significado más amplio, designando "el odio y la persecución de los judíos como grupo; no el

a los judíos. Detrás de todo esto, vemos el odio a Dios y el miedo al poder de los judíos, así como un deseo codicioso de saquear sus bienes.

4. El antisionismo

Esto nos trae directamente al momento actual. El Estado judío actúa como un pararrayos que encauza las actitudes de la gente hacia los judíos en la actualidad y, ciertamente, muchas de puro odio. No es un tema teórico para historiadores de salón, pues tiene consecuencias que nos afectan a

---

odio a personas que circunstancialmente son judíos, sino el odio a personas porque son judíos" [definición de Glock y Stark, citada por Graham Keith en *Hated Without a Cause: A Survey of Anti-Semitism* (Odiados sin causa: investigación sobre el antisemitismo); Carlisle: Paternoster, 1997 p. 2]. Este odio tiene un largo pedigrí, que se remonta al Faraón del Éxodo. Antes de que existiera el término "antisemitismo", ese odio, si es que existía, era antijudío o antijudaísmo. Si pudiera retrasar el reloj, preferiría el término general "antijudío", y reservar "antisemitismo" para quienes basan su oposición a los judíos creyendo que son racialmente inferiores. Tal idea es especialmente perversa y es causa de un nivel completamente distinto de destrucción de los judíos; de ahí que prefiera un término distinto para definirlo. Pero no puedo retrasar el reloj y, para las víctimas de tal odio, no cabe duda de que el término que se use no cambia nada. Entonces, "antisemitismo" es el término de uso general hoy y es el que yo usaré en este libro. Pero ambos vocablos deben distinguirse del "antijudaísmo", que se refiere a la oposición a la religión judía y no implica oposición a los judíos. Por supuesto, hay judíos que ven su religión como el producto de su propia alma nativa, por lo que entienden que oponerse al judaísmo es ir contra los judíos. Pero una idea así nos coloca en una posición absurda. Si nunca podemos oponernos a las ideas de alguien sin ser personalmente considerados sus oponentes, el mundo estaría lleno de indignación personal y sentimientos heridos, y todos acabaríamos sin poder decir nada que difiriera de nadie. Como cristianos, sabemos que el pecado es el origen de las religiones falsas en el mundo y, sabiendo que también nosotros somos pecadores, no vamos a culpar a un determinado pueblo por su religión falsa, sino al pecado, que nos afecta a todos.

todos. Las actitudes negativas hacia los judíos se expresan a menudo mediante actitudes negativas hacia el Estado de Israel, pero se esconden bajo la loable explicación de que uno no está en contra de los judíos por sí mismos, sino del concepto de un Estado judío y todo lo que conlleva. Dicho de otro modo, no dicen que son antisemitas, sino antisionistas. Teóricamente, por supuesto, puede que sea así, y no podemos dudar de la integridad de la persona que así se expresa, a menos que sus sentimientos negativos ocultos hacia los judíos se hagan evidentes. Pero es una justificación bastante común. Cierto editor destacado ha admitido estar "desconcertado" por la actitud antiisraelí de muchos en los medios de comunicación británicos: "Es un lío enorme, porque los periodistas normalmente se ponen del lado del pequeño, y no hay uno más pequeño en el Oriente Medio que Israel". Continuaba preguntándose si el periodismo británico era básicamente antisemita.[20] La mayoría de los judíos no se creen eso de ser antisionistas y no antisemitas. Milenios de opresión a manos de las naciones, oyendo infinidad de justificaciones piadosas para una oposición aparentemente razonable en su contra, y que enmascaraban sentimientos profundamente contrarios hacia ellos, han producido un escepticismo comprensible.

Cuando esa declaración de no ser antisemita no va acompañada de autocrítica usando la misma vara de medir, la desconfianza es grande. Por ejemplo, hay quienes están en contra del derecho de los judíos a estar allí, como si solo fueran invasores y colonizadores extranjeros, o les niegan el derecho de retener las tierras ocupadas cuando fueron atacados

---

[20] Kelvin MacKenzie, antiguo editor del periódico *Sun*, citado en el *Jewish Chronicle*, 7 diciembre 2012, p.1.

como defensa futura frente a un enemigo implacable, hasta que se acuerde la paz. Pero tales críticas con frecuencia provienen de países que se han establecido por conquista y que por años se han negado a otorgar concesiones a los pueblos autóctonos que así lo solicitaban. Israel no es un invasor extranjero, desde Abraham los judíos siempre han vivido en la tierra, y se han mostrado dispuestos a devolver tierras si existe la posibilidad de una paz genuina.

Además, muchos equiparan sionismo y racismo porque el Estado de Israel quiere ser un estado judío, a pesar de que no todos sus ciudadanos son judíos. Pero, ¿qué nación no tiene una filosofía central y orientadora nacida de las características naturales, la religión y la historia común de sus clases dominantes? Es bastante natural en todos los pueblos y es así como ocurre en todas partes. ¿No tienen los judíos, derecho a eso mismo? Lo que no es natural y es inmoral es desarrollar una sociedad que no reconozca la humanidad común de todos sus ciudadanos y lleve a la opresión de quienes constituyen una minoría étnica. Sin duda, Israel ha cometido errores a este respecto, pero ¿qué país no los ha cometido? También se acusa a Israel de ser racista por otorgar un estatus favorable a los judíos que desean regresar allí. Pero tenemos que reconocer su situación única. ¿Qué otro pueblo (y los hay, como los armenios), esparcidos por todo el mundo durante siglos, han tenido la oportunidad de reasentarse en su antigua patria y reconstruir una entidad nacional partiendo de cero? La mayoría de los pueblos se han establecido a través de siglos de desarrollo, creando su propia cultura nacional singular. Israel tiene como objetivo hacerlo de forma casi instantánea. Hacen falta medidas excepcionales, que puedan ser modificadas una vez que la situación esté resuelta y sea segura. Los críticos de Israel se parecen a quienes critican lo débil que es la democracia en algunas naciones emergentes, olvidando que sus propias tradiciones democráticas tardaron siglos en madurar, incluyendo mucho esfuerzo y guerras civiles.

Es la agresividad de la crítica, y no la crítica en sí misma, lo que alarma a los judíos y los lleva a temer el antisemitismo. Como un joven israelí me preguntó una vez: "¿por qué nos odian tanto?". Podía entender el odio, porque era consciente de los errores de Israel, pero su intensidad lo desconcertaba. Sin duda, esto puede explicarse debido a la envidia y el miedo por los puntos fuertes judíos. También puede explicarse por ese deseo pecaminoso de derribar a quienes mantienen una moral firme. Por medio de la nación judía, el mundo ha recibido su mayor código moral y la gente caída siente una satisfacción perversa cada vez que pueden minarlo. El hecho de que muchos judíos hayan mantenido su posición privilegiada autojustificándose, y es verdad que Israel no siempre ha hecho bien las cosas, desafortunadamente ha animado a sus antagonistas. Una vez más, detrás de todo esto, vemos el deseo de oponerse a un pueblo elegido por Dios. Satanás, el gran enemigo, siempre está dispuesto para despertar esos sentimientos básicos.

5. ¡Atención, cristianos!

Aunque los cristianos no deberíamos incurrir en las peores de estas justificaciones mencionadas anteriormente, aun así pueden acechar en nuestro interior debido a actitudes equivocadas, sobre todo si eran lo que sentíamos antes de convertirnos. También es posible que se manifiesten como reacción contra aquellos cristianos que parecen apoyar de manera exagerada a los judíos y al Estado de Israel. Puede parecer que esos cristianos menosprecian a la iglesia del Señor Jesús, y al ir contra ese error es posible generar una actitud excesivamente crítica hacia los judíos. Los cristianos debemos permitir que el Espíritu Santo escudriñe nuestros corazones para descubrir cualquier tipo de tendencia a justificar una actitud fija y negativa hacia los judíos porque consideremos que están bajo el juicio de Dios, o que son diferentes, o racialmente inferiores, o porque no estemos de acuerdo con el sionismo ni con la manera de actuar del Estado de Israel.

6. ¡Atención, lector!

Sin duda alguna, tener malos sentimientos hacia los judíos como pueblo, y dejar que nos muevan a ir en su contra de una forma u otra, tendrá sus consecuencias. No creo en hacer pronunciamientos en contra de las personas a título individual, ni contra uno u otro país que vaya contra ellos, pero la Palabra de Dios muchas veces centra sus juicios sobre aquellos que hacen guerra u oprimen a aquellos con quienes el Señor se identifica: sean los cristianos, las iglesias, los pobres, las viudas y los huérfanos; o los judíos. El lector debe tener cuidado.

Preguntas:

1. ¿Quiénes son "los judíos" en el evangelio de Juan? ¿Se refiere Pablo a todos los judíos en 1 Tesalonicenses 2:14-16?

2. ¿Cómo entiendes las palabras de Pablo: "colman siempre la medida de sus pecados"? ¿Qué consecuencias tiene esto para los judíos de hoy?

3. ¿Cuáles son las principales motivaciones del antisemitismo? ¿Cuáles conoces personalmente?

CAPÍTULO 9

Charlatanes y mutiladores

Las últimas cartas escritas por los apóstoles están llenas de advertencias acerca de los falsos maestros y Pablo destaca en concreto a "la circuncisión" como de los más importantes de ellos. Una vez más, no es un tema fácil de analizar, pero está ahí en las páginas del Nuevo Testamento. Si fuera tan solo un asunto de mero interés histórico, podríamos pasarlo por alto, pero no lo es, es un problema real. Un texto típico es la advertencia que Pablo hace a Tito acerca de las dificultades que tendrían los ancianos al enseñar la sana doctrina: "Porque hay aún muchos rebeldes, habladores de vanidades y engañadores, especialmente los de la circuncisión, a los cuales es preciso tapar la boca" (Tit 1:10-11). Hay más textos dispersos por todo el Nuevo Testamento.[21]

---

[21] Tit 1:10–16; 3:9; 1Ti 1:4–7; 4:1–5,7; 6:3–5; 2Ti 2:14–16; 2:23; 3:6,7; 4:3,4; Ro 16:17; 2Co 11:13–15; Gá 2:4; 5:10–12; 6:12; Fil 3:2; Col 2:4,8,16–23; 2Pe 2; 1Jn 2:18,19; 4:1–6; Jud.

La circuncisión

Cuando Pablo se ocupa de manera especial de aquellos a quienes llama "la circuncisión", dice que lo que les interesa son las fábulas judaicas, la ley, los mandamientos de hombres, las genealogías y la circuncisión.[22] Dice de ellos que son habladores de vanidades y engañadores, y los considera desobedientes e interesados en obtener ganancias deshonestas, controlar pequeños grupos y jactarse de los que engañan. Algunos de ellos decían ser apóstoles y sin duda ejercían una cierta influencia (2Co 11:13-15,22).

"La circuncisión" es una expresión que Pablo no siempre usa de la misma manera. Puede ser un término general para designar a un judío o a los judíos en sentido opuesto a un gentil o los gentiles, o puede usarse negativamente para designar a judíos profesantes creyentes en Jesús que desviaban a otros; el contexto deja claro cuándo se trata de estos. Uno de esos usos está en Tito 1:10-16 y otro es Filipenses 3:2. En el primer texto, Pablo habla de habladores, en el segundo, de quienes exigían la circuncisión. En el texto de Filipenses, la expresión que Pablo aplica a estas personas parece ser deliberadamente despectivo y traducirlo "circuncisión" sería inexacto; palabras como "corte" o "mutilación" serían mejores.[23] Estos dos textos parecen ir dirigidos a tres tipos de falsos maestros judíos: los que no enseñaban errores graves pero cuyas enseñanzas eran "sin provecho y vanas" (Tit 3:9), y los que recalcaban tanto la circuncisión con errores

---

[22] Tit 1:10–16; 3:9; 1Ti 1:4–7; Gá 2:4; 5:10–12; 6:12; Fil 3:2.

[23] En español, la RVR1977 traduce "mutiladores del cuerpo", y así la mayor parte de traducciones y versiones. La traducción de las Américas traduce por "falsa circuncisión". N.T.

graves o heréticos. Los que enseñaban la circuncisión y la ley como complementos esenciales a la fe en Jesús estaban en la categoría de "herejes", como lo deja claro Pablo en Gálatas 1:6-10, hablando de "un evangelio diferente, no que haya otro". Pablo no condena con palabras tan fuertes a quienes enseñaban que la circuncisión y las tradiciones tienen cierto valor añadido espiritual para los gentiles, pero deja claro en Colosenses que no tienen valor, "Pues si habéis muerto con Cristo a los principios elementales del mundo, ¿por qué, como si vivieseis en el mundo, os sometéis a preceptos…?", y concluye: "Estas cosas… no tienen valor alguno contra los apetitos de la carne" (Col 2:20-23). Quienes se centran en los detalles de la ley, en genealogías y cosas por el estilo, tienden a prestar excesiva atención a las minucias y se obsesionan con ellas. Pablo los reprendía para tratar de conseguir que fueran bíblicamente equilibrados.

Si nos preguntamos por qué aquellos judíos que decían ser creyentes destacaban tanto entre los falsos maestros, podemos señalar que los judíos eran los creyentes originales. Los judíos fueron los primeros en creer, tenían una larga tradición en cuanto al conocimiento de las Escrituras, sus vidas habían sido moldeadas por patrones de comportamiento bíblicos, y conocían de alguna manera los tipos y las sombras del pacto mosaico debido a toda una vida de práctica. Eso los colocaba en una posición de columnas en las nuevas iglesias entre los gentiles. Parece que otros judíos que decían creer, pretendieron aprovechar el prestigio que eso les daba y erigirse a sí mismos como maestros. Algunos llegaron al extremo de seguir a Pablo adonde quiera que iba para introducir el error y la herejía en las iglesias que fundaba (Hch 15:1), haciéndose pasar por apóstoles de un tipo superior.

Entonces y ahora

Para algunos lectores, este fenómeno puede parecer algo lejano. Pero, a pequeña escala, las cosas están volviendo a ser como fueron. La aparición durante la década de 1960 del llamado Movimiento Mesiánico ha producido una nueva oleada de creyentes judíos que están mucho más enfocados en su cultura judía, en la forma de expresar su fe en Jesús. Los hay muy bien formados que son maestros capaces. Da alegría verlos, y doy efusivamente gracias por su crecimiento general en números, el aumento de su conciencia judía, la preocupación por su pueblo y su deseo de ser junto con sus hijos identificados como judíos. También por el hecho de haber ocupado la mayoría su lugar en las iglesias evangélicas locales, aportando a la vida de esas iglesias su contribución singular como judíos que creen en Jesús. Pero, así como hubo un aspecto negativo en tiempos apostólicos, también lo hay hoy, por parte de algunos dentro del movimiento. Los cristianos latinoamericanos son especialmente vulnerables a esta influencia negativa porque la aportación de los creyentes judíos durante la historia de su iglesia ha sido muy escasa. Pareciera que les falta algo. Bueno, hay una influencia positiva que ha faltado, pero también hay una negativa que deberían reconocer.

Influencia sobre los cristianos gentiles de hoy

Los peligros espirituales para los creyentes judíos se analizarán en un capítulo posterior, pero el interés de Pablo en los pasajes a los que nos hemos referido se centra en la influencia negativa sobre los creyentes gentiles.

1. Gentiles que se creen judíos

Esto ocurre en una congregación mesiánica de la que hablaremos más en un capítulo posterior. Podemos decir que esa congregación es una iglesia étnica judía, que normalmente nace del deseo de hacer cosas al estilo judío, como celebrar las fiestas judías e incorporar algunas costumbres de la sinagoga en el culto de la iglesia. Lo raro es que suele ser bastante normal que el 50% o más de la congregación no sea judía. La pregunta es, ¿por qué los gentiles quieren comportarse como si fueran judíos? Consideraremos este fenómeno con más detalle en el Capítulo 16, pero aquí quiero centrarme en lo de guardar las tradiciones judías. Algunos cristianos gentiles les conceden valor porque creen que tienen mayor autoridad que las de la iglesia; otros dicen que las encuentran espiritualmente útiles. Pero lo cierto es que son solo tradiciones culturales; no tienen relevancia religiosa especial alguna que atraiga la bendición del Espíritu sobre ellas. Creo que es responsabilidad de los líderes espirituales de tales congregaciones mesiánicas abrirles los ojos a los cristianos gentiles sobre esas ideas. Pero, ¿lo hacen?

2. Gentiles que guardan la ley

Dentro de este movimiento hay quienes claramente enseñan que los cristianos gentiles son libres de observar las leyes y costumbres judías, la idea que se sigue es que les beneficiará espiritualmente, por tanto, están realmente animándolos a hacerlo. David Stern escribe en su estudio sobre el debate de Hechos 15 de que los creyentes gentiles debían guardar la ley: "No obstante, Hechos 15 también enseña que, aunque a los gentiles solo se les exigía observar cuatro leyes al ingresar en la comunidad mesiánica, se les permitía aprender del judaísmo tanto como desearan y, probablemente, observar tantas costumbres judías como quisieran".[24] Para hacer esta declaración se basa en Hechos 15:21. Pero ese texto se refiere a la situación previa al evangelio sobre los gentiles atraídos por el judaísmo y que asistían a las sinagogas para aprender, antes de que creyeran en Jesús. Sobre la forma de relacionarse con esas costumbres tras la conversión se trata en cartas como Gálatas y Colosenses. En ellas no se les anima a seguir las costumbres judías. Gálatas previene que no se han de agregar tales cosas a Cristo para la salvación (Gá 5:3-4), y Colosenses advierte sobre no pensar que tales cosas signifiquen una espiritualidad especial.

Habladores de vanidades

Fuera de los límites de las congregaciones mesiánicas, y sin enseñar necesariamente a los creyentes gentiles a actuar como si fueran judíos, hay a quienes les gusta dispensar conocimiento sobre las cosas judías como si tuvieran la clave de un nuevo nivel de vida cristiana. Tratan cuestiones de trasfondo del Antiguo Testamento, métodos rabínicos de exégesis de las Escrituras, tradiciones y anécdotas judías, el significado de palabras hebreas y enseñanzas judías místicas. Tales cosas suelen ser muy interesantes y pueden tener algún valor, al igual que cualquier información extrabíblica de Israel sobre la cultura, la arqueología, etc. Pero no debemos

---

[24] David Stern, *Restoring the Jewishness of the Gospel* (Jerusalem: Jewish New Testament Publications, 1988), pp. 57–8.

pensar que quien enseña tales cosas es automáticamente un "hablador de vanidades". Lo que importa es discernir si el maestro se está presentando a sí mismo para enseñarte verdades espirituales que nunca antes habías conocido por otro medio, ni siquiera por las Escrituras; ellos te hacen subir un escalón, por así decir. Hay que estar atentos al tipo de características que Pablo condena: división, rebeldía, amor al dinero, obstinación, adulación, manipulación y falsa humildad. Permítaseme dar algunos ejemplos de las cosas que pueden utilizarse para aparentar conocimientos especiales. Quiero subrayar la palabra "pueden". Hay una utilización legítima de tales áreas del conocimiento.

1. Conocer el significado de la raíz de las palabras hebreas

Puede servir para aportar un conocimiento novedoso de un texto. El caso es que separar la raíz consonántica de una palabra hebrea y su patrón de vocales es algo meramente académico. No es que el hebreo tenga muchos conjuntos consonánticos (la raíz), cada uno con un significado diferente a partir de los cuales se forman las palabras. La raíz solo existe en tanto que es parte de una palabra. Podemos ver cuatro palabras hebreas con las consonantes *hrb*: *harab* (secar), *harab* (estar desolado), *harab* (atacar, golpear), *hereb* (espada). Cada una de estas cuatro palabras tiene un significado distinto para quien las usa. Si hay alguna idea básica en la secuencia de consonantes *hrb*, esta se derivará de recuperar el significado de las cuatro palabras, no al revés. Por tanto, no tiene sentido decir como dicen algunos que "el significado de la raíz hebrea nos da una idea más profunda de la palabra y, por tanto, del texto que estamos estudiando".

2. Conocer cómo los judíos interpretan el Antiguo Testamento

Los rabinos elaboraron reglas de interpretación que son interesantes. Con todo, los cristianos tenemos la interpretación judía definitiva del Antiguo Testamento en el Nuevo Testamento. En él, el Señor Jesús y sus apóstoles nos muestran la forma de interpretar el Antiguo Testamento. No podría ser más judío.

3. Conocer datos del trasfondo de la Biblia a partir de fuentes rabínicas

La clave es discernir el valor que se le da a esos datos, siendo el peligro restarle valor a la suficiencia de las Escrituras. Todo lo que necesitamos conocer para entender el mensaje de la Biblia, para entender los detalles de algún pasaje determinado, para abordar los problemas internos del texto, etc., podemos encontrarlo en las Escrituras. Sin duda alguna, la información externa puede aportar color e interés adicional, pero no es esencial para comprender el texto y su mensaje.

4. Conocer el pensamiento hebreo, no el griego

Hay quienes piensan que la influencia de la manera de pensar griegas en las iglesias primitivas las perjudicó; dicen que tenemos que pensar más a la manera hebrea. Dicen que el pensamiento griego acabó predominando porque los dirigentes de la iglesia se sirvieron del vocabulario propio del idioma griego para sus debates doctrinales y para formular las primeras declaraciones doctrinales como el Credo Niceno. Es evidente que el peligro de absorber formas de pensamiento no bíblico era real, pero ¿qué se supone que debían hacer los dirigentes de la iglesia? ¿Había alguna otra posibilidad? La pregunta clave que se impone es si terminaron con una falsa doctrina por culpa de la influencia del pensamiento griego. Ni siquiera los más extremistas del Movimiento Mesiánico atacan al Credo Niceno por no ser bíblico.[25]

Lo más importante que debemos recordar es que todos los errores del pensamiento griego habían comenzado a influir en las iglesias en el tiempo de los apóstoles. Sus cartas atacan esos errores y nos mantienen en el camino recto y estrecho, en línea con el pensamiento bíblico hebraico (a pesar de haber sido escritas en griego). Por ejemplo, se ataca el pensamiento griego dualista, que considera que el alma es buena y el cuerpo malo. Tal error es combatido en Colosenses y en 1ª de Juan. Todo el pensamiento hebraico que necesitamos está en el Nuevo Testamento (y también en el Antiguo Testamento, sin duda). De hecho, la mayoría de los fallos de la iglesia que se achacan hoy al pensamiento griego tienen poco o nada que ver con la Reforma. Se centran en errores que se infiltraron en las iglesias en la era postapostólica como si ninguno de ellos hubiera sido corregido a partir de la Reforma.

Mutiladores

Como escribí anteriormente, aquellos a quienes Pablo llama mutiladores caen en dos categorías, aquellos cuya enseñanza es condenada en Gálatas como otro evangelio y las ideas que

---

[25] Mark S. Kinzer, *Finding our Way through Nicaea: The Deity of Yeshua, Bilateral Ecclesiology, and Redemptive Encounter with the Living God* (Los Angeles: Hashivenu Forum, 2010).

se consideran carentes de valor en Colosenses. Me alegra decir que quienes enseñan la herejía de Gálatas, que los creyentes gentiles necesitan ser circuncidados y guardar la ley a su fe en Jesús para ser salvos, son pocos y dispersos. Pero están los que llaman a su fe "judaísmo mesiánico". Creen en Jesús como el único camino de salvación del pecado, pero quieren que su fe sea considerada como judaísmo, por lo que expresan su fe de acuerdo con las prácticas tradicionales judías. Algunos de ellos, y subrayo algunos, no todos, ciertamente una minoría, abogan por la conversión de los cristianos gentiles de su entorno a que se hagan judíos, judíos que creen en Jesús. Richard Nichol lo argumenta desde muchas perspectivas diferentes, pero la principal es la identidad.[26] En cualquier sinagoga normal, los visitantes pueden venir y escuchar, pero solo los judíos auténticos pueden participar en ciertas prácticas o desempeñar determinadas funciones, como usar el *tallit* (manto de oración) y acercarse a la *bima* para leer la Torá. Nichol cree que, puesto que el judaísmo mesiánico es esencialmente judaísmo, solo los judíos pueden hacer tales cosas. Si los gentiles cristianos ("gentiles mesiánicos", prefieren llamarlos) lo hacen, se considera contrario a la ley judía e inaceptable para otros judíos. La solución es someter a esos creyentes gentiles a un proceso de conversión, que conlleva la circuncisión para los hombres y aprender y hacer esas prácticas judaicas con el consentimiento de su grupo de rabinos mesiánicos.

Debemos preguntarnos si Nichol, y quienes están de acuerdo con él, están haciendo algún favor a estos cristianos

---

[26] Richard Nichol, *The Case for Conversion: Welcoming Non-Jews into Messianic Jewish Space*, Messianic Jewish Rabbinical Council. (consultado el 31 enero de 2013).
http://www.ourrabbis.org/main/articles/on-conversion-mainmenu-32

gentiles. ¿Aceptará la comunidad judía general a esos convertidos como judíos? Lo más seguro es que no; para ellos el problema es Jesús, y no puedes ser judío y creer en Jesús. Sus hijos tampoco serán aceptados como judíos, por lo que esas familias terminarán confinadas en su pequeño grupo, siendo inaceptables en otras partes para la comunidad judía, y se sentirán fuera de lugar en una iglesia normal. Todo comienza a parecerse demasiado a un grupo sectario o incluso a una secta. Los colosenses ciertamente estarían de acuerdo con que maestros como Nichol no hacen ningún favor a los gentiles cristianos enseñándoles a centrarse en "los principios elementales del mundo", sometiéndose a preceptos (Col 2:20-21). Y sin duda, tal conversión y estilo de vida religioso animará a confiar en la circuncisión y la ley a aquellos gentiles cuya profesión de fe es falsa.

Preguntas:

1. ¿Ser judío ayuda para ser un buen maestro de la Biblia?
2. ¿Deben los cristianos gentiles practicar las tradiciones judías?
3. ¿Puede el conocimiento de las antiguas tradiciones judías, del pensamiento hebreo, etc.; servirnos para entender mejor las enseñanzas de las Escrituras? ¿En qué puede perjudicarnos?

CAPÍTULO 10

La oposición judía al evangelio

Eclesiastés 1:9 nos dice, "nada hay nuevo bajo el sol", por lo que nadie debería sorprenderse de que haya oposición a las enseñanzas del Señor Jesús y sus apóstoles. Lo que comenzó cada vez que los profetas de Israel proclamaban la palabra de Dios, resurgió cuando el Mesías de Israel predicó el mismo mensaje divino. Esa oposición está todavía muy viva en la comunidad judía actual. Mi propósito en este capítulo no es negativo. Quiero animar a los cristianos a responder a la oposición con entendimiento y paciencia, y también con firmeza, y desmotivar una respuesta contraria o servil.[27] Quiero que los lectores judíos entiendan que la oposición

---

[27] Se da más información sobre cómo testificar a los judíos y cómo responder a su oposición en mi libro, *Telling Jews about Jesus* (Hablar a los judíos de Jesús), Londres, Grace Publications, 1994, o, si se busca una publicación más reciente, *Engaging with Jewish People* de Randy Newman.

de los judíos en contra de Jesús no se debió a que "el cristianismo no pareciera judío", como dirían algunos, sino que formaba parte de una tradición judía de tensión generalizada que se remonta a José y sus hermanos.

No hace falta decir que la oposición de los judíos al evangelio viene causada por la misma naturaleza pecaminosa que comparten con los demás hijos de Adán, pero eso no es lo que se dilucida aquí, porque se da por sentado. Lo que quiero analizar son las formas específicas de cómo los judíos expresan esa oposición pecaminosa debido a la influencia de su religión, historia y cultura.

La oposición contra Jesús

Cualquiera que haya leído los evangelios sabrá que la oposición no fue la primera respuesta dada por los oyentes de Jesús; fue algo que se desarrolló en el interior de algunos según pasaba el tiempo, al empezar a descubrir el significado de su mensaje. Al principio fue más personal que teológica. Cuando Jesús habló en contra de la hipocresía, y de una religión meramente externa y de determinados pecados, la gente se sintió redargüida por el pecado; hubo quienes se arrepintieron, pero otros se resistieron. Malaquías lo previó, cuando dijo: "¿Quién podrá soportar el día de su venida?" (Mal 3:2). El hecho que Jesús sacara a la luz los pecados de los dirigentes de Israel produjo una respuesta feroz: "Diciéndoles él estas cosas, los escribas y los fariseos comenzaron a acosarle en gran manera, y a provocarle a que hablase de muchas cosas" (Lc 11:53). No podían soportar el día de su venida y su oposición creció.

Los milagros de Jesús eran un testimonio patente de su autoridad divina, por eso sus opositores trataron de darles otra explicación. Esta apareció rápidamente después de que sanara a un mudo poseído por el demonio: "Por el príncipe de los demonios echa fuera los demonios" (Mt 9:34). Las enseñanzas de Jesús eran novedosas, por lo que sus enemigos estaban al acecho para denunciar cualquier desviación de la ley de Dios. El día de reposo fue un punto crítico en la actitud de Jesús, por eso se le vigilaba, y en cuanto sobrepasó los límites fue acusado de actuar contra la ley, o de tolerar que otros lo hicieran: "He aquí que tus discípulos hacen lo que no es lícito hacer en sábado" (Mt 12:2). Cuando Jesús dijo que Dios era su padre y que ambos eran uno, intentaron apedrearlo, siendo la justificación de sus enemigos "por la blasfemia; porque tú, siendo hombre, te haces Dios a ti mismo" (Jn 10:29-33). Detrás de toda esta oposición se escondía la envidia por su popularidad con la gente, envidia que el dirigente romano, Pilatos, fue capaz de reconocer, "porque sabía que por envidia le habían entregado" (Mt 27:18). La tradición judía ortodoxa ve a Jesús bajo la misma luz hoy. Lo consideran un engañador y blasfemo, que merece el peor de los infiernos.

¿Cómo respondió el Señor Jesús a todo esto? Con infinita paciencia, y siempre con la intención de ganarse a sus detractores. Por ejemplo, cuando pusieron en duda su autoridad, respondió con una pregunta: "El bautismo de Juan, ¿de dónde era? ¿Del cielo, o de los hombres?" (Mt 21:23-27). Los quería era exponer que ellos no eran competentes para juzgarlo, y las parábolas que les habló después eran para animarlos a reflexionar y arrepentirse.

Estos ejemplos que he dado muestran la oposición de los dirigentes religiosos judíos. Pero no todos se opusieron, como lo demuestra el incidente de la curación del hombre nacido ciego de Juan 9. En él, los dirigentes discutían entre sí, algunos decían que Jesús no podía ser de Dios porque no guardaba el sábado, otros no estaban de acuerdo, porque para ellos estaba claro que un pecador no podía hacer tales milagros (Jn 9:16). De igual modo, sabemos que en general la gente estaba dividida en sus opiniones y no todos estaban en contra de Jesús. Pero, lo que vemos en el enfrentamiento de Juan 9 es que el grupo que estaba en contra gritó más fuerte y ganó aquel día. Su conclusión fue: "Nosotros sabemos que Dios ha hablado a Moisés; pero respecto a ese, no sabemos de dónde es". Al parecer, los que dudaban fueron reducidos al silencio. Así como la boca de una fuente determina la dirección en la que fluye el agua, esta mentalidad contraria llegó a dominar a los dirigentes y dispuso en contra a los judíos. Hubo muchos que rechazaron seguir la corriente convirtiéndose en devotos seguidores de Jesús el Mesías, pero se estaban echando las bases para una mentalidad opositora.

Una gran responsabilidad recayó sobre los dirigentes judíos por esta causa. Jesús los acusó de ser un impedimento para quienes intentaban entrar en el reino (Mt 23:13), y los llamó "ciegos guías de ciegos" (Mt 15:14), advirtiendo a sus discípulos que se cuidaran de ellos y de su doctrina. Pero no eran los únicos, muchas personas los seguían con gusto.

La oposición contra los apóstoles

Los Hechos de los Apóstoles muestran una imagen parecida, que detalla el desarrollo posterior de la oposición. Desde el principio, los apóstoles en Jerusalén fueron amenazados, con el objetivo de "que no hablen de aquí en adelante a hombre alguno en este nombre" (Hch 4:17). Ellos, en respuesta, siguieron predicando a Jesús como Salvador y muchos creyeron, también sacerdotes (Hch 6:7). Como era de esperar, la oposición también aumentó: Esteban fue martirizado, los creyentes fueron dispersados partiendo de Jerusalén y Saulo comenzó su campaña represiva. La continuación del relato de Lucas muestra una imagen muy parecida. Pablo se enfrenta a la oposición desde todos los ángulos, pero la más vehemente y pertinaz es la de su propio pueblo. Argumentaron en su contra (Hch 13:45), lo persiguieron de un lugar a otro para provocar a la gente contra él (Hch 14:19), conspiraron (Hch 20:3, 23:12), y lo arrestaron y lo juzgaron ante tribunales judíos y gentiles (Hch 24 a 26). Pablo respondió de la misma manera que los apóstoles en Jerusalén. Sabemos por 2 Corintios que Pablo sufrió más de lo que se recoge en Hechos: "De los judíos, cinco veces he recibido cuarenta azotes menos uno" (2Co 11:24). Esto da testimonio de su amor por su pueblo, porque no siempre se valió de su ciudadanía romana para evitar los golpes. De haberlo hecho, podría haber minado a los ojos de ellos el carácter judío del evangelio.

El judaísmo y la singularidad de la oposición judía

Nadie rechaza el evangelio en el vacío. Así como vemos al actor de una obra de teatro en el contexto del escenario, la gente responde según el marco mental de su familia y cultura. Cuando los judíos deciden rechazar a Jesús, lo hacen dentro del contexto judío. Yo no insistiría demasiado, ya que todos tenemos una humanidad común, una humanidad caída, que determina ciertas respuestas comunes independientemente de la cultura. Pero determinadas expresiones de oposición se deben en particular a la influencia del judaísmo, que los judíos como colectivo manifiestan. Las enseñanzas que vamos a analizar tomaron forma a través de la oposición a Jesús. Hay otros factores que han llevado a que la oposición se intensifique, como el antisemitismo cristiano, pero todo comenzó en tiempos del Nuevo Testamento.

1. La ley de Moisés y el exclusivismo judío

Este asunto tomó forma debido a las enseñanzas de Jesús sobre el sábado, convirtiéndose en uno de los primeros motivos de discusión con los dirigentes judíos. Desde muy pronto, Jesús trató el asunto del sábado de manera diferente, llegando incluso a reclamar tener señorío sobre él (Mt 12:8). Naturalmente, no estaba en absoluto rechazando la ley de Moisés; más bien al contrario, enseñaba que había que cumplirla entera. Pero lo que los fariseos debían sospechar es que estaba allanando el camino para un cambio radical, y por eso no debió sorprender que esa fuera la acusación principal contra él cuando fue juzgado, siendo acusado de decir que iba a destruir el templo (Mr 14:58).

La misma amarga hostilidad estalló contra Esteban, quien, sea lo que sea que él mismo dijera, fue acusado de enseñar el final del templo y de las costumbres enseñadas por Moisés. Podemos entender tal respuesta como reacción a una adulteración de la revelación dada por Dios en exclusiva a la nación judía por medio de Moisés, pero si se trata de resistir a un cambio que las Escrituras dicen claramente que habría de venir por medio de un nuevo pacto, entonces es una obstinación culpable. Tal resistencia es aún más reprobable al descubrir que lo que la motivaba era su ansia por preservar su exclusividad. Podemos verlo en aquella ocasión cuando una multitud religiosa intentó matar a Pablo en el templo (Hch 21:28-31). La multitud oyó contenta lo que él decía acerca de Jesús, pero cuando oyeron que había ido a los gentiles, estallaron con furia asesina, lo que demuestra que su principal inquietud era preservar su exclusivismo (Hch 22:1-2). Podemos llamarlo el síndrome de Jonás. El libro de Jonás es un aviso para Israel contra un exclusivismo que excluía de su incumbencia la condenación de los gentiles. Isaías también había profetizado: "mi casa será llamada casa de oración para todos los pueblos" (Is 56:1-8). Personas como Zacarías y Simeón, mencionados en los capítulos 1 y 2 de Lucas, habían aprendido la lección; eran israelitas a quienes sí importaban las naciones. Sosteniendo en brazos al niño Jesús, Simeón dijo: "Luz para revelación a los gentiles, y para gloria de tu pueblo Israel" (Lc 2:32).

Hoy no es diferente. La oposición del judaísmo al evangelio suele basarse en el aparente abandono de la ley de Moisés como lo expresó, por ejemplo, Isaac de Troki, un destacado apologista judío del siglo XVI: "La ley de Moisés no debe ser revocada, y... no se debe agregar ninguna segunda revelación a la ya existente".[28] Por eso el judaísmo considera al cristianismo como los cristianos consideran al mormonismo, rama herética que posee una revelación escrita adicional que se aparta de las normas divinas existentes. Aunque esta oposición tiene una apariencia de piedad, se ve socavada por el hecho que las Escrituras hebreas prevén una superación del templo (Is 66:1-2; Sal 110:4) y del pacto mosaico (Jer 31:31-33) que se cumplirá con la llegada del Mesías. Entonces la cuestión se reduce realmente a si él ha venido o no.

---

[28] Isaac de Troki, *Faith Strengthened* (New York: Ktav Publishing, 1970), p. 94.

2. Justificación por la fe sola

Para un judío religioso, está claro que la fe es importante y la liturgia de la sinagoga está llena de expresiones de dependencia de la misericordia del Señor. Pero esto no quiere decir que, según el judaísmo, la obediencia a la ley no desempeñe un papel de justificación ante Dios. La parábola de Jesús sobre el fariseo y el publicano deja claro que el pensamiento fariseo estaba marcado por un sentido de autosuficiencia espiritual, pero que no conducía a la justificación (Lc 18:9-14). No se trata solo de que algunos fariseos se sintieran justos, sino que todo su sistema de pensamiento era autosuficiente, y dado que se les consideraba los más devotos de su tiempo, había que sacar a la luz sus errores y resaltar el valor de la fe. Este era el significado de la expresión frecuente de Jesús: "Tu fe te ha salvado…". La liberación no era una recompensa sino un regalo recibido al confiar en el donante. Pablo era igualmente consciente de la necesidad de explicar esto, por lo que en su sermón de la sinagoga de Antioquía subrayó lo negativo: "todo aquello de lo que por la ley de Moisés no pudisteis ser justificados." (Hch 13:19). En otra parte demuestra que tal cosa no debería sorprender al pueblo del Libro porque esa era la religión de Abraham: "¿Qué dice la Escritura? Creyó Abraham a Dios, y le fue contado por justicia" (Ro 4:3). Algo así ofendía a los dirigentes judíos en aquel momento y lo sigue haciendo hoy.

3. El nuevo nacimiento

Fue a un fariseo a quien Jesús enseñó explícitamente la necesidad del nuevo nacimiento. Para Jesús no se trataba de una nueva verdad. Un pasaje en el que estaría pensando pertenecía a Moisés: "Y circuncidará El SEÑOR tu Dios tu corazón" (Dt 30:6). Moisés dejó bien claro a Israel que, para volverse a Dios después de desobedecer reiteradamente, hacía falta que Dios obrara en lo más íntimo de su ser. Nicodemo finalmente creyó, pero, por desgracia, muchos de sus iguales no lo hicieron ni lo hacen hasta el día de hoy.

Toda la filosofía espiritual autosuficiente del judaísmo forma bloque y produce una especie de "efecto dominó" en cuanto a las doctrinas bíblicas. Al oponerse a una, sin poder evitarlo, se opone a las demás. Si puedes justificarte a ti mismo, no necesitas nacer de nuevo, ya que puedes producir actos justos. El rabino Jaim Pearl lo expresa así: "Aunque un hombre esté inclinado al pecado, tiene en sí mismo el poder de librarse de él".[29] Se considera que las prácticas del judaísmo son el medio para lograr este objetivo; no hace falta ningún cambio milagroso.

4. Esclavos del pecado

Quienes oían a Jesús en Juan 8 se ofendieron cuando se les llamó "esclavos del pecado", y el judaísmo actual está en contra de cualquier idea parecida. Su doctrina sobre la naturaleza humana tiene a los seres humanos atrapados en una lucha en la que, de un lado, se ven atraídos en una dirección por una tendencia al mal (*yetzer 'a-ra*) y de otro por una tendencia al bien (*yetzer 'a-tov*). Aunque en un mundo rebelde tienen mucho en contra, tienen la capacidad de elegir cualquiera de los dos sin ser en ningún modo esclavos de uno de ellos. Citando otra vez al rabino Pearl, "El hombre nace sin

---

[29] Jaim Pearl, *A Guide to Jewish Knowledge* (London: Jewish Chronicle Publications, 1975), p. 112.

pecado... El judaísmo niega cualquier idea de que haya nacido en pecado original".[30] No se toma en serio el poder del pecado, aunque el Rey David claramente sí lo hizo cuando escribió: "Mira que en maldad he sido formado, y en pecado me concibió mi madre" (Sal 51:5).

5. Preexistencia y divinidad del Mesías

La naturaleza celestial del Mesías no fue una de las primeras verdades que resaltó nuestro Señor, pues era demasiado dura de digerir para empezar, pero fue sacándola poco a poco al ágora pública. Sus palabras: "Yo y el Padre somos una sola cosa", le acarrearon ser acusado de blasfemia: "Tú, siendo hombre, te haces Dios a ti mismo" (Jn 10:31,33). Es evidente que sus palabras no fueron mal interpretadas, ni se nos escapa la intensidad de la oposición de los dirigentes judíos. Y, aun así, las Escrituras presentan claramente el misterio de un Mesías que es humano y divino. Los oyentes de Jesús se quedaron atónitos y callados cuando atrajo su atención sobre este asunto preguntándoles de quién era hijo el Mesías, mostrando a continuación la dificultad de que el Mesías fuera a la vez hijo de David y su señor, señalando así tanto su humanidad como su divinidad (Mt 22:42-46). Aunque hoy en día muchos judíos entienden mal la afirmación de que Jesús es divino, pues hay muchos que piensan que eso significa que él fue un hombre que se convirtió en Dios, pero sus maestros entienden bien lo que quiere decir y lo rechazan enérgicamente. Michael Asheri escribe sobre lo que los judíos creen sobre el Mesías al tiempo que da una

---

[30] Pearl, *Guide*, p. 112.

bofetada al cristianismo: "Este judío, que será una persona y no una encarnación de Dios, como si tal cosa fuera posible, se llama *Mashíaj* o Mesías".[31]

6. Fuente de toda vida

Tuvo que ser emocionante estar en el templo en la Fiesta de los Tabernáculos y oír cómo resonaba la voz de Jesús diciendo: "Si alguno tiene sed, venga a mí y beba" (Jn 7:37-38). A los principales sacerdotes y fariseos no les emocionó y no cejaron en sus intentos de arrestarlo. Esa dependencia total del Mesías en todo cuanto sustenta la vida, especialmente la espiritual, sigue siendo inaceptable para el judaísmo actual. El Mesías es poco más que un hombre de Dios muy especial, y no se puede depositar en él la confianza que solo se debe a Dios, como el rabino Louis Jacobs escribió acerca del Mesías: 'No obstante, él no es un redentor. Solo Dios es el redentor y el Mesías-Rey es solo quien dirige al pueblo redimido".[32] Para el judaísmo, el Mesías no es imprescindible para la vida o la salvación, las cuales se pueden recibir sin él; él no es más que la guinda del pastel. Lo que Jacobs pasa por alto es que el Mesías también es sacerdote (Sal 110:4), y el sacerdote según la ley no solo hace lo que hay que hacer para redimir a quienes pecan, sino que también es mediador de las bendiciones espirituales de Dios (Nm 6:22-27). Sin él no tienen nada.

---

[31] Michael Asheri, *Living Jewish: The Lore and Law of Being a Practicing Jew* (USA: Jewish Chronicle Publications, 1978), p. 297.

[32] Louis Jacobs, *A Jewish Theology* (West Orange, NJ: Behrman, 1973), p. 293.

7. La muerte y resurrección del Mesías para expiación y justificación

En tiempos de Jesús no faltó la discusión acerca del Mesías; está claro que la gente estudiaba las Escrituras y trataba de ver las cosas de manera coherente. Pero lo que llama la atención es que una parte de la visión no incluyera un Mesías sufriente que expía el pecado. Nadie lo esperaba así; "sufrimiento" y "Mesías" eran polos opuestos. Más tarde, cuando los apóstoles explicaron la importancia de este hecho, muchos en Israel continuaron rechazándolo, viendo su sangre solo en términos de culpabilidad, no de liberación. Para los judíos se convirtió en el principal motivo de desacuerdo: para ellos, Cristo crucificado era una piedra de tropiezo (1Co 1:23), porque obstruía ese cómodo camino espiritual que los fariseos y sus seguidores se habían construido. Hasta el día de hoy, el judaísmo rechaza cualquier propuesta de expiación por sacrificio de sangre. Sobre el tema del perdón de los pecados, el rabino David Berger escribió: "Para la mentalidad cristiana, esto se logra con la muerte de Jesús. ¿Cómo resuelve el judaísmo el problema? Lo hace por medio de la idea del arrepentimiento [...]. Cualquier judío que se arrepiente será perdonado por Dios [...]. Cuando el sacrificio no es posible [porque no hay templo], Dios perdona a quienes se arrepienten sinceramente".[33] Lo que se niegan a reconocer maestros como el rabino Berger es que el sacrificio ya no es posible por la sencilla razón de que el sacrificio requerido por Dios ya se ha realizado, de una vez por todas, por aquel que murió y resucitó. Es lo que profetizó Isaías: "Cuando haya puesto su vida en expiación por el pecado, verá descen-

---

[33] David Berger, *Jews and Jewish Christianity* (Jersey City, NJ: Ktav Publishing, 1978), pp. 57–59.

dencia, vivirá por largos días, y lo que plazca a El SEÑOR se cumplirá por su mano" (Is 53:10).

Motivos de reflexión

Hemos de aceptar, con tristeza, pero con franqueza, que la oposición del judaísmo contra el evangelio se dirige más claramente contra el cristianismo que contra cualquier otra religión. Es diametralmente opuesto y activamente agresivo en todo cuanto tiene que ver con la doctrina de la salvación. Aunque los cristianos debemos tener una gran estima por la nación judía debido a su pacto con Dios, y la bendición de Dios que por medio de ellos hemos recibido, no debemos permitir que esto enturbie nuestra opinión sobre el judaísmo.

Hay algo singular en la oposición judía porque la diferencia de creencias toca el alma de la existencia judía y del concepto que tienen de sí mismos. Si Jesús es el Mesías, entonces la verdadera razón de existir de Israel se ha cumplido, por lo que no creer es vivir una mentira; es ser judío, pero no obrar como judío. Es como un caparazón, real por fuera pero dentro falta lo más importante. Los judíos, sobre todo sus dirigentes religiosos, comprenden lo que algo así implica, y por eso se sienten tan ofendidos y están tan en contra. Incluso los judíos no religiosos, que no creen en el Mesías, se dan cuenta de lo que esto implica. Hay que rechazar el evangelio para vindicar su identidad judía sin Jesús y la autenticidad de su estilo de vida judío. Naturalmente, la presión para actuar así sería menor si la influencia de la fe cristiana tuviera el mismo nivel que la religión centroamericana, pero no lo es; multitudes la siguen, entre ellos, muchos otros judíos. Cuesta encontrar una cultura en la que viva un número importante de judíos donde la fe cristiana no sea dominante. Por eso, es difícil escapar del desafío y de la presión. Los judíos están orgullosos de su cultura secular dondequiera que se encuentren (en buena parte, es admirable), pero si les dices que les falta lo más importante, se ofenden. Los judíos reflexivos saben que el hecho de que el cristianismo exista les está diciendo: "tu identidad judía es falsa", y otros lo saben de un modo más intuitivo. Cuando el evangelio se enfrenta con un judío así es inevitable que su reacción inicial sea una oposición singular. Hay una profunda necesidad personal de estar en contra.

Además, hay algo singular en la oposición judía, porque, partiendo del mismo Libro, la conclusión a la que llegamos es radicalmente diferente. Viendo uno de esos programas de televisión en los que se habla de las películas recién estrenadas, raro será que haya un solo crítico, pero si hay dos o más expresando opiniones radicalmente diferentes sobre la misma película, la tensión aumenta en el estudio. Esos comentaristas suelen sentirse orgullosos de su capacidad intelectual y de sus conocimientos, de modo que si uno de ellos dice que la película es mala y el otro piensa que es muy profunda e inspiradora, entonces uno de los dos puede que sea tonto, pero ¿cuál de los dos? Es lo que ocurre con el judaísmo y el cristianismo. ¿Cómo es posible que partiendo del mismo Libro hayan llegado a conclusiones tan diferentes? ¿Quién es el tonto? De ahí que los judíos se sientan obligados a ir en contra de lo que creen los cristianos, pues si están equivocados quedan de faltos de entendimiento por haber perdido aquello que supuestamente estaban buscando. Además, toda la historia de su pueblo posterior a Jesús también está bajo la lupa y el peligro es que quede patente que ha sido un error descomunal.

Se parece mucho a la oposición que los evangélicos padecemos del catolicismo romano. La dependencia de las formas externas y de las propias obras para recibir la salvación produce hostilidad hacia el mensaje del evangelio que es solo por gracia. La idea que tienen los católicos romanos de que Roma es la verdadera y es imposible que estén equivocados, hace que se sientan profundamente ofendidos cuando lo que se les dice es que han estado equivocados durante muchos años; todo su estilo de vida aparece como una mentira. El hecho que los evangélicos y los católicos romanos partan del mismo Libro, pero lleguen a conclusiones muy diferentes sobre los temas más importantes, nos dice que alguien es tonto.

La oposición en el mundo actual

¿Podemos esperar algún cambio importante ahora que tanta agua ha corrido ya bajo el puente desde aquellos tensos primeros días? En la actualidad, muchos judíos ven a Jesús con buenos ojos, y la cristiandad ha reconocido haberse comportado con los judíos en ocasiones de manera lamentable y demasiadas veces indigna, por lo que podríamos esperar una menor oposición y una atmósfera más grata. Aunque en cierto sentido, es cierto, Pablo escribió que no deberíamos esperar ningún cambio importante: "Por lo que atañe al evangelio, son enemigos por causa de vosotros" (Ro 11:28). La relación entre cristianos y judíos no creyentes está determinada por lo que Pablo dice de ellos en Romanos 11:28-29: "Son enemigos de Dios, amados de Dios y receptores permanentes de sus dones y llamamiento". No hay nada que exija que los creyentes cristianos y los judíos tengan que ser enemigos, sino todo lo contrario, pero el rechazo del evangelio por parte de los judíos conduce a una situación de enfrentamiento cuando el evangelio está por medio. A menos que haya un cambio radical en la actitud hacia el evangelio entre la mayoría de los judíos, y hasta que eso suceda, esta situación se mantendrá. Es una ilusión pensar que la mayor tolerancia actual y la influencia del multiculturalismo hayan hecho algo más que poner un parche sobre el problema.

1. Los problemas de generalizar

Lo que ha costado bastante evitar en lo dicho anteriormente es el peligro de estereotipar a los judíos en el sentido de que todos rechazan el evangelio. Ante la necesidad de evitar expresiones estigmatizadoras, frases como "los judíos", han de entenderse como generalizaciones cuando se habla de oposición, generalización que no es injusta, porque la oposición al evangelio se ha convertido en la postura fija de la comunidad judía. El mismo Pablo lo hace en Romanos 9:31, cuando escribe: "Mas Israel, que iba tras una ley de justicia, no la alcanzó", aun cuando es obvio que muchos judíos como él no estaban incluidos. Tales generalizaciones pueden llevar a determinados cristianos a adoptar una actitud beligerante hacia los judíos como individuos, como si por cualquier cosa todos estuvieran a punto de atacar al cristianismo. Se parece al problema que muchos cristianos tienen con los musulmanes; a menudo se sienten tentados a verlos a todos como extremistas y, sin embargo, una rápida conversación con un vecino musulmán muestra que las cosas distan mucho de ser así. Los cristianos debemos tener siempre en cuenta que lo que no cambia entre Dios e Israel es que son amados por causa de la relación del pacto con Abraham y los patriarcas.

Su condición de enemigos puede cambiar por la gracia de Dios. Por tanto, fundamentalmente el cristiano ha de considerar a los judíos como "amados", y tratar en oración que su condición de enemigos cambie por el evangelio.

Este vocabulario generalizado puede crearles problemas a los judíos que creen en Jesús, porque otros cristianos muchas veces llegan a la conclusión errónea de que, como ya no están en contra de Jesús, ya no son judíos. Lo cual no solo es una conclusión bastante estúpida, sino que también es profundamente hiriente para los que se identifican y aman a su propio pueblo, tal como lo hacen otras naciones.

Manifestaciones actuales de oposición

Quiero comenzar considerando la oposición general de la comunidad y pasar a la oposición "en la calle".

1. Oposición generalizada de la comunidad

Los ataques directos al cristianismo en la arena pública por parte de dirigentes judíos son raros. En tiempos del Nuevo Testamento, eran mayoritarios, teniendo una posición aventajada; más tarde, la situación cambió y las cosas fueron al revés. Pero, el campo de juego está ahora mucho más igualado. Según el ambiente actual, todas las religiones tienen que contribuir en gran medida a una visión religiosa global de la humanidad. Por tanto, no se les juzga tanto en el contexto de su rechazo a Jesús sino más bien frente al colorido mosaico de las ideas religiosas de la humanidad. Se complementan unos a otros, en vez de contrastar; son un añadido valioso y no opositores molestos.

De ese modo, los dirigentes judíos han podido marginar a quienes emprenden cualquier forma de testimonio al pueblo judío. Por ejemplo, los dirigentes judíos han participado durante mucho tiempo en el diálogo religioso con denominaciones cristianas, incluso evangélicas; pero, aunque su objetivo original era favorecer un mejor entendimiento mutuo reconociendo las diferencias y la obligación cristiana de evangelizar, ahora, sin embargo, se desaprueba el proselitismo. Por ejemplo, el Consejo de Cristianos y Judíos (CCJ) del Reino Unido, emitió un código ético en 1996 conteniendo esta cláusula: "El proselitismo agresivo se considera siempre incorrecto, por lo que, en caso de denuncia ante el CCJ de esta o cualquier otra actuación inadecuada, se tomarán las medidas correspondientes. El asunto no se limita a comportamientos dentro del CCJ". Está claro que el asunto se refiere al testimonio en los actos del CCJ, pero la frase final muestra que están dispuestos a excluir a cualquiera que esté a favor de una evangelización organizada de los judíos, o sea, el "proselitismo agresivo". Aunque hay que decir que la medida no siempre se aplica.

Todo esto constituye una forma sutil de oposición al evangelio que tiene como objetivo reducir lentamente el compromiso cristiano con la evangelización de los judíos a fin de aislar a quienes se ocupan de ello. A veces les da muy buenos resultados, como cuando los dirigentes judíos convencieron a uno de los principales obispos de la Iglesia de Inglaterra, ya retirado, para que no aceptara el cargo de presidente honorario de una misión asociada a la Iglesia Anglicana dedicada a los judíos. La tradición, desde que la misión obtuvo por primera vez el patrocinio eclesiástico en 1841, era que el obispo principal aceptara siempre el cargo. No hacerlo significó marginar la evangelización de los judíos en la Iglesia Anglicana, cosa que la comunidad judía consideró como una gran victoria.

Con todo, nos anima saber que no todos sucumben así a la presión. En los Estados Unidos, los Bautistas del Sur continuaron con sus planes de fundar un departamento de evangelización de los judíos a pesar de las repercusiones que tuvo en los grupos de diálogo entre cristianos y judíos que incluían a los Bautistas del Sur. Los rabinos que habían participado anteriormente amenazaron con retirarse, pero el departamento sigue existiendo al día de hoy.

La presencia de muchos académicos judíos en instituciones de enseñanza superior es claramente bien recibida, pero en el clima actual también están cambiando discretamente las cosas. Uno se da cuenta de que, por respeto a ellos, la enseñanza de la teología, de la religión y del cristianismo, es mucho más respetuosa con los sentimientos judíos. Tal influencia ha logrado que ideas académicamente respetables, como la enseñanza de los Dos Pactos, se hayan hecho más aceptables.[34] En esa situación, quienes apoyan la evangelización de los judíos están claramente fuera de lugar.

Creo que estamos volviendo a una situación que se parece más a los tiempos del Nuevo Testamento, cuando la iglesia era un agente menor en el mundo, con la diferencia de que ahora se la considera más un dinosaurio moral que una fuerza moral renovadora. Algunos pudieran pensar que solo estoy reflejando la situación en el Reino Unido y en Europa, sin tener en cuenta las importantes diferencias que se dan en otros lugares. Sin duda, el Reino Unido dista mucho de

---

[34] La enseñanza de los dos pactos es una manera teológicamente elaborada de decir que los judíos y los cristianos tienen caminos separados y válidos de acercarse a Dios.

donde están otros, pero las palabras de Jesús: "Pero cuando venga el Hijo del Hombre, ¿hallará fe en la tierra?" (Lc 18:8), nos llevan a esperar una iglesia cada vez más marginada a medida que pasa el tiempo. Esto conducirá a una oposición institucional más atrevida por parte de la comunidad judía, como la de los Hechos de los Apóstoles. Por ejemplo, un artículo en un periódico judío británico sugirió que incluso deberían sumar su voz a la llamada para desposeer a la Iglesia de Inglaterra de su estatuto oficial,[35] algo que nadie podía imaginar que un periódico publicara, incluso hace veinte años. Esta clase de oposición pública e institucional puede aparecer en América Latina si más cristianos latinoamericanos se implican en el testimonio mundial a los judíos. No cuesta mucho imaginar a dirigentes judíos, católicos y otros, uniéndose para condenar a quienes tratan abiertamente de que los judíos se conviertan al cristianismo.

En Israel, la situación cambia, ya que nunca ha habido una mayoría cristiana nominal. Mezclado con su religión y cultura hay un cierto grado contrario al mensaje de Jesús. Hay quienes quieren edificar sobre esa base y legislar para prohibir la misión, y no siempre los opositores son judíos religiosos. Ya se han hecho varios intentos fallidos por introducir leyes así. El gobierno y los tribunales defienden la libertad de expresión y de conciencia para poder cambiar de religión, pero hay que decir que la mayoría de los israelíes sienten poca simpatía hacia los judíos que creen en Jesús, aunque eso está cambiando lentamente conforme los creyentes judíos impactan positivamente la vida nacional.

---

[35] Geoffrey Alderman, 'The End of Interfaith Relations', *The Jewish Chronicle*, 20 de Julio de 2012, párrafo final.

2. En contra del testimonio público

¿Cómo se manifiesta esta oposición en el lugar de trabajo o en las calles? Para la mayoría de los judíos, su oposición se expresa con un educado "No", normalmente seguido de un "Soy judío". Otros, que probablemente hayan escuchado o leído argumentos contra el cristianismo, responderán dando razones de por qué Jesús no puede ser el Mesías.[36] El más decidido y comprometido pedirá que lo dejen en paz. Luego están los antimisioneros, dedicados activamente a impedir la labor de los cristianos que evangelizan específicamente a judíos o de iglesias situadas en barrios judíos que trabajan especialmente a favor de sus vecinos judíos. Organizaciones como *Jews for Judaism* (Judíos por el Judaísmo) emplean gente capacitada que siempre está alerta con el fin de frustrar la evangelización de los judíos. Su estrategia pasiva es proporcionar seminarios y literatura que enseñan a la gente argumentos en contra del evangelio. Su estrategia activa es dificultar la evangelización en la calle, enviar piquetes a las reuniones especiales (incluida su prohibición, si se usan locales municipales) y establecer contacto con los recién convertidos para "desprogramarlos". En Israel, los métodos son parecidos, pero de carácter más amenazador, porque los que creen en Jesús contarán con mucha menos simpatía de los vecinos y de las autoridades. La misma aparición de este tipo

---

[36] Puedes encontrar más información acerca de las respuestas judías más frecuentes en mi libro: *Telling Jews about Jesus* (Hablarles a los judíos de Jesús). Para un estudio de casi cada objeción de los judíos alguna vez hecha, ver la obra de Michael Brown titulada: *Answering Jewish Objections to Jesus* (Respondiendo a las objeciones que los judíos hacen sobre Jesús, Grand Rapids, MI: Baker Book House, Vol. 1, 2000, Vol. 2, 2000, Vol. 3, 2003, Vol. 4, 2006, Vol. 5, 2010).

de oposición es un fenómeno relativamente nuevo; la reacción contra el aumento constante del fruto y la labor más abierta para alcanzar a los judíos con el evangelio. En ese sentido, es un cumplido indirecto, aunque eso no lo haga más aceptable.

La respuesta cristiana

Que la oposición sea de carácter más general o "en la calle", las respuestas que dan los Hechos nos sirven de guía. Puede que tengamos que mudarnos a una zona de oposición intensa. Podemos elegir soportar el ridículo, los obstáculos y la violencia por el bien del evangelio. No debe sorprendernos que las autoridades quieran oponerse al evangelio, pero también podemos reclamar libertad y protección. Nos pueden arrestar y encarcelar, como le sucedió a Pablo, pero esperamos que las autoridades se den cuenta de que el evangelio no es enemigo de la sociedad. Lo que no tenemos que hacer es oír a la gente antes que a Dios.

Por tanto, los cristianos no debemos sorprendernos de que los judíos estén en contra del evangelio. Es fácil sentirse intimidados. La erudición judía puede ser extraordinaria y, en muchos países, la comunidad judía ejerce una influencia considerable sobre el gobierno y las autoridades. Una oposición tan fuerte puede acomplejar al cristiano, y si no estamos familiarizados con los argumentos judíos, lo más seguro, si el razonamiento falla, es responder con una actitud de superioridad sobre los judíos, como quien gana un pulso. Pablo contrarresta esa inclinación en Romanos 11 diciéndoles a los cristianos (gentiles) que no se jacten contra los judíos que no creen. El mismo Pablo, a pesar de soportar un nivel de oposición que ninguno de nosotros experimentará jamás, nos da ejemplo manteniendo el deseo y la oración de su corazón a Dios por su salvación.

Quizás también, en su amor por los judíos, los cristianos pueden olvidar que "por lo que atañe al evangelio, son enemigos", llegando a un punto donde no haya tensión en la relación por causa del evangelio. Jesús advirtió: "¡Ay cuando todos los hombres hablen bien de vosotros!" (Lc 6:26). Se trata de un peligro particular para los cristianos que quieren "bendecir a Israel" (al estado de Israel), quienes han de recordar que existe este aspecto de "enemistad" que solo el evangelio puede cambiar.

Preguntas:

1. ¿Por qué la mayoría de los dirigentes judíos estaban en contra de Jesús?
2. ¿Qué tiene la enseñanza cristiana que hace que los judíos estén en contra de ella?
3. ¿Qué clase de oposición pueden encontrar los cristianos de los judíos en la actualidad? ¿La sufres tú? ¿Cuál ha de ser nuestra respuesta?

3ª PARTE

No han sido rechazados

CAPÍTULO 11

La compasión de Jesús por Israel

"Y Jesús lloró", son las palabras del versículo más corto de la Biblia (Jn 11:35), aisladas en un verso para asegurar que no pasáramos por alto su singularidad. ¡El Hijo de Dios llorando! El universo debería tomar nota. Los evangelios nos hablan de dos ocasiones en las que Jesús lloró: ante la tumba de Lázaro y cuando miraba a Jerusalén justo antes de su definitiva entrada triunfal a la ciudad. La primera muestra su compasión por la humanidad, sufriendo por las consecuencias del pecado; la segunda, su compasión por su propio pueblo Israel, en su incredulidad.

Según cuenta Lucas a partir del capítulo 9, v. 51, Jesús se dirigió con determinación hacia Jerusalén para su última y definitiva visita. Las expectativas de sus discípulos crecían y en Lucas 19: 28-48 leemos cómo entró en la ciudad, como su Rey. La etapa final de ese viaje condujo de Betania hasta la cima del Monte de los Olivos, desde donde se podía ver toda la ciudad a través del Valle del Cedrón, con el templo dominando el horizonte. La vista hizo sin duda que su pensamiento se fijara aún con más fuerza en lo que pronto habría de suceder: su propio sacrificio. Podríamos esperar que Jesús expresara cierta alegría pues estaba a punto de concluir todo lo que vino a hacer para salvar a los pecadores y a su alrededor había cientos de discípulos, entusiasmados y exultantes; pero él llora. Lo que Jesús veía era la futura destrucción de la ciudad. Su anhelo era que sus habitantes se beneficiasen de todo lo que el Señor tenía para ellos, pero la mayoría lo estaba rechazando y las consecuencias serían terribles.

Estas fueron las palabras que Jesús pronunció mientras lloraba, y que resumen todo lo que lo conmovió hasta las lágrimas:

> ¡Si también tú conocieses, y de cierto en este tu día, lo que es para tu paz! Mas ahora está oculto a tus ojos. Porque vendrán días sobre ti, cuando tus enemigos te rodearán con vallado, y te sitiarán, y por todas partes te estrecharán, y te derribarán a tierra, y a tus hijos dentro de ti, y no dejarán en ti piedra sobre piedra, por cuanto no conociste el tiempo de tu visitación. Lucas 19:42-44.

Lo que Jesús quería para Israel

Muy sencillo: paz, paz con Dios. Se lamentaba por su ignorancia de "lo que era para su paz". La mayoría de ellos simplemente no habían entendido el camino de salvación revelado en sus Escrituras ni habían respondido positivamente a Jesús cuando se los explicó. Unos pensaban que la paz se obtendría por medios políticos, ya por la vía negociadora de los saduceos o por la violencia de los zelotes. Otros, como los fariseos, por lo menos, comprendían que la paz era sobre todo un asunto espiritual, pero cometieron el error de pensar que su religiosidad era el camino a la paz. Erraban en lo más básico, que nuestras obras no contribuyen en nada para nuestra salvación; la salvación es un regalo de Dios que se recibe por la fe de quienes se acercan a Dios diciendo, "Yo no tengo nada más".[37]

En la actualidad, las cosas no han cambiado para los seguidores del judaísmo rabínico que enseña: "Todo Israel tiene un lugar en el mundo que está por venir";[38] asegurando a los judíos que la gran mayoría de ellos conocerá la bendición eterna en el mundo futuro. La incómoda realidad escondida bajo la alfombra es que muchos carecen de sinceridad, de fe, de humildad y de amor a la verdad de Dios. Los rabinos recalcan con frecuencia la capacidad de hacer méritos delante de Dios, siendo una frase típica, "a Dios le agradó hacer que Israel pudiera adquirir méritos. Por eso, les multiplicó la Torá y los mandamientos".[39] No prevén la salvación mediante un acto de fe en un salvador.

La pena de Jesús

En su lamento, Jesús empleó cuatro expresiones que transmitían sus sentimientos hacia ellos en su incredulidad. Cada una de ellas parece haber acrecentado su emoción.

---

[37] Se trata de un verso del himno *Rock of Ages*, de Augustus Montague Toplady (1740-1778). La traducción española que más refleja el original la he encontrado en
http://music-amen.blogspot.com/2017/04/himno-rock-of-ages-en-espanol.html, (consultada el 4/marzo/2020). N.T.
[38] Mishnah, Sanhedrin XI, 1, 2.
[39] Mishnah, Makkoth III, 16.

1. Es demasiado tarde

La primera expresión es un "si" condicional o, en alguna otra versión, "si al menos…". Se añade el "al menos" para estar seguro de que no haya malinterpretación. Jesús no dice que fueran simples ignorantes, sino que expresa un deseo enfático de que ojalá hubieran comprendido lo que les había estado diciendo durante tanto tiempo, a sabiendas que ya no sucedería. "Si al menos…" es una expresión que solemos usar para indicar nuestro deseo de revertir una situación, pero es demasiado tarde, y ese es el sentimiento profundo que Jesús expresa aquí. Quizás hayas prestado con temor algo valioso a un amigo, para descubrir después que se ha roto. ¿Y qué dices? "Si al menos…". Pero ahora ya es demasiado tarde. Pensándolo bien, la expresión puede sonar rara en boca del Hijo de Dios. Para él, nada se había salido de la voluntad y del propósito divinos y, aun así, se lamenta por tal incredulidad. Nos cuesta trabajo combinar en nuestras mentes que Dios ordena todas las cosas, y a la misma vez lamenta el pecado y sus consecuencias, pero es así. El peligro para nosotros, dos mil años después de aquellos acontecimientos es, frente a la misma incredulidad de los judíos, preguntarnos por qué, y contentarnos con entender por qué sucedió todo, pero sin conmovernos por la pérdida sufrida por los judíos.

2. Privilegios

La pena de Jesús se ve agravada por la segunda expresión, "también tú". La verdad es que deberían haber estado más atentos. "También tú" es lo que diríamos al ver un grupo de niños acusados de vandalismo y descubrir entre ellos a uno que nunca había sido uno de los sospechosos habituales,

alguien de buena familia. ¿Qué pinta ese aquí? Nos preguntamos, "¿tú? ¿también tú?". Supongamos por un momento.
De haber estado Jesús en la colina de Marte de Atenas, o en
una de las siete colinas de Roma, ¿habría sido justo decirles,
"¿también vosotros?" No, porque los griegos y los romanos
ignoraban las profecías del Mesías. Pero Israel no las igno-
raba; ellos las conocían mejor. De entre todos los pueblos,
no deberían haber rechazado al Salvador enviado por Dios
en su venida porque conocían el plan de Dios. Estaban en
condiciones de decir: "Sí, este es". El hecho de que no fueran
capaces de reconocerlo apesadumbró aún más a Jesús.

La mayor parte de los judíos de hoy en día no son tan
privilegiados como los oyentes de Jesús, pero tienen más conocimiento que la mayoría de este mundo caído. Los cristianos debemos asegurarnos de que nuestra respuesta no sea
desaprobar a Israel creyéndonos mejores por su incapacidad
de estar a la altura de sus privilegios, sino sentir el pesar
de Jesús.

3. El momento irrepetible

"En este tu día" es la siguiente expresión de Jesús, centrada en la singularidad del momento. Algunas versiones solo
dicen "en este día", porque se basan en un texto griego en el
que falta la palabra "tu". Las palabras "en este día" señalan
la singularidad del momento, pero la presencia del "tu" lo
hace más claro. Todos queremos que en un momento especial e irrepetible todo salga bien. Una boda nos crea tensión
porque si las cosas no salen como esperamos no podemos
repetirla la semana siguiente. La venida del Mesías a Israel,
la encarnación del Hijo de Dios, fue uno de esos "momentos
de tensión", un acontecimiento irrepetible. Israel fue creado

para ese momento, había estado sometido a la preparación de Dios por 1.500 años, había sido preparado por Jesús y parecía no estar funcionando bien, la mayoría no creía. Jesús miraba a la ciudad, y solo era cuestión de días que muchos de sus habitantes clamaran pidiendo su muerte, o que como mínimo se mostraran indiferentes. Le habría gustado que fuese de otra manera. En otra parte su anhelo se expresa con estas palabras: "¡Jerusalén, Jerusalén, que matas a los profetas, y apedreas a los que te son enviados! ¡Cuántas veces quise juntar a tus hijos, como la gallina a sus polluelos debajo de sus alas, y no quisiste!" (Lc 13:34). Su anhelo era tan antiguo como la ciudad misma. Y ahora él estaba allí, con ellos; aquel momento tan especial e irrepetible había llegado. Podemos imaginarlo pensando: "Sí, las cosas no han ido bien en el pasado, pero estoy dispuesto a pasarlo todo por alto; es una ocasión especial: ¡hacedlo bien!" Pero la mayoría no se percató de la ocasión, y Jesús lloró. A nosotros también debería dolernos.

4. Juicio

¿Qué queda tras ignorar o rechazar lo mejor que Dios puede darnos? "No pasa nada", no; ni tampoco, "la vida sigue igual", sino un juicio inevitable por el pecado. Jesús anuncia este juicio con lágrimas. El juicio es doble: Israel padecerá ceguera espiritual y también la destrucción de su amada Jerusalén. La ceguera espiritual es que serían especialmente incapaces de percibir "lo que es para su paz". No estarían ciegos a todas las realidades espirituales sino a la que es esencial para la salvación. Así es como ha pasado. Israel se ha contentado con una luz que es tinieblas, como dijo Jesús: "si la luz que hay en ti es tinieblas, ¿cuán grandes no serán las tinieblas mismas?" (Mt 6:23). Casi todas las naciones de la tierra admiran a Jesús en alguna medida, pero al hijo más famoso de Israel goza de poca estima entre los suyos, y aunque el Estado de Israel ha construido muchos monumentos en memoria de determinadas personas, no le ha erigido ninguno a él. Jesús previó esta ceguera de mente y de corazón, y lloró. Los cristianos también deberíamos llorar, y evitar decir, "¿por qué no se dan cuenta?", como si de manera innata fuéramos nosotros mejores.

Jesús siguió hablando de la destrucción de Jerusalén, provocada por los ejércitos de Roma en el año 70. La que solía ser llamada la ciudad de Dios, se había convertido ahora en el lugar del rechazo y la crucifixión de su Hijo; no había sido capaz de reconocer el momento de su visitación. No podía esperar sobrevivir a tal pecado y así fue. El asedio y la destrucción de Jerusalén han pasado a la historia como uno de los más terribles en los anales de la guerra. Luchando desde dentro y con fuerzas del exterior, millones de judíos murieron, y la ciudad y el templo fueron destruidos. Cuando Jesús miró la ciudad y el templo, solo él entre la gran multitud vio lo que se venía encima, y habló de ello con lágrimas en los ojos.

¿Cuál es la actitud de Jesús hoy?

¿Sigue entristeciendo la incredulidad de los judíos a Jesús hoy? Hebreos nos dice: "Jesucristo es el mismo ayer, hoy y por los siglos" (Heb 13:8). Estas palabras indican que todavía se apena por la incredulidad de su pueblo Israel, lo que sin lugar a dudas se demuestra por la obra del Espíritu de Jesús en la vida de Pablo. En el próximo capítulo consideraremos el sentir del corazón de Pablo hacia su pueblo.

173

Preguntas:

1. ¿Cuál era la prioridad de Jesús con respecto a Israel? ¿Es también la tuya?
2. ¿Por qué la incredulidad de los judíos es más grave que la incredulidad de otros pueblos?
3. ¿Te conmueve profundamente ver la incredulidad de Israel?

CAPÍTULO 12

El anhelo del corazón de Pablo y su oración a Dios

Lo que hemos visto en el Señor Jesús lo vemos ahora en Pablo, a través de sus propias palabras en Romanos 9:15. La diferencia obvia es que Pablo es un ser imperfecto, un pecador redimido y, dado que eso es lo que somos todos los cristianos, entonces Pablo nos desafía de un modo diferente. ¿Cuál debería ser la actitud del corazón del cristiano hacia los judíos? Pablo nos muestra el camino.

Lo que dice Pablo

El título de este capítulo tiene su origen en lo que dice Pablo en Romanos 10:1, que resume la expresión completa de su sentir en Romanos 9:1-5:

Verdad digo en Cristo, no miento, y mi conciencia da testimonio conmigo en el Espíritu Santo, de que tengo gran tristeza y continuo dolor en mi corazón. Porque desearía yo mismo ser anatema, separado de Cristo, por amor a mis hermanos, los que son mis parientes según la carne; que son israelitas, de los cuales son la adopción, la gloria, el pacto, la promulgación de la ley, el culto y las promesas; de quienes son los patriarcas, y de los cuales, según la carne, procede Cristo, el cual es Dios sobre todas las cosas, bendito por los siglos. Amén.

En su carta, estas palabras aparecen de manera bastante brusca al comienzo de una nueva sección. Pablo acaba de alcanzar el nivel espiritual más alto al final de Romanos 8, donde declara la seguridad de la salvación del cristiano en el Mesías Jesús, el Hijo de Dios. Entonces, de repente, nos habla de una profunda tristeza en su interior por la incredulidad de Israel. ¿Por qué este cambio repentino? Se debe a que la fidelidad de Dios hacia quienes creen en Jesús plantea la cuestión de su fidelidad para con Israel. Dios hizo promesas a Israel, pero ha fallado, ya que muy pocos judíos habían creído cuando Pablo escribía. Hace falta una explicación. Pero, como tiene que decir algunas cosas duras, hace estas declaraciones personales para mostrar que no ha endurecido su corazón hacia su pueblo. Lo inesperado del cambio hacia este tema nos muestra lo profundo de sus sentimientos. Pablo estaba lejos de ser indiferente al destino de Israel, ni quería tampoco que sus lectores lo fueran.

¿Quiénes son israelitas?

Antes de examinar más de cerca los sentimientos que expresa Pablo, hemos de analizar lo que nos dice acerca de la gente en la que está pensando. No hay ninguna duda de que Pablo está escribiendo acerca de los judíos. Se refiere a ellos aquí como "mis hermanos" y como "mis parientes según la carne". Esta última expresión la usamos todos para referirnos al grupo étnico en el que nacemos, y Pablo nació judío, concretamente, de la tribu de Benjamín. Que utilice la palabra "hermanos" nos habla de su afecto por su pueblo. Su fe en Jesús, y el que la mayoría de ellos rechazaran a Jesús, no lo había llevado a alejarse de ellos ni a ser indiferente.

Pablo llama a los judíos "israelitas" porque quiere resaltar el privilegio de ser descendientes de Jacob, el que luchó con Dios, prevaleció en la fe y así posteriormente fue "príncipe con Dios" o "luchador de Dios". Pocos cristianos tenemos un ascendiente tan ilustre, la mayoría tenemos guerreros o idealistas humanos de un tipo u otro, ¡pero qué bendición tener un ejemplo familiar como él para admirarlo y seguirlo! Al recordar la historia y seguir el ejemplo de Jacob, la nación judía debía vivir una vida, no de autosuficiencia, sino de confianza en Dios.

No deberíamos pasar por alto el uso enfático que Pablo hace del tiempo presente: "que *son* israelitas". El verbo "ser" a menudo se omite en griego, pero aquí se incluye para enfatizar. Dicho de otra manera, podemos decir que ciertamente no escribió que "eran israelitas". Algunos de los privilegios que mencionará a continuación han venido a ser solo un recuerdo, pero esas pérdidas no le quitan su posición a la nación. Y continúa diciendo, "de los cuales es [les pertenece] la adopción". Todavía son un pueblo adoptado por Dios. Ser parte de una nación elegida por Dios para ser su pueblo especial era una bendición inconmensurable, sobre todo si nos acordamos de la triste parte que le correspondió al resto del mundo quedando en la ignorancia y las prácticas degeneradas de la idolatría.

¿Cuáles eran los privilegios de Israel en aquel tiempo?

Pablo enumera los privilegios de su nación con el fin de subrayar la magnitud de las bendiciones de Israel y, en consecuencia, la magnitud de lo que había perdido. Tener amigos pobres que viven en una casa pequeña y estrecha puede que nos apene, pero tener amigos que alguna vez vivieron en una mansión de diez habitaciones, que lo perdieron todo y ahora viven en una casa pequeña y estrecha, nos da mucha más pena todavía. Es lo que le ha pasado a Israel.

"La gloria" es la manifestación visible de la presencia de Dios, y "el pacto" se refiere a los compromisos que Dios hizo con Abraham, con la nación en el Sinaí, con David y en el nuevo pacto. "La promulgación de la ley" no se refiere solo al hecho de recibirla, sino que abarca también toda la experiencia de vivir bajo la ley de Dios, y "el culto" se refiere a la adoración en el templo. Las "promesas" nos recuerdan esas seguridades fundamentales de Dios con respecto a la tierra, la descendencia y al salvador venidero, pero también se refieren a los muchos compromisos particulares adquiridos por Dios a lo largo de los siglos. "Los patriarcas" son, sobre todo, Abraham, Isaac y Jacob, pero sin duda incluye a todos los que se levantaron como santos héroes de la fe.

Al considerar Moisés la bendición de poseer todas estas cosas, escribió: "Bienaventurado tú, oh Israel. ¿Quién como tú, pueblo salvo por EL SEÑOR?" (Dt 33:29). Demasiadas veces los cristianos tienen una visión limitada e incluso de superioridad sobre Israel en el período del Antiguo Testamento. Leen la condena que el Nuevo Testamento hace del legalismo e imaginan que así era la vida del Antiguo Testamento. Oyen sermones sobre los errores de Israel y olvidan lo que el libro de Rut dice sobre la gente piadosa que vivía justa y alegremente, a pesar de vivir en tiempos de decadencia; o pasan por alto los tiempos de gran avivamiento en Israel en los días de David, Asa, Josafat, Ezequías, Josías y Ezra, cuando millares se arrepintieron, se convirtieron al Señor, viviendo con gozo bajo su ley y haciendo esfuerzos renovados para garantizar el mantenimiento del templo y el culto.

La gente se gozaba yendo a Jerusalén a adorar al Señor, especialmente en las fiestas en las que se descansaba, se renovaban los lazos familiares y las amistades personales, y sobre todo por el culto solemne, puro y gozoso de Yahveh. En tiempos de prueba, de ataque enemigo, de condiciones agrícolas adversas, podían recurrir a su compromiso de ser su Dios y ayudarlos. Podían evocar las promesas del Señor siendo inspirados por el recuerdo de sus intervenciones con sus antepasados. Y, entonces, tenían lo que todo el mundo necesita, un propósito vital, un destino: Había alguien que vendría y los bendeciría.

Alguien dirá: "bueno, todo no era color de rosa, ¿no es cierto?". No voy a negarlo, pero el fracaso no debe aminorar que había cierta espiritualidad genuina. Cuando alguien critica a la iglesia en general, los cristianos de verdad suelen responder: "Sí, pero eso es solo religión, la fe viva de verdad no está allí", para señalar dónde se la puede encontrar. La misma situación se daba en el Antiguo Testamento.

Con este comentario sobre el Mesías, el Cristo, Pablo concluye su lista de privilegios, porque es la cumbre de las bendiciones de Israel: el Salvador del mundo nació entre ellos y era judío. Para subrayar la grandeza de ese honor, Pablo hace una de sus declaraciones más enfáticas sobre la divinidad de Jesús: "el cual es Dios sobre todas las cosas, bendito por los siglos. Amén" (Ro 9:5). Dios mismo asumió la naturaleza humana, como judío, y vivió entre los judíos, con su cultura, caminando por sus caminos y sus campos. ¿A quién no le gustaría leer esto en los libros de historia de su nación? Como Moisés escribió: "Bienaventurado tú, oh Israel. ¿Quién como tú?".

La experiencia de Pablo: esperanza y decepción

Pablo era un hombre inmerso en todas estas bondades que Israel poseía desde sus primeros años. Antes de su conversión, las verdades del trato de Dios con su pueblo eran su pan de cada día dedicándose a obedecer la ley de Dios. Tras su conversión, vio los privilegios de Israel bajo una nueva luz espiritual, pero eso no hizo que los menospreciara, como escribe en Romanos: "¿Qué ventaja tiene, pues, el judío?, ¿o de qué aprovecha la circuncisión? Mucho, en todas maneras" (Ro 3:1-2). Jesús había tenido misericordia de él, el mayor de los pecadores; muchas eran las razones para esperar grandes cosas entre sus compatriotas. Podemos imaginarnos su desolación al ver la incredulidad de tantos.

En realidad, los primeros años del evangelio en Jerusalén y Judea fueron tiempos de gran bendición, porque casi treinta años después de Pentecostés, Santiago pudo decirle a Pablo: "Ya ves, hermano, cuántos miles y miles de judíos hay que han creído" (Hch 21:20). Había motivos para tener esperanza. Los cristianos olvidan con demasiada facilidad esta obediencia, acordándose solo del rechazo. Pero, al pasar el tiempo, quedó claro que la nación, como tal, no se estaba convirtiendo al Mesías Jesús, fallando en el cumplimiento de su destino. Pablo mismo lo experimentó de primera mano durante sus diez años de predicación entre los gentiles cuando, a pesar de que siempre había algunos judíos que creían, era su propio pueblo quien con mayor frecuencia encabezaba la acusación contra el evangelio. Veía el fracaso nacional y se afligía profundamente. No estoy sugiriendo que fuera ingenuo, porque Jesús había advertido cómo se desarrollarían las cosas, pero Pablo esperaba de su nación dentro de él lo que cada patriota quiere para su propio pueblo: honra y éxitos, paz y seguridad, salud y abundancia para todos. Pudo ver cómo esas cosas se les escapaban.

Los privilegios de Israel en la actualidad

¿En qué sentido estos privilegios de Israel ejercen todavía una influencia sobre ellos en la actualidad? El hecho de que sean ramas desgajadas no significa que esos privilegios pierdan todo su efecto. ¡No se han convertido en las ramas naturales de un melocotonero o de un acebuche![40] Hay un paralelismo con la pérdida sufrida por un cristiano rebelde, que no pierde todo lo obtenido al caminar con Dios durante meses o años, y que ciertamente no pierde la posición de adoptado, contra lo que pueda parecer.

Ya he llamado la atención sobre algunos privilegios anteriormente en este capítulo: son israelitas, descendientes de antepasados ilustres, siendo siempre conscientes de que son un pueblo adoptado por Dios y receptores de sus promesas. Estas son todas las cosas que impactan a los judíos de hoy, mostrándoles el estilo de vida que Dios requiere y que los despierta acerca de su destino mesiánico.

---

[40] Olivo silvestre. N.T.

Ciertas cosas, como el culto del templo y la presencia manifiesta de Dios, pueden ser solo un recuerdo, ya que no se dan ahora, pero ese recuerdo puede estimular en la actualidad el hambre y la sed de una relación viva con Dios. Algo que todos los judíos saben es que hay algo singular que tiene que ver con ellos y que su vínculo con Dios simplemente no se puede borrar. Todo lo cual se ve reforzado por su historia nacional, que es la historia bíblica, cuyos principales acontecimientos se celebran en el ciclo anual de fiestas judías. Toda nación tiene al menos un día considerado nacionalmente como fundamental para su existencia, y para los judíos ese día es la Pascua, que les recuerda año tras año un gran acto de liberación de su historia. Les toca recordar, lo cual habla alto y claro de su deuda con el Dios Todopoderoso. Millones de judíos viven ahora en la tierra donde ocurrió gran parte de esta historia, y para muchos de ellos es donde nacieron; lo que resalta aún más la historia y su importancia, presionándoles para que reconozcan la exactitud de la historia bíblica.

La esperanza del Mesías se repite todos los días en las oraciones de la sinagoga y todo judío conoce la promesa, incluso sin hacer esfuerzo alguno por saber de ella. En más de treinta años testificando a judíos, nunca he conocido a ninguno de ellos, joven o mayor, que ignore esta esperanza. Tener la ley de Dios todavía ejerce una profunda influencia ética en la cultura judía, de modo que los judíos se adaptan con facilidad a lo que llamamos sociedades cristianas debido a creencias éticas compartidas con el cristianismo: lo que llamamos ética judeocristiana. Hay entre los judíos una firme conciencia de lo que está bien y lo que está mal, de la equidad y la justicia, lo que hace que estén mucho menos influenciados por el posmodernismo que otros en las sociedades occidentales.

Todos estos privilegios se otorgaron a Israel con el objetivo final de que fuesen un canal para la transmisión al mundo del conocimiento del único Dios verdadero. Por tanto, no debería sorprendernos encontrar en ellos las capacidades necesarias para una buena comunicación. Y las encontramos. No escasean los judíos entre los abogados, escritores, músicos, animadores, presentadores de noticias y productores de cine del mundo. Y la mayoría de los judíos son buenos conversadores; de hecho, en mis treinta años de experiencia conversando con judíos, ¡no puedo acordarme de un solo silencio embarazoso! Ojalá que les llegue pronto su día de salvación, ¡no cabe duda de que se lo harán saber a todos!

Por último, siguen estando influenciados por el hecho de que el Hijo de Dios se encarnase como uno de ellos. Es el gran tema tabú entre quienes no creen dentro de la comunidad judía, ni en sus instituciones, ni ahora que el Estado judío está organizado. Si el asunto fuera fácil de despachar, mencionar su nombre produciría poca o ninguna tensión. Después de todo, ha habido muchos falsos mesías a lo largo de la historia judía,[41] y mencionar cualquiera de ellos no producirá ningún efecto, pero "Jesús" sí los produce. Jesús es el nombre innombrable en la comunidad judía. Tomando prestada una expresión de George Eliot, él es el sonido al otro lado del silencio. Dios se encarnó como judío y su impacto en la psique judía es ineludible hasta el día de hoy.

---

[41] Para conocer la historia de nueve de ellos, ver Richard Seigel y Carl Rheins, *The Jewish Almanac* (New York: Bantam Books, 1980), pp. 583–94, o buscar "falsos mesías judíos" en Google o algún otro buscador.

La respuesta de Pablo

No hay nada semejante en los anales de la literatura cristiana. Es lo que subyace en el anhelo del corazón de Pablo por la salvación de Israel. Pablo sabe que está diciendo algo que a muchos les puede resultar difícil de creer, por lo que habla con expresiones cuyo fin es resaltar que es totalmente sincero. Pablo dice que habla "en Cristo", lo que significa que es consciente de que cada palabra será sopesada por él. Dice estar seguro de que no miente, porque su conciencia no lo reprende. Pablo sabe que la conciencia es un instrumento imperfecto debido al pecado, por eso dice ser consciente de que es la obra del Espíritu lo que garantiza que su conciencia funciona correctamente. En realidad, no hay otra cosa que podamos hacer para probarnos a nosotros mismos y garantizarles a los demás que estamos hablando con sinceridad. Entonces, ¿qué es lo que Pablo está diciendo? Dos cosas: una se refiere a las emociones que siente en su interior por la caída de Israel, la otra se refiere a lo que estaba dispuesto a hacer para remediar la situación.

1. Gran pena y continuo dolor

En otro sitio, Pablo les dice a los cristianos que estén siempre gozosos (1Ts 5:16), y a muchos les puede resultar difícil imaginar cómo podía ser consecuente con su propia exhortación y, aun así, decir que en su corazón había siempre una gran pena y un continuo dolor por la incredulidad de sus parientes judíos. Es evidente que Pablo no podía mostrar al mismo tiempo una sonrisa y el ceño fruncido. Creo que lo que Pablo quería decir era que, si nos encontráramos con él en distintas situaciones de la vida de la iglesia, situaciones en las que él, como cualquier otro, expresaría emociones varias, y le preguntáramos acerca de la incredulidad de Israel, el dolor y la pena saldrían a la superficie. Allí estaban siempre, en el fondo. Algo parecido ha de ser lo que siente el presidente de un país en guerra. Tiene que preocuparse por otros asuntos, incluso de actos sociales, pero es inimaginable que, si en alguna ocasión se le preguntara sobre la guerra, dijese: "Perdón, la había olvidado por completo". Es una carga que siempre llevará encima mientras aquellos que ha enviado a la guerra estén siendo heridos y estén muriendo en el campo de batalla. Tampoco Pablo olvidó nunca la batalla espiritual y sus consecuencias para tantos en el pueblo de Dios, Israel.

Pablo nos enseña que podemos ser conscientes de la gravedad del pecado de Israel y a la vez estar afligidos por ello. Podemos mantener el equilibrio. Hay cristianos que fallan en esto y manifiestan un espíritu condenatorio, como la actitud de Santiago y Juan hacia los opositores de Jesús: "Señor, ¿quieres que mandemos que descienda fuego del cielo, como hizo también Elías, y los consuma?" (Lc 9:54). Lo que Jesús les dijo a Santiago y a Juan nos sirve de aviso: "Vosotros no sabéis de qué espíritu sois; porque el Hijo del Hombre no ha venido para destruir las almas de los hombres, sino para salvarlas" (Lc 9:55-56).

2. "Desearía yo mismo"

Pablo declara también lo que desearía hacer para que sus compatriotas escapasen de las consecuencias de su incredulidad. Deseaba que cayera sobre sí mismo la condena que ellos merecían. Esta es la fuerza de la expresión, "desearía yo mismo ser anatema, separado de Cristo". No cabe suavizarla. Pablo expresa su voluntad de verse separado del Mesías y sufrir la maldición de Dios, para que ellos puedan salvarse. ¡Esto es amor ferviente! La idea no es imposible para Pablo, según refleja la forma de expresarse. "Desearía yo mismo" en las versiones castellanas está en tiempo potencial, y expresa el deseo de algo que aún no ha sucedido. El contexto determina si es algo imposible. Por ejemplo, en las angustiosas palabras de Pablo sobre la situación de los gálatas: "Hijitos míos, por quienes vuelvo a sufrir dolores de parto, hasta que Cristo sea formado en vosotros. *Querría* estar junto a vosotros ahora mismo y cambiar de tono" (Gá 4:19-20, énfasis mío). Pero él está en otro lugar, así que es imposible. De igual modo, Pablo sabe que ser anatema para Cristo para salvar a otros es algo imposible; él sabe que es un pecador que no puede llevar el pecado de otro. Es, pues, solo un deseo, pero no por eso es menos sincero. Un atleta retirado que presencia una carrera puede expresar el deseo de correr de nuevo diciendo: "¡Si tan solo tuviera cuarenta años menos!". Desea profundamente ponerse su equipación deportiva y salir, pero sabe que no puede correr; pero su deseo es sincero. "¡Qué amor!". Bien podríamos exclamar. No hay amor más profundo por los perdidos que un pecador redimido pueda mostrar. Es una meta por la cual luchar, y especialmente para quienes estamos en el ministerio del evangelio. ¿Puedo decirlo yo? No. ¿Puedes hacerlo tú? El camino para alcanzar esa meta es sin duda espinoso.

¿Y nosotros?

Quiero sugerir que todos los cristianos deberíamos, en una u otra medida, compartir el interés del corazón de Pablo por los judíos. Lo que Pablo siente no se debe solo a que él mismo sea judío, sino que nace de ver el fracaso del pueblo del pacto de Dios. Ver a alguien que deja a Cristo, que una vez alabó y sirvió a Dios con nosotros, sin duda nos entristece. Visto en el gran tapiz de la redención de Dios, Israel es ese que vuelve atrás. Si nos alejamos un poco y vemos en perspectiva, nos uniríamos a Pablo en su dolor.

Oración a Dios

No sorprende descubrir por sus palabras de Romanos 10:1 que el anhelo del corazón de Pablo por Israel lo llevó a orar por su salvación. Lo que sorprendería es que los cristianos no siguiéramos su ejemplo; siendo ramas del olivo, no podemos despreocuparnos de las ramas desgajadas. Los líderes de la iglesia debemos orar cuando toda la iglesia se reúne, en las reuniones de oración de la iglesia y cuando el cristiano ora en privado. A través de los siglos, Dios ha escuchado y convertido al remanente. ¡Ojalá la plenitud de Israel vuelva aún en respuesta a nuestras oraciones! Quizás nunca has orado por su salvación. ¿Puedo sugerirte que comiences un viernes por la noche siendo la víspera del sábado, momento significativo para la comunidad judía, cuando muchas familias se reúnen para comer y hay quienes acuden a la sinagoga? Es una imagen fácil en la que pensar, que hará que nos acordemos de orar por ellos cada semana en ese momento.

Preguntas:

1. ¿Menciona algunas de las formas en que los privilegios singulares de Israel todavía los afectan hoy? ¿Qué

beneficios recibe el mundo como efecto de los privilegios que tienen los judíos?

2. ¿Sientes un profundo dolor en tu corazón por lo que Israel ha perdido debido a su incredulidad?

3. ¿Oras por Israel? ¿Cuál es el deseo de tu corazón con respecto a los judíos?

CAPÍTULO 13

La derrota del pecado y de Satanás

Dios no ha dudado en mantener su propósito para Israel por causa del pecado o por la maldad de Satanás. No es solo una cuestión de historia; al día de hoy no han sido rechazados, no han sido abandonados a su pecado y a Satanás. Puede que así parezca, porque se han hundido en un estado de rebelión contra Dios por su hostilidad hacia su Hijo, pero la realidad es otra. Para dejarlo claro, tenemos primero que revisar la victoria conseguida por el Mesías sobre el pecado y Satanás, y luego considerar el resultado que ha tenido de salvación y providencia entre los judíos.

La victoria de Jesús el Mesías como Israel

Jesús el Mesías estaba destinado a cumplir perfectamente la voluntad de Dios para su pueblo Israel. Lo cual, concretamente, significaba convertirse en el Israel ideal de Dios, porque Isaías llama al Mesías, "Mi siervo eres, oh Israel, porque en ti me gloriaré" (Is 49:3). Él llevaría a cabo fielmente todo lo que Dios requería de su pueblo Israel. Cumplió la ley perfectamente y, como Isaías profetizó, la magnificó y la engrandeció (Is 42:21). Fue tentado por Satanás y por las proposiciones pecaminosas de la gente, siendo tentado a desviarse del propósito de Dios para él eligiendo una vía alternativa y más fácil; pero nunca titubeó (Heb 4:15). Como israelita típico, triunfó sobre el pecado y sobre Satanás.

Dios le prometió a Abraham que en su simiente todas las naciones de la tierra serían bendecidas; Israel sería la salvación del mundo. En Jesús el Mesías, el Israel ideal, el requisito fundamental se logró cuando pagó el castigo exigido por la ley, ofreciéndose a sí mismo como sacrificio por el pecado, según el plan de Dios. Murió exclamando, "¡Consumado está!" (Jn 19:30). Triunfó. Pablo expresa su victoria en la cruz de una manera excepcional: "Despojando a los principados y a las potestades, los exhibió públicamente, triunfando sobre ellos en la cruz" (Col 2:15). El pago de la pena exigida por la ley, despoja a las huestes de Satanás; no siendo capaces de mantener las acusaciones, son derrotadas.

Los gentiles tienen que oír acerca de la salvación y obedecer, y esa función la cumple el Mesías como Israel cuando, como "luz de las naciones", viene a ser la salvación de Dios hasta lo último de la tierra (Is 49:6). Hasta el día de hoy sigue cumpliendo esa función, mientras dirige la obra de su reino y las naciones siguen oyendo y obedeciendo.

El triunfo de la salvación en Israel

Pero, ¿qué ha conseguido la victoria del Mesías entre sus hermanos según la carne, el pueblo de Israel: victoria o derrota; ¿éxito o fracaso? Isaías previó una victoria definitiva. En Isaías 59:9-21 se describe la venida de quien Dios enviaría como Redentor a un pueblo hundido en pecado. El Redentor traerá salvación y el don del Espíritu para asegurar la fidelidad futura. Isaías lo resume en el versículo 19: "vendrá el enemigo como río, mas el Espíritu del SEÑOR levantará bandera contra él" (RV1960).[42] Es una predicción de los días del Mesías. En tiempos de Isaías, casi todo Israel estaba sumido en comportamientos perversos, pero confiaba en que el Mesías cambiaría las cosas. Su esperanza era que el Redentor liberaría a muchos del castigo y del poder del pecado. Y muchos fueron liberados cuando Jesús y sus apóstoles les predicaron. Fue una victoria para el Espíritu de Dios. Todo aquello estaba de acuerdo con el plan de Dios, porque él había elegido a quién habría de creer. Ten en cuenta el verbo "escoger" en la profecía de Isaías: "Sacaré descendencia de Jacob, y de Judá un heredero de mis montes; y mis escogidos poseerán por heredad la tierra, y mis siervos habitarán allí" (Is 65:9). Es un triunfo de la salvación en Israel.

¿Pero qué ocurre con quienes no creyeron? La citada profecía de Isaías sobre la venida del Espíritu no ha de entenderse en el sentido de que Isaías creyera que la nación entera sería salva, porque en otra profecía posterior se dirige a quienes dejan al Señor: "He aquí que mis siervos comerán, y vosotros tendréis hambre" (Is 65:11,13); la palabra

---

[42] No todas las versiones traducen igual la segunda mitad de Is 59:19, "vendrá el enemigo como río, mas el Espíritu del SEÑOR levantará bandera contra él". Esta es la traducción tradicional al inglés (KJ) y también al español de la Reina Valera hasta 1960. La NVI traduce: "Porque vendrá como un torrente caudaloso, impulsado por el soplo del Señor". Cada traducción tiene sus méritos y cierta similitud (ver los argumentos detallados en J. Alec Motyer, The Prophecy of Isaiah [La profecía de Isaías], Downers Grove, IL: IVP, 1994, p. 492), pero la NIV exige cambiar un signo vocálico, y no se ajusta al enfoque "global" del texto que resume toda la fuerza de Isaías 59).

de Dios se cumplió incluso en la incredulidad de algunos. Exactamente así describe Pablo la situación de los judíos de su tiempo: "¿Qué, pues? Lo que buscaba Israel, no lo ha alcanzado; pero los escogidos sí lo han alcanzado, y los demás fueron endurecidos" (Ro 11:13). Dios predijo claramente que unos creerían y otros no; unos obtendrían gracia para creer y otros serían juzgados por su obstinada incredulidad. En ambos casos Dios se glorifica. La incredulidad de unos no significa que de alguna manera el pecado y Satanás hayan destruido el propósito de Dios para Israel, porque esa incredulidad fue revelada por los profetas. Es cierto, muchos no creyeron, pero otros muchos sí lo hicieron, glorificando a Dios y convirtiéndose en una bendición para las naciones en los días que siguieron. La salvación triunfó en Israel.

Sin embargo, muchos cristianos ven a Israel de manera equivocada. Están acostumbrados a leer y a oír acerca del "fracaso de Israel", especialmente en comentarios o sermones. Es una expresión que me parece inadecuada porque implica que los propósitos de Dios para con ellos han fracasado. Pero la realidad es distinta. A pesar de la incredulidad, muchos obedecieron y así los gentiles oyeron y creyeron. Eso no es un fracaso, sino un triunfo glorioso.

Para que lo veamos mejor nos vendría bien conocer cómo reaccionaríamos si se nos hablara del "fracaso de la iglesia". No quiere decir que Dios ha fallado, sino que hay demasiados comportamientos pecaminosos dentro del pueblo de Dios. Sin embargo, cuando leo la expresión "el fracaso de Israel", no siempre se ve de la misma manera: rechazaron al Mesías, y por eso Israel fracasó. El que muchos en Israel se arrepintieran y llevaran las buenas nuevas al mundo no se le atribuye a Israel sino a los cristianos. Los cristianos hicieron lo bueno e Israel hizo lo malo. ¡Pero la verdad es que fueron hombres y mujeres de Israel quienes hicieron lo bueno! ¿Por qué sucede así? De acuerdo, en vez de "cristianos" en lo dicho antes pongamos "cristianos gentiles". Este error de percepción no lo he encontrado entre cristianos judíos. Parece ser otro ejemplo de jactancia contra los judíos como el condenado por Pablo en Romanos 11:18. Dios no ha sido vencido por el pecado o por Satanás. Su plan era bendecir a Israel y usarlo para llevar el mensaje de redención al mundo. Lo hizo hace siglos y, pensémoslo, todavía lo está haciendo hoy a través de las Escrituras, las cuales fueron escritas por el pueblo de Israel.

La futura bendición de Dios para Israel está vinculada a este mismo tema de victoria sobre sus enemigos. El capítulo de Isaías antes citado, que hablaba de la liberación de Israel del poder del pecado por el Redentor (Is 59), lo cita Pablo cuando revela la bendición futura en Romanos 11: "Y así todo Israel será salvo, como está escrito: Vendrá de Sion el Libertador" (Ro 11:26). Dicho de otro modo, la futura bendición de salvación para los judíos vendrá por la determinación de Dios de que el pecado y Satanás no prevalezcan sobre su pueblo, sino que la última palabra pertenece solo a Dios. De momento, parece que el pecado y Satanás van ganando en Israel, ¡pero un día Dios hará que todo cambie de manera radical!

También merece la pena ver que cada judío que viene a la fe hoy es un triunfo sobre la mentira de Satanás prevaleciente en la comunidad judía de que Jesús no es el Mesías. Testimonio de ello es la reacción de la comunidad judía frente a alguien que cree en Jesús. Ninguno dice: "Bueno, eso es solo una persona". No se trata de estadísticas. Lo que ocurre es que quien cree desafía su postura, desafía la mentira. Cada uno que cree en realidad está proclamando: "hace dos mil años que estáis equivocados y seguís estando equivocados hoy; habéis creído una mentira". Y como Pablo reveló, siempre habrá un remanente para poner de manifiesto y echar por tierra la mentira de Satanás (Ro 11:5).

El triunfo de la providencia y la promesa hecha a Israel

Los judíos como nación todavía están ahí. Puede parecer algo evidente, pero debemos recordar que sobreviven a pesar de algunos esfuerzos muy decididos y bárbaros para destruirlos. En los últimos dos mil años, la determinación de los ejércitos romanos, de las Cruzadas, de los gobernantes islámicos fundamentalistas, las expulsiones nacionales, la Inquisición, los pogromos, el Holocausto y ahora de los vecinos de Israel en el Oriente Medio y de los movimientos terroristas fundamentalistas islámicos, todos han querido hacerles daño e incluso aniquilarlos.

El Nuevo Testamento llama a estos ataques el pecado y Satanás y anuncia que serán derrotados. Quiero estar seguro de que es así atendiendo a dos cosas: la derrota de Satanás en el libro de Apocalipsis y las promesas que Dios hizo a Abraham.

1. Un conflicto satánico

El conflicto de la iglesia con Satanás se nos presenta con más detalle en el capítulo 12 del libro de Apocalipsis. En su visión, Juan ve a una mujer que da a luz a un hijo varón. Está vestida con el sol y tiene una corona de doce estrellas en la cabeza. Inmediatamente un gran dragón escarlata enfurecido (Satanás, según el versículo 9) intenta destruir al niño, pero el ataque se ve frustrado. El versículo 5 habla del niño como quien "va a regir a todas las naciones con vara de hierro" y obviamente ese niño es Jesús. El versículo 6 dice que la mujer huye al desierto para protegerse. Satanás inmediatamente intenta destruir a la mujer. Al no conseguirlo, extiende la guerra contra "el resto de la descendencia de ella, contra los que guardan los mandamientos de Dios y tienen el testimonio de Jesucristo" (Ap 12:17).

¿Quién es la mujer? Algunos sugieren que es la iglesia del Nuevo Testamento, pero tal interpretación cuadra difícilmente con la diferencia que se hace de ella en el versículo 17, y "el resto de la descendencia de ella", que es la iglesia. Otro problema es que la iglesia del Nuevo Testamento no dio a luz a Cristo. Otros dicen que ella es el fiel Israel del Antiguo Testamento a través del cual vino Cristo. Pero tal propuesta presenta dos dificultades. Primero, que la genealogía de Jesús no es una lista de fieles; y segundo, que la mujer continúa existiendo y es perseguida al mismo tiempo que la iglesia del Nuevo Testamento. La mujer tiene que ser la nación de Israel. Si es así, esta es una profecía de su supervivencia; ciertamente, de su victoria sobre Satanás, por la gracia de Dios.

Su supervivencia está asegurada porque hay un lugar de refugio para ella en el desierto "preparado por Dios" (Ap 12:6). Cualquier ataque en su contra, el Señor ya tiene un lugar de escape que le permitirá evitar el exterminio. El versículo 14 dice que es "sustentada" por un tiempo, lo que quiere decir que sus necesidades estarán cubiertas. Esta ha sido en verdad la realidad de la nación judía en muchas ocasiones durante los últimos dos mil años. Han estado y están en un desierto, pero han sobrevivido a los intentos de Satanás por destruirlos. Por la gracia de Dios, se trata de un enemigo derrotado.

¿Qué nos dicen estas imágenes sobre cómo atacará Satanás y cómo librará Dios a Israel del exterminio? No se observan medios obviamente sobrenaturales de ataque o de liberación. La imagen de la riada del versículo 15 puede que persiga mostrar a Satanás como promotor de tumultos multitudinarios o motines, porque las aguas representan muchas veces a las gentes en las Escrituras (Ap 17:15). La historia ciertamente confirmaría tal idea. De igual modo, Dios usa medios naturales para librar a Israel, como representa el que la tierra se abra para absorber la riada. La presión internacional de los gobiernos y organizaciones extranjeras refrenó la mano de los rusos perseguidores de los judíos a finales del siglo XIX, y cualquiera que haya sobrevivido al Holocausto puede contar alguna anécdota de ciertas "coincidencias" que propiciaron su supervivencia, aunque no la de otros. Dios ha asegurado la supervivencia del pueblo de Israel usando medios muy normales.

2. Las promesas del pacto de Dios con Abraham

Entiendo que la preservación de Israel se basa en aquellas promesas originales hechas a Abraham (Gn 12:1-3), promesas aún vigentes como parte del pacto. A este respecto, repasemos brevemente cómo estas promesas se están cumpliendo sin ser derrotadas por el pecado o por Satanás.

Siguen siendo una *gran nación*, quizás no en números, pero ciertamente sí en capacidad, como lo demuestran los muchos judíos que han ganado el Premio Nobel.[43] Dios los ha *bendecido* en su cuidado providencial, como lo atestigua el autor estadounidense Mark Twain en su famosa descripción:

---

[43] Cerca del 20% de ganadores del Premio Nobel son de ascendencia judía.

...Casi no debería oírse hablar del judío, pero se oye hablar de él, y siempre se ha oído [...] su aportación a la lista mundial de grandes nombres de la literatura, la ciencia, el arte, la música, las finanzas, la medicina y el aprendizaje profundo también es desproporcionada frente a su debilidad numérica [...] sin mostrar decadencia, ni senilidad, ni debilitamiento de sus miembros, sus energías no han decaído, ni su mente alerta y agresiva se ha embotado. Todas las cosas son perecederas menos el judío; todas las demás fuerzas pasan, pero él permanece. ¿Cuál es el secreto de su inmortalidad?[44]

El secreto está en la fidelidad y la bendición de Dios. El nombre de Israel sigue siendo *grande* a pesar de que a muchos no le guste, y aparte de la bendición espiritual que han sido, son una *bendición* en muchas otras formas; dan testimonio de ello las investigaciones médicas realizadas por judíos que han llevado a la cura de la poliomielitis, del tifus, de la tuberculosis, la difteria, la diabetes y la sífilis.

En cuanto a la promesa de Dios de *maldecir a quienes maldicen* y *bendecir a quienes bendicen* a Israel, entiendo que es algo más difícil de precisar. Creo que esta promesa se parece al aviso de un paquete, "¡Manipular con cuidado!". O como una publicidad comercial o correo electrónico que solemos recibir llamando nuestra atención: "¡Obtenga hoy su regalo gratis!". La promesa nos pide que meditemos cuidadosamente sobre nuestras actitudes hacia los judíos. Si nuestra actitud es negativa, de alguna manera nos afectará negativamente; si es positiva, también nos afectará positivamente. Pero creo que hay un modo de ver claramente el resultado de la maldición o la bendición de Dios, y es observando el efecto de rechazar

---

[44] Mark Twain, 'Concerning the Jews', Harper's Magazine (1899).

a los judíos o de aceptarlos. Se cuenta que el sultán de Constantinopla declaró que el rey de España había sido muy estúpido expulsando a los judíos de España en 1492. ¿Por qué? ¡Porque muchos de aquellos judíos huyeron a Constantinopla trayendo una mayor prosperidad a los dominios del sultán! Del mismo modo, cuando Oliver Cromwell abogó para que se les permitiera a los judíos regresar a Inglaterra y reasentarse, una de sus razones fue que beneficiarían la economía nacional. Esto se ha repetido una y otra vez a través de la historia. Quienes han favorecido a los judíos acogiéndolos bien, se han beneficiado de su capacidad, experiencia y trabajo duro. Este es un medio por el cual Dios bendice a quienes los bendicen y maldice a quienes los maldicen. Decir más es, creo, arriesgado. El trato providencial de Dios con la gente y las naciones suelen ser un misterio para nosotros; son las "cosas secretas" de Dios (Dt 29:29). Son demasiados los cristianos que parecen creer que conocen las cosas secretas de Dios en lo que tiene que ver con las bendiciones y las maldiciones relacionadas con los judíos. El consejo que yo les daría sería que se olviden de que conocen los secretos de Dios y se limiten a las causas y efectos que puedan observar.

Un último comentario, que vincula este tema con el crecimiento espiritual personal del cristiano: estoy seguro de que la actitud humilde que hace falta para amar a Israel y buscar su bien acarrea su propia bendición al alma, y no tenerla produce endurecimiento.

El Todopoderoso ha decidido preservar a Israel, incluso en un desierto; ni el pecado ni Satanás los vencerá. Y puesto que el período de desierto tiene un límite de tiempo (Ap 12:14), hay muchas razones para esperar que resurgirán como nación, de la sequía y la aridez al fruto abundante para Dios: una victoria del Dios salvador.

3. El conflicto de Oriente Medio

No puedo dejar este tema conflictivo para los judíos sin hacer algún comentario sobre los malos vientos que soplan alrededor del Estado de Israel en el Oriente Medio. No es mi intención tomar partido en detalles particulares del conflicto, sino mirar el panorama general. El cuidado providencial de Dios se evidencia por el fracaso de los intentos de destruirlo. La etiqueta "¡Manipular con cuidado!" debería ser cuidadosamente tenida en cuenta por todos quienes participan del conflicto o se posicionan sobre él. Creo que quienes niegan el derecho de los judíos a vivir en su antigua patria con alguna forma de autogobierno, y quienes quieren su aniquilación, manifiestan el antagonismo del pecado y Satanás. A Satanás no le cuesta trabajo promover intenciones asesinas contra ellos, particularmente con actitudes negativas hacia los judíos que viven en países islámicos. Quienes se oponen a Israel aun teniendo principios que los llevarían a apoyar sus valores democráticos y libertades civiles, están manifestando el odio del pecado hacia un pueblo vinculado con Dios. Vemos esto cada vez más en movimientos radicales ateos e izquierdistas. Pero en medio del torbellino, Dios habla y no dejo de creer que también habla a Israel y a los demás que participan en el conflicto. Trataré esto más adelante en el capítulo que trata del regreso a la tierra.

La responsabilidad cristiana

Los cristianos sabemos algo de los orígenes satánicos de los problemas que los judíos han padecido, habiendo sido también bendecidos con las bendiciones espirituales de Israel. ¿Cómo debemos responder cuando vemos a los judíos en problemas? Está claro que orar por su salvación, pero ¿qué otro tipo de oraciones y de acciones deberíamos asumir los cristianos?

1. Orar

Debemos orar para que los propósitos de Satanás se vean desbaratados; que los judíos sean preservados. Debemos interceder por ellos y orar para que el nombre del Señor, al preservarlos, sea glorificado. No estoy diciendo que tengamos que respaldar todo cuanto hacen, o estar de acuerdo con cada uno de sus actos, o asumir siempre que sus oponentes estén equivocados. Simplemente significa que debemos tomar distancia y ver el bosque y no solo los árboles: si Satanás envía una riada para destruir a la mujer que trajo al Salvador al mundo, tenemos que orar por ellos.

2. Hablar y actuar

Pero hay momentos en los que deberíamos involucrarnos de manera concreta, si es posible. Si vemos que el antisemitismo levanta su fea cabeza en nuestra comunidad, tenemos que decir algo, a las autoridades y a la comunidad judía. Con respecto al conflicto de Oriente Medio, los cristianos hemos de tener cuidado de no involucrarnos en debates sobre determinados detalles, a menos que estemos bien informados, porque las situaciones suelen ser muy complejas y circula mucha información equivocada. Aunque no tenemos que ser expertos en todos los detalles para hablar o escribir en su favor para explicar con claridad su idea fundamental, que, como el resto del mundo, tienen derecho a existir y a vivir en su antigua patria con fronteras seguras. Estuve en Sidney,

Australia, en 2002 y vi un folleto anunciando una reunión de "Solidaridad con Israel". Su lema era: "¡Tenemos derecho a existir!". Me sorprendió. Nunca pensé que volvería a ver a judíos asumiendo una defensa tan básica. En una atmósfera así, los cristianos no podemos quedarnos callados.

Una simple expresión de empatía hacia un amigo judío a menudo cuenta más de lo que nos damos cuenta. Por un tiempo mantuve una correspondencia regular con un reconocido consultor de gestión de la comunidad judía de Londres. Finalizado el asunto, le escribí para decirle que podía contar con mi ayuda en caso de que en Gran Bretaña las cosas se pusieran peor para los judíos. La respuesta que recibí estaba llena de alivio y agradecimiento. No por lo que yo pudiera hacer, sino porque alguien que no era judío tuviera cierta sensibilidad ante la sensación de soledad que sufría.

Responder por el pasado de la cristiandad

Muchas de las contrariedades que sufrieron los judíos a manos de pecadores y de Satanás se dieron en lo que se llama "la cristiandad", aquellos países del mundo donde el cristianismo vino a ser la fe dominante integrada en el tejido cultural. Como consecuencia, los judíos ven a los cristianos como los causantes de muchos de sus males. Pero todo no es así, pues muchas veces la influencia cristiana también benefició a los judíos, aunque ampliaremos eso en un capítulo más adelante. Aquí nos centraremos en los sufrimientos de los judíos dentro del mundo cristiano. ¿Somos responsables todos los que nos llamamos "cristianos"? ¿Tenemos que responder por ello de alguna manera?

1. Un sentimiento de pesar

Los cristianos deberíamos sentirnos profundamente apesadumbrados por la mucha persecución que los judíos han padecido en nombre de Jesús. Quizás no seamos personalmente responsables, pero debemos sentirnos tristes. No vale decir: "No tiene nada que ver conmigo", porque parece una excusa y suena a acusación. Sin duda, la mayor parte de las persecuciones eran promovidas por gentiles bautizados, cristianos nominales que no amaban ni a Dios ni a sus caminos.

Eso no quiere decir que cristianos sinceros no hayan mostrado malas actitudes y hablado en contra de los judíos. Si algo así se pone de manifiesto, tenemos que confesárselo a Dios y, en su caso, a nuestros semejantes, hombres y mujeres. Los cristianos de hoy tenemos que padecer los efectos perniciosos de lo que algunos cristianos sinceros hablaron sobre los judíos hace algunos cientos de años: declaraciones de personajes importantes de la iglesia como Crisóstomo o Lutero. Tenemos que ser prudentes también y no sumarnos a la condena general de tales hombres, impuesta muchas veces por los dirigentes judíos. Algunas de las críticas que ellos hicieron sobre los judíos de su tiempo y del judaísmo rabínico, no se diferenciaban mucho de las que hizo el Señor Jesús. Pero otras cosas que dijeron no eran propias de cristianos, ni en el contenido, ni en el tono, cosas que nos avergüenzan porque deshonran el evangelio. No podemos suscribir tales declaraciones, siendo conscientes de nuestra tendencia a hablar apresurada y maliciosamente cuando nos enojamos y nos sentimos presionados.

2. Arrepentimiento

¿Y qué decir sobre arrepentirnos por causa de quienes maliciosamente persiguieron a los judíos en nombre de Jesús? Ya he dicho antes que si somos culpables de antisemitismo debemos confesarlo y arrepentirnos, pero ahora de lo que estoy hablando es de la responsabilidad que tenemos al estar ligados a otros que se llaman "cristianos" y que han perseguido a los judíos. Por ejemplo, ciertas iglesias nominales participaron en una u otra medida en la persecución de los judíos por los nazis y han manifestado formalmente su arrepentimiento. ¿Hemos de seguir nosotros su ejemplo porque la comunidad judía nos meta a todos en el mismo saco por ser miembros de una iglesia cristiana? Me parece que la respuesta es no. Hay presiones en este sentido en el marco de las iglesias evangélicas, más motivadas, en mi opinión, por la emoción y el sentimentalismo que por una clara convicción bíblica. El arrepentimiento es un cambio de mente, y no es lógico que se nos pida que cambiemos nuestra manera de pensar si no somos antijudíos, como es evidente que no se nos puede pedir que lo hagamos por lo que otros hayan dicho o hecho.

Con este razonamiento sobre el arrepentimiento sintonizan algunos llamando la atención sobre hombres como Daniel, quien se solidarizó con los pecados de Israel y pidió perdón (Da 9:4-19), aunque todos sabemos que él no era personalmente culpable. ¿No deberíamos nosotros hacer lo mismo? Nuestra respuesta solo puede ser afirmativa en el caso que, de forma evidente, podamos decir que la gente concernida es nuestra gente. Daniel formaba parte del pueblo del pacto en aquel entonces, y cuando el juicio de Dios cayó sobre ellos, él lo sufrió con ellos. Era imposible para él desligar sus propios pecados personales de la experiencia de ellos, y por eso se identificó con ellos en su confesión. En el tiempo del Nuevo Testamento, el pecado en la comunidad del pacto se trata a nivel de la iglesia local, por ejemplo, en las cartas a las iglesias de Apocalipsis 2 al 3. Esto se debe a que la responsabilidad de unos miembros para con otros es real. Si hay pecado en una iglesia, entonces el transgresor es culpable y los otros son responsables de actuar contra él; y si no lo hacen, pecan. El antisemitismo es uno de esos pecados. En ninguna parte del Nuevo Testamento leemos que los pecados de una iglesia, por ejemplo, la de Corinto, recayeran sobre cualquier otra iglesia. Aunque podemos extender esta responsabilidad de actuar contra el pecado en otra iglesia cuando un grupo de iglesias está comprometido en alguna forma de compañerismo organizado. Por tanto, yo diría que solo se puede esperar que un cristiano pida perdón si él o ella han sido personalmente culpables de malas actitudes hacia los judíos como pueblo, o de una iglesia cristiana si no aborda esas malas actitudes en su medio.[45]

---

[45] *Toward Jerusalem Council II* (Por el II Concilio de Jerusalén) es un movimiento que promueve en la actualidad que la parte gentil de la iglesia pida perdón por las manifestaciones antijudías de los cristianos a través de los siglos. Ejerce su actividad en América del Sur. En su página web, http: // www.tcjii.org (consultada el 19 de enero de 2015), declara su visión: "es una iniciativa de arrepentimiento y reconciliación entre la parte judía y la parte gentil de la Iglesia". Después, añade: "para fomentar el arrepentimiento por los pecados de los cristianos gentiles y de la iglesia cristiana contra los judíos". Espera convocar un concilio en Jerusalén, según lo descrito en Hechos 15, donde las principales iglesias de la cristiandad expresen su arrepentimiento. TJCII es un movimiento pequeño, pero forma parte de una tendencia en auge y por eso deseo comentarlo. Lo que trato de mostrar por medio de las Escrituras con lo que he escrito sobre pedir perdón por los pecados de otros, es que tal idea no es bíblica. Por supuesto, aplaudo el fin de promover entre los cristianos buenas actitudes hacia los judíos, y arrepentimiento por las actitudes y acciones perversas, pero hay otras formas de conseguir tales fines, formas promovidas en todas partes del mundo por cristianos comprometidos en sus iglesias; y las actitudes están cambiando. Un error grave de la estrategia del TJCII es la inclusión de dirigentes de iglesias apóstatas, como la católico-romana y la ortodoxa. Pablo considera que tales dirigentes de la iglesia apóstata están bajo maldición (Gá 1:8-9).

3. Contrición y vergüenza

La respuesta que animo se dé en cristianos e iglesias es la de la contrición e incluso vergüenza. Esa contrición ha de nacer en nosotros por un puro sentimiento de compasión humana por lo mucho que los judíos han padecido, pero también porque tales cosas se hicieron en nombre de Jesús. También deberíamos sentir vergüenza. Aunque la vergüenza implica culpa, y la culpa requiere arrepentimiento. ¿Me estoy acaso contradiciendo por lo que he dicho antes? Hemos de tener en cuenta que las Escrituras nos dan ejemplos de la vergüenza que se puede sentir cuando el sentimiento de

---

Lo que hay que hacer es llamarlas al arrepentimiento y a la fe para que puedan ser salvas, no cooperar con ellas en una actividad evangélica para la que no son aptos. Es cierto que tales iglesias deberían pedir perdón por sus malas actitudes hacia los judíos, pero la petición de perdón debería ser parte de un arrepentimiento mayor para salvación. Las fuerzas del TJCII se emplearían mejor centrando sus esfuerzos en sus iguales evangélicos, que lo único que conseguirán con su colaboración con apóstatas es su alienación. Otra cosa que observo es que no se hable de malas actitudes de los judíos cristianos hacia los gentiles y los cristianos gentiles. Las ha habido desde el principio y estaría bien reconocerlo, aunque admito que sus consecuencias han sido pequeñas en comparación con las malas actitudes de los gentiles para con los judíos. Mi comentario final es señalar que el TJCII fue una iniciativa de la Union of Messianic Jewish Congregations (UMJC, Unión de Congregaciones Judías Mesiánicas), entidad nacida en los Estados Unidos. Declaran que "el TJCII trata de crear un concilio que acoja en la comunidad de creyentes a los judíos que como tales crean en el Mesías" (http://www.umjc.org/toward- jerusalem-Council-ii, consultado el 19 de enero de 2015). El arrepentimiento que quieren es un medio para alcanzar un fin mayor: recibir a los creyentes judíos como tales. No parece que haya nada de malo en ello, pero lo que la UMJC quiere decir con tal declaración es que los creyentes judíos formen parte de una asociación distinta de congregaciones (iglesias), manteniendo ciertas prácticas mosaicas y judaicas, y que la comunidad judía más amplia los acepte como una forma de judaísmo: judaísmo mesiánico. Parece complicado, y les aseguro que lo es. Creo que la idea es contrarrestada por lo que escribo en el capítulo 16 sobre el nuevo hombre de Efesios 2:15.

vergüenza no obedece a un fracaso personal. En Esdras 9:5-6, por ejemplo, leemos sobre la vergüenza que Esdras sintió a causa de los matrimonios de dirigentes de Israel con mujeres cananeas.

Quizás una ilustración nos ayude a ver la diferencia que hay entre sentir vergüenza por los actos de otros y el arrepentimiento. Si un grupo de seguidores de nuestro equipo nacional de fútbol causara alborotos en el extranjero y hubiera pérdidas de vidas, el país respondería de tres maneras: con arrepentimiento, disculpa y vergüenza. Los arrepentidos en tal situación serán los violentos. Quienes se disculpan y condenan el mal causado serán los dirigentes, porque su sentido de identidad y responsabilidad así lo exige. Quienes sentirán dolor y vergüenza son los ciudadanos normales del país porque quieren ser íntegros y buenos ciudadanos, y se dan cuenta que de alguna manera el país falló cuando los hechos sucedieron. Ninguno de ellos dice ser personalmente responsable, pero saben que, de alguna manera, en cierto lugar, algo salió mal que afectó a su país, son parte de ello y se sienten avergonzados. De igual modo, nos guste o no, nos identificamos con cuantos se llaman cristianos y con la influencia del cristianismo en la historia mundial. Nuestra manera de responder al hecho de que tantos que se han llamado cristianos hayan odiado a los judíos tiene que incluir cierto nivel de vergüenza. De algún modo, en algún lugar, algo salió mal al difundir el cristianismo por el mundo, y debemos sentirnos avergonzados por ello.

¿Hay alguna circunstancia en la que la petición de perdón o la disculpa, la vergüenza y la contrición se puedan expresar formal y públicamente? Yo creo que sí la hay. No podemos abarcar aquí todas las formas posibles, pero podemos establecer un punto general. Cuando en una comunidad la hostilidad hacia los judíos ha sido promovida pública y oficialmente, y de manera pública una iglesia u organismo eclesiástico reconocido en esa comunidad ha guardado silencio o incluso ha aprobado dicho antisemitismo oficial, de cierto hará falta alguna forma de declaración pública.

Los padecimientos de los judíos a manos de quienes se llaman cristianos es un problema de la mayor importancia para los cristianos y las iglesias porque con los judíos tenemos una relación única. No dudo que los organismos eclesiásticos deberán hacer una declaración formal de su actitud, sobre todo si tienen vecinos judíos. ¿Y tú? ¿Cuál es tu actitud personal? ¿Sientes algún tipo de pesar y también de vergüenza? Lo cierto es que deberíamos sentirnos contristados por las ocasiones en las que los judíos han visto al cristianismo como su peor enemigo.

Preguntas:

1. Repasa la historia de Israel en el Antiguo Testamento y en los días de Cristo y los Apóstoles; ¿fracasó Israel?
2. ¿Cómo explicas la persistencia de la hostilidad hacia el pueblo judío y su continua supervivencia y bendición para el mundo? ¿Qué cosas han hecho los judíos que te hayan beneficiado?
3. ¿Cómo vas a responder al maltrato que, quienes se llaman cristianos, han ejercido sobre los judíos? ¿Has manifestado ideas y sentimientos en contra de los judíos?

CAPÍTULO 14

Yo soy de Pedro: el apostolado de la circuncisión

Si hay una palabra que aglutina toda la Biblia desde Génesis hasta Apocalipsis, yo diría que esa palabra es "misión". Yahveh ha emprendido una misión para rescatar a su creación caída y rebelde. Está planificada desde antes de la fundación del mundo y el libro de Apocalipsis cuenta su culminación exitosa. La clave de todo es una persona, el Ungido, el Mesías, a quien Isaías llama "el Siervo del Señor". Su función es doble: "restaurar al remanente de Israel" y ser "luz de las naciones, para que mi salvación alcance hasta los confines de la tierra" (Is 49:6). Su misión es doble por la situación radicalmente distinta de los dos colectivos a los que ministra. Israel tiene la luz, pero tiene que regresar a la obediencia; las naciones viven en tinieblas espirituales y necesitan la luz.

Jesús es el Siervo del Señor y su ministerio muestra ese patrón profético. Podemos decir que no solo fue doble, sino además en dos etapas. Durante su ministerio terrenal, su objetivo principal era Israel, como le dijo a la mujer cananea que vivía en Sirofenicia: "No he sido enviado sino a las ovejas perdidas de la casa de Israel" (Mt 15:24). Estaba pidiéndoles que se convirtieran, y muchos lo hicieron. Pero Jesús no fue insensible a la necesidad espiritual de quienes no eran israelitas, como pudo constatar aquella misma mujer cuando respondió a su petición y liberó a su hija del demonio que la poseía. El problema es si era el tiempo, no si debía o no. El momento de comenzar formalmente su misión a los gentiles llegó unos diecisiete años después de Pentecostés. Pero sería un error creer que eso significó el final del ministerio de Jesús para con Israel. Al comenzar Hechos, Lucas dice que su obra anterior, el evangelio de Lucas, es un relato de "todas las cosas que Jesús comenzó a hacer y a enseñar" (Hch 1:1). Lo que vemos en Hechos es, por tanto, que Jesús sigue actuando como el Siervo del Señor: restaurando judíos e iluminando a gentiles, verdad subrayada por lo que Pablo dice del ministerio de Jesús como siervo: "Cristo Jesús se puso al servicio de los de la circuncisión para mostrar la verdad de Dios, para confirmar las promesas hechas a los padres, y para que los gentiles glorifiquen a Dios por su misericordia" (Ro 15:8-9). Su ministerio sigue siendo doble. Lo que Pablo escribió no es que Jesucristo fuese siervo, sino que Jesucristo se hizo siervo, dando a entender que es un ministerio que continúa en el presente partiendo de un hecho en el pasado. Con demasiada frecuencia, nuestra visión de la misión después de Pentecostés se centra en las naciones y deja de lado a los judíos. Si lees cualquier libro sobre misiones verás que casi no se dice nada sobre cómo la iglesia debe continuar la misión de Jesús para con Israel a la vez que se dedica a su misión hacia las naciones. Los apóstoles supieron hacerlo mejor y dividieron el trabajo, unos se dedicarían a los judíos y otros a las naciones.

La partición apostólica de la obra

Pablo nos habla de esa partición en Gálatas 2:1-10. En la primera parte de su carta, Pablo les habla a los creyentes de Galacia acerca de una visita a Jerusalén en la que los otros apóstoles lo recibieron como a igual. Dice que se reconocieron mutuamente los ministerios, y también una diferencia fundamental entre ellos.

En su resumen sobre el encuentro, Pablo habla de un evangelio de la incircuncisión y un evangelio de la circuncisión, y de un apostolado de la circuncisión y otro de las naciones.[46] Al final de la reunión, Pablo explica el acuerdo al que llegaron entre ellos: "que nosotros fuésemos a los gentiles, y ellos a los de la circuncisión" (Gá 2:9). Es evidente que aquello no fue solo una estrategia sabia, como las que hacen que unos se dediquen a ciertos grupos concretos por razones de idioma, cultura, religión u organización social. Los términos empleados, "circuncisión" e "incircuncisión" es deliberada: uno de los grupos mantenía una relación de

---

[46] Gálatas 2:7-8. Algunas versiones parafrasean el v. 7: "a Pedro se le había encargado anunciar la buena noticia a los judíos, y que a mí se me había encargado anunciarla a todos los que no lo son" (en español la TLA, por ejemplo. N.T.), pero es una traducción inexacta, que literalmente es: "que me había sido confiado el evangelio de la incircuncisión, como a Pedro el de la circuncisión". Pablo se está refiriendo al evangelio mismo, no simplemente a su predicación.

pacto con Dios y el otro no. La circuncisión era la señal del pacto entre Dios y Abraham y su descendencia a través de Isaac e Israel (Gn 17:9-11). Hay versiones que ponen '"judíos" en vez de "circuncisión", lo que sin quererlo debilita el porqué de la distinción, al no sugerir el tema del pacto.

En realidad, los apóstoles no estaban dividiendo la obra por propia iniciativa, simplemente estaban reconociendo lo que Dios ya estaba haciendo, como escribió Pablo: "el que actuó en Pedro para el apostolado de la circuncisión, actuó también en mí para con los gentiles" (Gá 2:8). Jesús seguía actuando como el Siervo del Señor, a través de sus instrumentos escogidos, alcanzando de manera diferenciada a judíos y a gentiles.

¿Existe en la actualidad el apostolado para la circuncisión?

¿Están estos dos apostolados vigentes en la actualidad? No estoy diciendo si tenemos apóstoles hoy o no, sino ¿hay quienes ejercen su ministerio desempeñando uno u otro de los papeles? Cuando pensamos en misiones hoy, la mayor parte de la gente se consagra a la misión hacia las naciones, y no es sorprendente, porque es una tarea enorme. Que sus iglesias y ellos conciban sus ministerios así o no, esos miles de misioneros son el apostolado de las naciones. No creo que a la mayoría de los cristianos se les ocurra pensar que el apostolado de la circuncisión aún exista actualmente. ¿Pero por qué no? El Nuevo Testamento no lo ha cancelado, y Jesús sigue siendo el siervo encargado de una misión para judíos y gentiles, por lo que todavía existe un apostolado de la circuncisión. Al comentar estos versículos, Calvino ironizó diciendo que, si el Papa en verdad era sucesor del apóstol Pedro, debería dedicarse a los judíos: "Si el Papa tiene algún derecho a la primacía que reclama, que levante iglesias entre los judíos".[47] Su planteamiento era convincente, a la vez que reconocía implícitamente que el apostolado de la circuncisión seguía vigente. Los comentaristas de este pasaje reconocen la relevancia de la división en aquel tiempo y ven en ello la mano de Dios; pero son pocos los que defienden que esa relevancia llegue más allá del tiempo del estado judío de la época. Sin embargo, "la circuncisión" sigue existiendo hoy, y el pacto de Dios con ellos sigue vigente (Ro 11:1). Deberíamos, pues, esperar que haya un ministerio específico para ellos.

1. En la práctica

A lo largo de toda la era del evangelio ha habido quienes han sentido el llamado de Dios para dedicarse a los judíos. En la era de las misiones modernas, algunas organizaciones han sido fundadas para dedicarse a los judíos, organizaciones que planifican sus actividades con el fin de optimizar sus contactos con ellos. No me cabe duda de que ellos son el "apostolado de la circuncisión" de la actualidad. Creo también que las iglesias de Israel situadas en barrios predominantemente judíos, y que necesariamente se centran en los judíos, también son parte del apostolado de la circuncisión.

En tiempos del Nuevo Testamento, parece que este ministerio fue asumido únicamente por predicadores judíos,

---

[47] Juan Calvino, version inglesa, *Calvin's Commentaries Romans – Galatians* (Wilmington, Delaware: Associated Publishers and Authors, sin fecha), p. 1875.

¿quiere esto decir entonces que en la actualidad es un ministerio únicamente para judíos? Si aceptamos ese argumento, también tendríamos que aceptar que únicamente los judíos deberían ir a los gentiles, puesto que Pablo, el apóstol de los gentiles, era judío. La experiencia demuestra que Dios llama tanto a judíos como a gentiles a este ministerio. Aunque nos gustaría ver a los judíos que creen comenzando a tomar la iniciativa en el ministerio hacia los suyos. Esto ya sucedió; por ejemplo: algunos de los grandes debates medievales sobre el evangelio entre rabinos y eruditos cristianos fueron protagonizados por creyentes judíos excelentemente preparados; el ministro principal y evangelista de una iglesia anglicana de Jerusalén en el decenio de 1840 era un rabino convertido; en el siglo XIX, muchas organizaciones misioneras que trabajaban con judíos fueron fundadas por judíos creyentes, y hoy están a la cabeza en la evangelización de los suyos y en la apologética. Da alegría verlo. Sin embargo, sigo creyendo que todavía hacen falta gentiles, porque hay muchas situaciones en las que a ellos se les escuchará mientras que al creyente judío no. Hay cristianos latinoamericanos que ya están participando en este ministerio, pero se necesitan muchos más.

El evangelio para los circuncidados

He escrito sobre este tema en otra parte de este libro, así como en mi libro sobre cómo dar testimonio a los judíos,[48] así que haré solo algunos breves comentarios aquí, pero hay que explicar este título.

---

[48] *Telling Jews about Jesus* (Hablar de Jesús a los judíos).

¿Es que hay dos evangelios? En el primer capítulo de Gálatas, Pablo niega tal idea con todas sus fuerzas diciendo un "No" rotundo: "Estoy asombrado de que tan pronto estéis desertando del que os llamó por la gracia de Cristo, para seguir un evangelio diferente. No que haya otro..." (Gá 1:6-7). Pero en Gálatas 2:7 habla de un evangelio de la incircuncisión y otro de la circuncisión. Es cierto que en su segunda frase se omite la palabra "evangelio" (se sobreentiende) para evitar que parezca que hay dos evangelios, y al mismo tiempo resalta que uno se distingue del otro, ¿qué los distingue? Podemos verlo fácilmente en las proclamaciones del evangelio en los Hechos. Pedro se dirigió a sus oyentes de la circuncisión como los "hijos de los profetas, y del pacto que Dios hizo con nuestros padres" (Hch 3:25); igualmente, Pablo les habló de "la promesa hecha a nuestros padres" (Hch 13:32). Para los judíos, el evangelio era el cumplimiento de la promesa que Yahveh les había hecho como pueblo. Pero para los griegos reunidos para oír a Pablo en el Monte de Marte, la idea de una promesa cumplida no tenía sentido. A ellos, Pablo les dijo: "Siendo, pues, linaje de Dios, no debemos pensar que la Divinidad sea semejante a oro, o plata, o piedra, escultura de arte y de imaginación de hombres" (Hch 17:29), pasando luego a hablarles de Jesús. Con los gentiles, Pablo comienza con conceptos básicos acerca de Dios antes de continuar con el evangelio; con los judíos, tanto él como Pedro los invitaron a responder a las buenas nuevas del cumplimiento de promesas bien conocidas de ellos. Es evidente que no hay dos evangelios, pero siendo tan diferentes el contenido y el contexto que conducen a las buenas nuevas de Jesús, Pablo podía en verdad escribir de un evangelio de la circuncisión. La diferencia entre la circuncisión y la incircuncisión se mantiene hasta el día de hoy.

La consagración a este apostolado

Deberíamos esperar que algunos sean llamados a este ministerio. Jesús nos enseñó a orar al Señor de la mies para que enviara obreros para recoger su cosecha (Lc 10:2), y lo cual incluye también rogarle a Dios que envíe misioneros a los judíos. Imagino que quienes sean llamados a ese ministerio tendrán el celo por los perdidos y lo demostrarán comprometiéndose en el testimonio personal y en alguna de las formas de extensión de la iglesia. En algún momento mostrarán cierto interés, comprensión y empatía hacia los judíos. Leerán sobre ellos, orarán por ellos, y quienes tienen discernimiento espiritual verán cómo crece su interés de orar por ellos. Al final llegará el momento en el que se den cuenta de que es algo que tienen que hacer; que Dios está tocando sus corazones.

La preparación tiene mucho en común con la requerida para cualquier otra forma de ministerio de la palabra de Dios. Tienen que estudiar mucho y participar en diversas formas de servicio cristiano. Pero también se necesita una preparación específica. Son pocos los cursos de plena dedicación en nuestros seminarios que preparan para la evangelización de los judíos, aunque generalmente las universidades con departamentos de estudios judaicos ofrecen cursos de uno o dos años muy útiles sobre temas relevantes de historia judía, el judaísmo, etc. Hay oportunidades y la posibilidad de capacitarse junto a misioneros experimentados por periodos cortos, incluidos estudios académicos supervisados. Además de estudios así, pasar un año o más viviendo en Israel proveerá de un conocimiento y empatía imposible de obtener de ninguna otra manera.

No sirve de nada ocultar que se trata de un ministerio difícil, y que quienes se dedican a él tendrán que soportar un fuerte rechazo y ver relativamente poco fruto. Quienes son llamados a él necesitan mucho apoyo de su iglesia local. La contrapartida natural es que es un trabajo super fascinante. Los judíos son un motivo altamente interesante y su historia está llena de grandes temas. Espiritualmente, es un inmenso privilegio ser llamado a la propia nación de Jesús, el pueblo de la promesa. No hay mayor llamamiento que este. Quienes reciben este llamamiento necesitan nuestras oraciones.

Preguntas:

1. ¿De qué manera el Mesías Jesús continúa en la actualidad su ministerio como "siervo de la circuncisión"?
2. Compara cómo es presentado el evangelio a los judíos y a los gentiles en los Hechos de los Apóstoles. ¿Qué diferencias hay? ¿Qué semejanzas?
3. ¿De qué forma estás comprometido con este ministerio de la circuncisión?

CAPÍTULO 15

Provocarles a celos

"Vino la salvación a los gentiles, para provocarles a celos".
Romanos 11:11.

Lo que sigue es el ABC de cómo testificar a los judíos, ya sea el lector judío o gentil. Este es el secreto, y, es más, en realidad no es un secreto, porque lo declara abiertamente el apóstol Pablo. Es decir, que todos los cristianos podemos hacerlo. Podemos provocar a celos a los judíos no creyentes asegurándonos primero de que nuestra fe que les presentamos es judía en sus orígenes, y dejando claro después que los gentiles que creen son beneficiarios de las bendiciones prometidas a Israel.

La palabra "provocar" podría indicar una actitud beligerante, pero ese no es el tono que se pretende aquí. Sigue el método empleado muchas veces por Jesús para hacer reflexionar a sus oyentes mediante declaraciones que invitan a pensar, como: "Conoceréis la verdad, y la verdad os hará libres" (Jn 8:32), a personas que creían que ya eran libres. Si nuestra motivación es el amor, declaraciones desafiantes así son oportunas, aun no siendo bienvenidas.

Y esto implica algo interesante: Pablo no prevé ningún tiempo futuro en el que este enfoque sobre. Siempre podremos provocar a Israel a celos porque siempre será el pueblo de la promesa.

Breve estudio de la palabra "celos"

Para captar lo que Pablo quiere decir aquí hace falta estudiar un poco la palabra. Es especialmente necesario porque algunas traducciones en lengua inglesa utilizan la expresión "provocar la envidia" en vez de "provocar a celos", que es muy diferente.[49]

¿Los celos son buenos o malos? El problema es que la palabra "celo" se emplea muchas veces de manera incorrecta para designar la envidia indeseable, con un sentido peyorativo, pero los celos bien entendidos son una emoción positiva. En el Antiguo Testamento, el adjetivo "celoso" solo se aplica al mismo Yahveh: "Yo, el Señor tu Dios, soy un Dios celoso" (Éx 20:5). ¿Qué palabras hebreas y griegas se usan?

El sustantivo hebreo es *qinah* y significa "celo" o "ardor". Según el contexto, se puede traducir por "celos" (Dt 32:16, Nm 5:14, en el buen sentido), por "envidia" (Is 11:13) o por "celo" (airado) (Dt 29:20). El adjetivo "celoso" se emplea para

---

[49] En español, todas las versiones consultadas traducen por "celos", salvo la BLP que traduce "provocando así la emulación de los judíos". N.T.

describir cómo se siente alguien cuando el afecto que se le debe se le dedica a otra cosa. El ejemplo más claro es el del esposo cuya esposa le es infiel, y viceversa. Espiritualmente, expresa la respuesta de Dios cuando su pueblo lo abandona para volverse a los ídolos. En lo que respecta a los versículos de Romanos 11, los textos clave del Antiguo Testamento son Deuteronomio 32:16 y 21. Pablo ha citado previamente el versículo 21 en Romanos 10:19, y se sirve de su idea principal en Romanos 11:11 y 14 sin volver a citar Deuteronomio. En Deuteronomio 32:16, Moisés dice cuál es el pecado de Israel: "Le despertaron a celos con los dioses ajenos; lo provocaron a ira con abominaciones". Está claro que la palabra "celoso" es válida, porque el afecto que Dios merece Israel lo está depositando en otra parte. A continuación, el versículo 21 dice cómo responde Dios. Primero se repite la acusación, con el matiz añadido de que lo que causó la provocación fue "lo que no es Dios", y lo que provocó la ira fue la "insensatez". Entonces se revela la respuesta de Dios, que es un juicio de igual a igual. Los provocará a los celos con "un pueblo que no es pueblo", y a la ira de una "nación insensata". Como hicieron con él, él hará con ellos. Pero, como veremos, Pablo ve una vía abierta a la misericordia en ese juicio.

Si vamos al Nuevo Testamento, la palabra griega traducida por celos es *zeloo*, pero también, como su equivalente hebrea, se puede traducir por "celos" (2Co 11:2; Jn 2:17, en el buen sentido), por "envidia" (Hch 13:45, Traducción en Lenguaje Actual),[50] o "indignación".[51] En la traducción de

---

[50] La mayoría de las traducciones españolas traducen por "celos", pero en el sentido de "envidia", aunque la Traducción en Lenguaje Actual (TLA), la Nueva Traducción Viviente (NTV), o La Palabra (BLP), traducen específicamente por envidia. N.T.

[51] En español, ninguna de las versiones consultadas traduce así. N.T.

nuestro pasaje de Deuteronomio citado en Romanos 10:19, al que se alude también en Romanos 11: 11 y 14, esperaríamos que se hubiera usado la palabra "celos" como en la mayoría de las versiones en inglés, pero la NIV (New International Version, en inglés, claro) traduce por "envidia",[52] pero como muchos lectores pueden usar esas versiones que traducen "envidia", haré un breve comentario. La elección de esta palabra es desconcertante porque en otros versículos en los que el afecto debido a otro está mal dirigido, la NIV pone "celos". Por ejemplo, en 1 Corintios 10:22, donde algunos cristianos asisten a las fiestas de los ídolos, Pablo advierte: "¿O vamos a provocar a celos al Señor? ¿Somos acaso más fuertes que él? (NVI). Me parece que la NVI no ha captado el significado de "celos" en Romanos 10:16 y 11:11 y 14. La palabra "envidia" capta algo del significado de Pablo, pero no todo el significado. Se pierde la parte de que lo que los gentiles han conseguido es más que solo algo bueno, y que originalmente se le había prometido a Israel.

Provocarles a celos

Así que, si juntamos Deuteronomio 32:21 y Romanos 11:11 y 14, ¿cuál es la estrategia evangelística a la que Pablo se refiere? Moisés escribió que los judíos serán provocados a celos por "un pueblo que no es pueblo", y Pablo dice que los gentiles que reciben la salvación provocan a celos a los judíos. Lo que quiere decir es que los judíos considerarán que los creyentes de entre las naciones "no son pueblo", y especialmente los judíos religiosos. Les falta una historia común, es-

---

[52] La equivalente en español, NVI, sin embargo, traduce por "celoso". N.T.

pecialmente Yahveh como origen y centro de su historia; les falta el acervo, edificios gloriosos e instituciones respetadas, pero todo lo que Israel busca: una relación con Dios, alegría, justicia, amor y esperanza. Todo eso produce celos, porque es lo que fue prometido a Israel.

Hemos de entender que Pablo no está enseñando que provocarlos así conduce inevitablemente a la salvación. En Romanos 11:14 escribe: "para así salvar a algunos de ellos". Eso indica que la provocación es un medio para lograr que la gente responda y reflexione y luego, por la gracia de Dios, prosiga hacia la salvación. Sin esa gracia, solo conseguirán enojarse y volverse resentidos, cosa que el cristiano que los provoque tendrá que soportar.

Los judíos ortodoxos tienden de modo especial a enojarse por "un pueblo insensato", como dijo Moisés. Se saben poseedores de grandes tradiciones y sabias enseñanzas, y consideran que son los demás quienes necesitan su ayuda. En cierta ocasión fui invitado a casa de un judío ortodoxo a quien visité para compartirle el evangelio. Me invitaron a sentarme y luego, muy educadamente, me dejaron saber que no tenía nada que enseñarles. Pero ¡la mayoría de ellos son bastante menos educados! La mera sugerencia de que un gentil tenga algo que enseñarles los irrita y yo he sido muchas veces el objetivo de su ira. ¿Cómo se les puede provocar de este modo actualmente, y cuál es la diferencia si quien los provoca es un creyente judío o un gentil?

Provocación impersonal

Los judíos se sienten provocados de manera tácita cuando viven en una sociedad profundamente influenciada por el cristianismo porque saben que el cristianismo afirma ser el heredero de las bendiciones de Israel. Ese impacto lo expresó muy bien el rabino Dr. Sidney Bricto:

> Con todo, los judíos seguimos como siempre estando en contra de la fe cristiana. Estamos siempre atentos a cualquier pretensión cristiana de superioridad sobre nuestra propia fe, pero sin renunciar a nuestra propia convicción de ser elegidos. No nos interesa en absoluto lo que el cristianismo haya contribuido a la cultura humana. No vamos a leer el Nuevo Testamento ni trataremos de entender por qué consiguió conquistar el mundo occidental en el que nosotros fracasamos. Entiendo que nuestra reacción esté condicionada por siglos de persecución bajo la cruz, pero ¿acaso no ha llegado ya el momento de avanzar?[53]

La frase, "siempre atentos a cualquier pretensión cristiana de superioridad" nos habla de un colectivo en estado permanente de provocación. Me viene a la memoria un reflexivo joven judío con quien me reuní muchas veces para discutir de las Escrituras, cuyo interés se veía estimulado por la existencia del cristianismo. Podía ver su importancia, cómo había contribuido a que el mundo mejorara, su apoyo a muchas cosas bíblicas y la vida correcta de los cristianos, entonces, pero ¿qué estaba haciendo Dios? Le había provocado celos.

Provocados a celos por creyentes judíos

Se puede entender que cuando los cristianos piensan en este tema, la primera idea que tienen es que son los cristianos de

---

[53] *Jewish Chronicle* (22 June 2001), p. 25.

origen gentil quienes han de provocar a celos a los judíos. Pero lo que los provoca es el hecho de que la salvación haya alcanzado a los gentiles, sin importar que quienes les prediquen sean cristianos judíos o cristianos gentiles.

1. El ejemplo de Pablo

El único ejemplo que tenemos en Romanos 11 es, en realidad, el de un judío que provoca a celos a su propio pueblo. ¿Cómo lo hizo? Lo que Pablo dice en el versículo 13 es: "Le hago honor a mi ministerio". Él era el apóstol de los gentiles y estaba orgulloso de eso, pero ellos estaban llenos de rabia. En Jerusalén, la multitud religiosa consideraba que Pablo era digno de muerte por ir a los gentiles: "¡Quita de la tierra a tal hombre, porque no conviene que viva!" (Hch 22:22). No alcanzamos a entender que relacionarnos con gente de otras naciones sea una ofensa capital, pero para ellos lo era, porque entendían que lo que Pablo hacía mezclándose con gentiles y llevándoles la ley de Israel era un sacrilegio. Se estaba contaminando a sí mismo y a la ley de Dios. Pablo sabía que así era como iban a responder con tan solo mencionar el hecho de ir a los gentiles, pero no lo ocultó; sino que, de forma deliberada, lo resaltó, cuando pudo haberlo pasado por alto.

¿Y a un nivel más personal, cómo son las cosas? Imaginemos a Pablo visitando a algunos de sus parientes religiosos (suponiendo que lo recibieran, sabemos que tenía un sobrino que se entendía bien con él). Podemos imaginar saludándolo: "¿Cómo estás, Pablo?, ¿cómo te va?", a lo que él responde: "Ya sabes, enseñando las cosas de nuestras Escrituras, tratando de hacer que nuestra gente sea fiel al Señor y, ya que tengo cierta influencia entre los gentiles con los que me reúno, haciéndolos mejores ciudadanos, y que no estén en contra nuestra como judíos".

Que Pablo les dijera algo así los habría impresionado, pero no provocado; era la verdad, pero no toda la verdad. Pero hacer honor a su ministerio entre los gentiles significaría hablarles de los muchos que abandonaban la idolatría, la brujería, las religiones mistéricas, el hedonismo, etc., para servir al Dios de Israel. Puede que le preguntasen sobre la circuncisión y el cumplimiento de la ley, y él les habría dejado claro que Dios no demandaba tales cosas. Eso los habría provocado suscitando la hostilidad de muchos, pero Pablo no trató de evitarlo, porque reconocía que no había una manera cómoda de llevar a las personas al arrepentimiento partiendo de una forma de vida profundamente religiosa y de autojustificación.

2. Los judíos creyentes en la actualidad

Pablo es un ejemplo para los creyentes judíos actuales. Les cuesta mucho mantener la paz familiar y con sus amigos, reduciendo al mínimo su contacto con la iglesia (se la ve como gentil), pero es un gran error. Los judíos creyentes deberían seguir el ejemplo de Pablo y exaltar ante sus familiares y amigos el hecho de que gente que estaba en tinieblas están recibiendo la luz de Dios y siguiendo sus caminos. No será fácil, pero pone de manifiesto que el Mesías ha venido, y puede hacer que algunos se replanteen a Jesús.

Puedo imaginarme a algunos judíos creyentes pensando: "Es cierto, pero ahora las cosas son diferentes. Mira todo lo que los gentiles, esos que se dicen cristianos, han hecho contra los judíos desde los tiempos de Pablo. Ahora es mucho más difícil". ¿Es eso cierto? Hasta cierto punto, puede que sí, pero no debemos subestimar las dificultades que sufrió Pablo. A juzgar por sus cartas a las iglesias, especialmente a la de Corinto, algunos errores graves en sus creencias y comportamientos no eran ningún buen ejemplo para sus vecinos judíos. En Corinto había quienes dudaban de la resurrección del cuerpo, y en Colosas, quienes sostenían ideas gnósticas. Y lo que era aún peor, parece que lo único que algunos cristianos habían hecho era añadir el Señor a su idolatría, pues se los podía ver entrando en los templos idolátricos (1Co 8:10; 10:19-21). Además, la advertencia que hace Pablo a los cristianos gentiles de no jactarse contra el Israel incrédulo, indica que en las iglesias había actitudes antijudías (Ro 11:18). Quizás lo peor de todo a los ojos de los judíos devotos, era que aquellos gentiles no vivían bajo la ley de Moisés, y los judíos que habían creído parecían picotear y escoger de Moisés lo que mejor les convenía. Pero Pablo no dejó que ninguna de estas cosas oscureciera el panorama general de los gentiles recibiendo la salvación, honrando y adorando al Dios de Israel, sino que lo consideró una honra. Los judíos creyentes de hoy deberían seguir su ejemplo. Hablo de esto porque lo que sucede es todo lo contrario, y la tendencia en el Movimiento Mesiánico es alejarse del "Cristianismo Gentil", lo cual es triste, porque este movimiento ha aportado muchas cosas buenas. El ejemplo de Pablo es al contrario: él se relacionaba con orgullo con los creyentes gentiles.

Provocados a celos por creyentes gentiles

Los judíos creyentes, para provocar a celos a los otros judíos, han de estar dispuestos a ser despreciados. Del mismo modo, los creyentes gentiles han de reconocer que están en deuda con un pueblo muchas veces despreciado por el mundo. Tienen que reconocer que se han integrado desde afuera para disfrutar de la bendición de las promesas dadas por Dios a Israel. Esto es chocante para muchos cristianos, porque simplemente no piensan en que el cristianismo es una planta cultivada en suelo judío. En 2004, estudiantes judíos franceses, utilizando tácticas de choque, realizaron una campaña contra el antisemitismo. Una de esas tácticas era un póster con una imagen de Jesús con las palabras "judío asqueroso" garabateadas encima. No pretendía atacar a Jesús, sino resaltar que es absurdo estar a favor de Jesús y ser antijudío. Me duele profundamente decir que muchos cristianos gentiles lo son. Están contentos recalcando su deuda con Cristo, pero evitan fijarse en los medios que él utilizó para traer la salvación al mundo. Creo que ese orgullo carnal residual impide a muchos cristianos gentiles reconocer su deuda, pero cuanto antes lo arreglen, más fructíferos serán en su testimonio para con Israel.

¿Qué significa esto en la práctica? ¿Cómo puede el testimonio de un creyente gentil provocar a celos a un amigo judío? Este libro no va de testimonios, pero permítaseme mencionar algunas ideas básicas al respecto. El creyente gentil debe hacer saber a su amigo judío que su bendición proviene de lo que les "pertenece a ellos", es decir, de lo que Dios prometió a los judíos. No pretendo que se te trabe la lengua con el vocabulario, pero trata de referirte a "Dios" como el "Dios de Israel", habla de Jesús como el Mesías prometido a Israel y refiérete al Antiguo Testamento cuando hables a tu amigo judío como "vuestras Escrituras". Habla del Nuevo Testamento como un libro judío y de Jesús como judío. Puedes usar su nombre hebreo, Yeshua. Pero por favor, no sigas este consejo servilmente, como si cada vez que uses la palabra "Dios" tengas que decir "Dios de Israel", pero sí combina tu terminología para darle un sabor judío y resaltar que eres bendecido por lo que les pertenece a ellos. Algunos cristianos gentiles pueden sentirse cohibidos por la historia del antisemitismo cristiano y otros errores. Esos problemas ya existían en tiempos de Pablo y él sabía que seguirían existiendo, pero su convicción de que la salvación de los gentiles provocaría a celos a los judíos no disminuyó.

Y hay algo más que los judíos y gentiles creyentes pueden hacer cuando se les cuestiona sobre los puntos flacos del cristianismo. El reino del Mesías se presenta como un avance del Israel del Antiguo Testamento, por lo que no ha de sorprendernos que los mismos problemas, originados por el pecado, continúen en los días del Mesías. Su pueblo se presenta como dispuesto, no sin pecado (Sal 110:3). Los fallos de Israel en tiempos del Antiguo Testamento no significaban que no fueran el pueblo de Dios; como tampoco los fallos del pueblo del Mesías hoy.

Todo esto plantea problemas de unidad en Cristo para los judíos y gentiles creyentes, y de cómo los judíos creyentes expresan su identidad judía. Quiero que tratemos de esos problemas en los capítulos que siguen.

Preguntas:

1. ¿Por qué en Romanos 11:11 y 14 sentir "celos" es mejor que tener "envidia"?
2. Si tienes la oportunidad de compartir el evangelio con un judío, ¿cómo lo provocarías a celos?
3. ¿Pueden los judíos creyentes provocar a celos a otros judíos? ¿Cómo pueden hacerlo?

CAPÍTULO 16

De los dos, un solo y nuevo hombre

¿Has pensado alguna vez que no tener judíos en la iglesia pudiera ser una carencia realmente importante? Parecería un regalo no pedido, cuyos destinatarios originales rechazaron. Pero además estaría proclamando que Jesús no había alcanzado su propósito de que la iglesia fuera "de los dos un solo y nuevo hombre", siendo esos dos, los judíos y los gentiles (Ef 2:15).

Que en la iglesia siga habiendo judíos recalca que Jesús es el Mesías, que cumplió las promesas hechas por Dios a Israel. Ciertamente, esa presencia es un desafío para la comunidad judía. En Efesios 2:11-22, Pablo se refiere a la gloria de la iglesia de Cristo hablando de la unidad de judíos y gentiles; esa gloria ha de verse en cada generación.

Judíos y gentiles: antes y ahora (Ef 2:11-12)

Ya hemos visto con cierto detalle qué distingue al judío del gentil, por lo que en este capítulo simplemente veremos cómo lo explica Pablo en Efesios 2. Primero veremos lo que los distinguía en aquellos primeros días del evangelio, y luego lo que los distingue ahora. En los versículos 11 y 12, Pablo se dirige a los creyentes de origen gentil de la iglesia de Éfeso. Hablar de trasfondos diferentes hace que algunos cristianos respondan: "Si todos somos iguales en Jesús, ¿por qué diferenciar a los judíos de los gentiles?" La respuesta sencilla es que las mismas Escrituras hacen esa diferencia. También en Efesios, Pablo se dirige a esposos, esposas, hijos y siervos, y aquí tiene algo específico que decir a los gentiles. El trasfondo sí importa en la vida de la iglesia, aunque no implique ninguna diferencia para recibir la salvación o definir nuestra posición en el cuerpo de Cristo.

Lo que Pablo dice en Efesios 2:11-22 contrasta interesantemente con lo que dice en Efesios 2:1-10, donde se centra en la experiencia individual de cada creyente: de qué han sido liberados y cuál es su posición en Cristo. En Efesios 2:11-22, Pablo se centra en la experiencia que los gentiles han vivido de entrar a formar parte del pueblo de Dios. Sus palabras indican que la gran mayoría de la iglesia de Éfeso debía tener trasfondo gentil: "Por tanto, acordaos de que en otro tiempo vosotros, los gentiles en cuanto a la carne…" (Ef 2:11). El objetivo de Pablo es pastoral, asegurarles a los gentiles que han sido plenamente aceptados, en igualdad de condiciones, dentro del pueblo de Dios. ¿Te parece raro? ¿Por qué había de ser un problema? El hecho es que, cuando Pablo escribió esto, los creyentes gentiles acababan de llegar. Durante los dos mil años anteriores, la historia del pueblo de Dios había sido una historia exclusivamente judía, lo cual también fue cierto durante los primeros veinte años tras la llegada del Mesías Jesús. Esto ya lo dijo Pablo en el capítulo 1, donde revela el gran propósito de Dios de redimirnos en Cristo, y cómo fue creído primero por los judíos y más tarde por los gentiles: "A fin de que seamos para alabanza de su gloria, *nosotros* los que primeramente esperábamos en Cristo. En él también *vosotros*, habiendo oído la palabra de verdad, el evangelio de vuestra salvación" (Ef 1:12-13, cursivas mías). Tengamos en cuenta entonces que, al tratar Pablo de asegurar a los creyentes gentiles de Éfeso que han sido aceptados en igualdad de condiciones con los creyentes judíos, no disimula ni rebaja la posición única de Israel; él la reconoce y pasa después a enseñar su nueva unidad e igualdad en Jesús. La tendencia es pasar rápidamente por encima de aquellos primeros veinte años como si fuera un pequeño accidente antes de entrar en el período del "evangelio al mundo". Pero eso huele a la insolencia del "niño nuevo del bloque" que no conoce el terreno que pisa. Pero el niño nuevo –los gentiles– ha entrado en el terreno prometido y preparado para otros, Israel, y aquel primer grupo de creyentes gentiles necesitaba claramente tener la seguridad de que estaban totalmente incluidos. Este es el tema de este pasaje de Efesios.

En Efesios 2:11-12, Pablo detalla el estado de exclusión de los gentiles al hablar de su posición sin esperanza en comparación con el de Israel. Estas son sus palabras: "Por tanto, acordaos de que en otro tiempo vosotros, los gentiles en cuanto a la carne, los que sois llamados incircuncisión por la llamada circuncisión hecha con mano en la carne, en aquel tiempo estabais sin Cristo, excluidos de la ciudadanía de Israel y extranjeros en cuanto a los pactos de la promesa, sin esperanza y sin Dios en el mundo".

Cristo no estaba con los gentiles como lo estaba con Israel, ni antes ni después de su encarnación. Estaban fuera de la comunidad que Dios estaba bendiciendo; no había hecho ningún pacto con ellos ni les había hecho promesa alguna. Como resultado, había gente viviendo en el mundo de Dios sin que tuvieran conciencia de que Dios estuviera con ellos, o a favor de ellos. En consecuencia, no tenían esperanza, y muchos eran conscientes de ello. Los rituales desesperados de muchas religiones paganas evidencian ese sentir de desesperanza.

1. La realidad práctica

¿Cómo se manifestaba esta distinción entre el judío y el gentil en el día a día? En Efesios 2:15 se nos habla de "la ley de los mandamientos expresados en ordenanzas". La ley mosaica actuó como "pared intermedia de separación" (v. 14), manteniendo sus vidas separadas. Puede hacer negocios con alguien, pero si no puedes compartir una comida con él o con ella, no se creará ningún vínculo social. Eso es exactamente lo que las leyes alimentarias de Levítico pretendían evitar. En tiempos de Jesús, había un muro literal en el templo que garantizaba que solo los judíos pudieran entrar en aquel espacio. Una inscripción en piedra decía en idioma griego: "Ningún extranjero puede traspasar esta barrera y entrar al recinto del templo. Si alguno es sorprendido se hace merecedor de pena de muerte".[54] ¡No es exactamente un felpudo que diga, "Bienvenido"! Como resultado de esta división era enemistad. Esto, según entiendo, tiene un lado bueno y otro

---

[54] Merrill F. Unger, Archaeology and the New Testament, (Grand Rapids, MI: Zondervan, 1976), p. 102.

malo. El fin de la ley era producir en el pueblo de Dios una enemistad santa: un odio justo hacia la idolatría y la vida sin Dios. Era algo bueno. Pero el corazón pecaminoso generó una enemistad perversa, que condujo al resentimiento, al odio, la ira y el desprecio entre judíos y gentiles. Podemos encontrar ambos tipos de enemistad descritos en las páginas del Nuevo Testamento.

Todo eso es muy interesante, pero ¿qué ocurre hoy? Es cierto que las cosas han cambiado. ¿Siguen siendo importante las categorías de judío y gentil? Por desgracia, sigue habiendo multitudes en el mundo actual que encajan en la descripción que hace Pablo de los gentiles en Efesios 2:11-12, gente sin promesas de parte de Dios, sin esperanza y sin Dios en el mundo. En cuanto a los judíos, siguen siendo un pueblo identificable, un pueblo elegido a quien Dios ha hecho promesas pero que, mayoritariamente, las rechaza y sufre las consecuencias de ello. Todavía existen estos dos grupos en el mundo, y son dos porque Dios así los distinguió. La distinción entre judío y gentil no es solo una más de una lista de diferencias humanas, como ricos y pobres, negros y blancos, de ciudad y de campo, etc. Es una distinción espiritual que Dios creó como parte de su plan para salvar a los pecadores. Solo él puede alterar esa distinción trayendo a los gentiles a su comunidad justa en igualdad de condiciones con los judíos creyentes. Sin embargo, fuera de Cristo, estos dos grupos distintos, judíos y gentiles, continúan existiendo, uno en una relación de pacto con Dios, pero en su mayoría desobediente, y el otro en su mundo sin Dios.

Y siguen como enemigos, la mayoría en la impiedad. Al antisemitismo se le ha llamado "el odio más largo" y sigue vivo y coleando. Desde que Jesús vino, gentiles y judíos no han enterrado su animosidad; de hecho, muchos gentiles han usado el nombre de Jesús para justificar su odio hacia los judíos. Los judíos religiosos siguen considerándose superiores a los gentiles (cristianos o no). Los judíos no religiosos tienden colectivamente, por razones comprensibles, a desconfiar de los gentiles. Los musulmanes siguen resentidos y rechazan el exclusivismo judío. Otros simplemente se aferran a sus estereotipos negativos de los judíos, ignorando todo lo bueno con que los judíos han contribuido a la civilización. Sigue siendo un objetivo particular de Cristo hacer la paz entre ellos por medio del evangelio. Y solo el evangelio puede hacerlo. Hasta donde sé, no hay en el mundo clubes judíos y gentiles, ¡con el objetivo específico de unirlos! Lo más parecido que he encontrado fue un club social judío en Bondi, Australia y otro en el noroeste de Londres, que recibían como miembros a no judíos. En cierto sentido, la iglesia de Dios es un club judío y gentil. Si es así, ¿cómo logra unirlos?

Los medios de la unidad y cómo experimentarla (Efesios 2: 13-18)

Judíos y gentiles solo se reconciliarán si primero se reconcilian con Dios. En Efesios 2:16, Pablo explica cómo Jesús los reconcilia con Dios en la cruz para que aquellos que se arrepienten y creen en Jesús sean perdonados y reconciliados con Dios. Simplemente, quienes así se reconcilian con Dios, por el cuerpo único del Salvador, crucificado por ellos, no pueden permanecer enemistados entre sí; el odio perece, Jesús es su paz.

Pero aquella santa enemistad, que emanaba de la ley, tiene también que desaparecer. Es cierto que eso podría haberse hecho sometiendo a los creyentes gentiles bajo la ley, pero Dios lo hizo aboliendo la ley: Jesús abolió "en su carne la enemistad, la ley de los mandamientos expresados en ordenanzas" (v. 15). Aquella singularidad que la ley otorgó a una nación (Israel) no existe en Cristo. Judíos y gentiles han de aceptarse mutuamente tal como son; los gentiles no pueden pretender que los judíos se conviertan en gentiles, y los judíos no pueden pretender que los gentiles se conviertan en judíos. No se trata solo de saludarse de lejos amistosamente con la mano, sino que están unidos en "un cuerpo" y un nuevo pacto dirige sus vidas juntos.

Es muy diferente de los dos clubes mencionados anteriormente, en Bondi y Londres, donde aceptan a gentiles como miembros. La diferencia es que esos clubes operan en términos judíos y según las reglas judías, la comida es *kosher*, etc. No es así como Dios une a judíos y gentiles.

La expresión cotidiana y divina de tal reconciliación es su acceso igualitario a Dios. En Efesios 2:18, Pablo describe los nuevos medios por los que ambos acceden al Padre: a través del Mesías, por el Espíritu. Anteriormente, solo se accedía a través del templo y los fieles tenían que formar parte de Israel y viajar a Jerusalén. Ahora, dondequiera que estén los fieles, Jesús los conduce a la presencia del Padre. Considera las palabras, "*un* espíritu". No hay dos espíritus que los ayuden a acercarse, sino uno, el Espíritu de Dios, recalcando su unicidad, que ha de ser la experiencia cotidiana cuando oramos juntos.

La nueva comunidad (Efesios 2: 19-22)

Las palabras finales de Pablo en este pasaje son la alfombra de bienvenida para los creyentes gentiles, garantizándoles su ciudadanía en igualdad de condiciones en la comunidad del nuevo pacto; poseen membresía plena. Cualquiera a quien se le haya denegado la membresía en un club o asociación sabe lo que es sentirse de segunda clase. Pablo quiere vehementemente despejar tales sentimientos y les asegura que les espera un cartel de bienvenida, que la puerta está abierta de par en par, que no hay una sala previa para quienes llegan tarde y que la mesa a la que se sientan es una mesa redonda.

En los versículos 20 a 22, Pablo describe la nueva comunidad según la terminología del templo del Antiguo Testamento, y aclara que no es totalmente un nuevo comienzo, sino el cumplimiento de la experiencia de Israel. Así como Dios habitó en medio de Israel mediante la manifestación visible de su presencia en el templo, ahora él mora en medio del conjunto de los que por el Espíritu creen en Jesús. Él está en todos y obrando en medio de todos para llevar a cabo el propósito de Dios. La enseñanza de los apóstoles y profetas es el fundamento de esta nueva comunidad, no la ley de Moisés, y la piedra angular es Cristo, no Moisés. Esto no hace la ley irrelevante, porque la enseñanza de los apóstoles y profetas revela cómo el requisito justo de la ley, el principio espiritual esencial de cada mandato tiene que cumplirse en los creyentes.

1. ¿Un nombre nuevo?

Suena raro, pero en ninguna parte de este pasaje Pablo pone nombre a esta nueva comunidad. Lo más cercano a un nombre sería "la casa de Dios", pero eso es más una descripción. Curiosamente, Pablo no hace como muchos cristianos, que llaman a esta casa "Israel". Por ejemplo, si Pablo hubiese

escrito en el versículo 19: "Así que ya no sois extranjeros ni
advenedizos, sino conciudadanos de Israel con los santos",
habría confundido a los gentiles; ¿acaso eran ahora judíos?
Lo cierto es que a eso sonaría si los llamara "Israel".

¿Qué nos parece la expresión el "Israel de Dios"? Lo dis-
cutiremos más detalladamente en el próximo capítulo, pero si
la expresión se refiere a la iglesia, con seguridad este es el sitio
ideal para presentarla. Ciertamente, este pasaje de Efesios
revela que la nueva comunidad del pacto es el cumplimiento glorioso de todo lo que Dios había prometido a Israel,
pero hemos de reconocer que aquí a esta nueva comunidad
no se la llama "Israel". Tenemos que volver a Efesios 1:22
para encontrar cómo se le llama, y allí se dice que Cristo
es dado como "cabeza sobre todas las cosas a la iglesia". El
nuevo nombre es la "iglesia", la *ekklesia*, que significa "los
convocados", convocados de Israel y de los gentiles. Se recalca tanto la continuidad con Israel, puesto que Israel era
el pueblo llamado en el Antiguo Testamento, pero también
la novedad por medio de la concesión de un nombre nuevo.
Y este es el término que Jesús mismo usó cuando dijo a sus
seguidores: "Edificaré mi iglesia, y las puertas del Hades no
prevalecerán contra ella" (Mt 16:18). Al enfatizar Jesús lo de
"*Mi* iglesia" está señalando claramente a una nueva entidad
de convocados, distinto de Israel como entidad convocada.
Haberme referido a este colectivo como "mi Israel" hubiera
sido, como mínimo, confuso.

Este nuevo ente estará siempre compuesto por los dos
grupos, Israel y los gentiles, por tanto, siempre habrá un
Israel en el que habrá judíos que crean en Jesús. Darle a la
iglesia el título de "Israel", simplemente confunde las cosas,
y el Nuevo Testamento no lo hace nunca.

De los dos un nuevo hombre (Efesios 2:15)

¿Qué implica que judíos y gentiles convivan en Cristo de manera novedosa y unidos? ¿Es solo una realidad interna y espiritual que permite que cristianos gentiles y judíos vivan separadamente en la iglesia y en privado, o requiere algo más de ambos?

La palabra "hombre" aquí es la metáfora de una comunidad. Judíos y gentiles vienen cada uno de un "hombre", de una comunidad con su estilo de vida religioso. Antes del evangelio, era imposible unir a judíos y gentiles sin que al menos uno de ellos cambiara, pero las palabras "un nuevo hombre" requieren que ambos cambien cuando se convierten al Mesías para seguir su camino; es algo nuevo para ambos. Los judíos que creen no están ya obligados guardar la ley de los mandamientos contenida en las ordenanzas, y los gentiles abandonan la injusticia del paganismo y vienen a la verdad. En resumen, los dos caminan ahora según la ley del Espíritu de vida en Cristo Jesús (Ro 8:2). Claramente, no se trata de *dos hombres nuevos*: judíos que siguen a Jesús según las ordenanzas de la ley y gentiles que viven rectamente sin la ley. Bajo tales condiciones, no hubiera sido posible celebrar cultos de adoración unidos, ni mantener relaciones fraternales, ni muchas otras actividades de culto unidas. El cambio fue "total". Difícil, sin duda, pero era lo que Jesús esperaba.

1. ¿Un hombre viejo y dos hombres nuevos?

Los primeros creyentes tuvieron sus dificultades con este proceso de cambio. Por ejemplo, cuando los gentiles creían algunos de los creyentes judíos intransigentes, les exigían circuncidarse y guardar la ley (Hch 15:5). Algo así habría hecho de los dos un hombre viejo, con judíos y gentiles unidos en el estilo de vida del antiguo pacto. Es cierto que el apóstol Pedro no estaba de acuerdo con esa postura, pero no era inmune a la presión de ese estilo de vida judío de antes. Durante una estancia en Antioquía, su modo de actuar pudo haber conducido a dos hombres nuevos. Pablo nos dice:

> Pero cuando Pedro vino a Antioquía, le resistí cara a cara, porque se había hecho digno de reprensión. Pues antes que viniesen algunos de parte de Jacobo, comía con los gentiles; pero después que vinieron, se retraía y se separaba, porque tenía miedo de los de la circuncisión. Y de su simulación participaron también los demás judíos, de tal manera que aun Bernabé fue también arrastrado por la hipocresía de ellos. Gálatas 2:11-13.

Que Pedro consintiera que creyentes judíos y gentiles comieran por separado era retroceder, lo cual habría obligado a los creyentes gentiles a tener que adoptar el estilo de vida judío. De negarse los gentiles a dar ese paso, habría dos grupos, dos hombres nuevos: gentiles con un estilo de vida libre de ordenanzas mosaicas y judíos guardándolas.

2. La solución: uno solo y nuevo para los dos

Mantener la unidad no iba a ser fácil, por eso Santiago, para rebajar las tensiones, propuso algo práctico: "Yo juzgo que no se inquiete a los que de entre los gentiles se convierten a Dios, sino que se les escriba que se aparten de las contaminaciones de los ídolos [comidas], de la fornicación, de lo estrangulado y de la sangre" (Hch 15:19-20). El fin de la mayoría de los requisitos era que pudieran compartir la mesa judíos y gentiles. No se podía esperar que los judíos que se habían abstenido toda la vida de ciertos alimentos enterraran sus escrúpulos en cinco minutos. Incluso si su mente les decía que se podía hacer, sus estómagos podían no hacerlo. Un misionero colega mío se había criado a la manera tradicional judía, y nunca había comido carne de cerdo, y, aunque suene raro, siempre se lo ofrecían en sus viajes para predicar. No podía comerlo. Su cabeza decía "sí", pero se le revolvía el estómago de pensarlo.

El principio de Pablo para las relaciones fraternales entre creyentes con escrúpulos era adaptarse: "Bueno es no comer carne, ni beber vino, ni nada en que tu hermano tropiece, o se escandalice, o se debilite" (Ro 14:21). ¿Pensamos en ello cuando tratamos con cristianos de trasfondo judío o con otros de trasfondo cultural diferente del nuestro?

3. ¿La solución fácil?

Lo que queda muy claro de cuanto hemos visto es que la solución fácil no es la buena –formar iglesias separadas de judíos y gentiles. El relato de Pablo enfrentándose a Pedro en Antioquía muestra que en la iglesia creyentes judíos y gentiles comían juntos (Gá 2:11-12). Sin duda, esta era el área de mayor tensión en su comunión, pero estaban teniendo éxito, por lo que podemos estar seguros de que estaban adorando y sirviendo a Dios juntos en todo lo demás. Aquella era la primera iglesia de gentiles y la Escritura nos la presenta como ejemplo práctico de que el nuevo hombre en Cristo era una realidad. No siguieron la opción fácil creando iglesias separadas.

Pablo siguió claramente este modelo al fundar sus iglesias. Lo que identifica a sus iglesias es su ubicación, no el origen étnico de sus miembros. En Tesalónica había convertidos judíos y gentiles (Hch 17:14), pero allí Pablo solo veía una iglesia: "la iglesia de los tesalonicenses" (1Ts 1:1). Eso no significa necesariamente que solo hubiera un lugar de reunión, sino que todos eran la única iglesia de los Tesalonicenses, y nunca se menciona subgrupo alguno definido étnicamente. Si en las Escrituras no hay ejemplos de iglesias étnicas, sino solo modelos inclusivos, nada respalda que haya iglesias étnicamente definidas. El problema es evidente cuando los convertidos aún no pueden hablar el idioma del país o de la región, pero tales iglesias han de verse como un fenómeno temporal.

Estando en Nueva York en 1983, visité una iglesia situada en un distrito WASP (blanco, anglosajón, protestante),[55] pero a donde se habían mudado durante un periodo de tiempo judíos y muchos otros grupos étnicos de tradición no cristiana. El pastor trajo colaboradores de estos grupos para evangelizarlos siendo sensible a sus propios idiomas, comenzando cultos para los nuevos creyentes de los diferentes grupos de idiomas los domingos por la mañana temprano en el edificio de la iglesia con el objetivo de integrar a las personas en el culto principal en inglés cuando estuvieran listos, aunque se sabía que algunos de ellos nunca lo estarían. Su solución no fue formar una iglesia para cada grupo. La unidad de la iglesia se mantuvo y la vida de la iglesia se enriqueció al tener gente de tantos orígenes diferentes, entre ellos judíos. Los creyentes mantuvieron sus propias tradiciones culturales en sus hogares y su comunidad. Creo que una iglesia así sigue el modelo del Nuevo Testamento.

---

[55] De "White, Anglo-Saxon, Protestant". N.T.

¿Por qué he recalcado tanto que se trata de un ente nuevo y único, y que judíos y gentiles tienen que estar juntos en las iglesias locales? Pues porque hoy hay una tendencia fuerte en sentido contrario, que funda iglesias al estilo judío, normalmente conocidas como Iglesias Mesiánicas, que practican la fe en Jesús bajo la bandera del Judaísmo Mesiánico.

Iglesias judías

Lo que me preocupa es que los cristianos latinoamericanos crean que está bien qué algunos creyentes judíos establezcan sus propias iglesias. Quiero comenzar analizando cuatro de los problemas que tienen con las iglesias, y luego examinar ciertos asuntos concretos relacionados con las propias congregaciones mesiánicas. También quiero proponer otras posibles soluciones para satisfacer sus necesidades, pero que estén más de acuerdo con las Escrituras.

1. El antisemitismo

Debido a siglos de antisemitismo dentro del mundo cristiano, y la brecha existente entre el judaísmo y el cristianismo, los nuevos convertidos judíos creen que tendrán problemas cuando comiencen a asistir a una iglesia y hay malas experiencias que demostrarían que tienen razón. Una reacción comprensible es comenzar su propia iglesia. Durante siglos eso no fue realmente posible, pero hoy sí lo es. A los cristianos gentiles que observan este movimiento y lo miran con desprecio o rechazo, una dosis de humildad no les vendría mal, porque, en general, son estas actitudes equivocadas de los cristianos gentiles las que han creado el problema. Tienen que descubrir la viga en sus propios ojos.

2. La cultura

La mayor parte de los cristianos sencillamente no se dan cuenta de lo mucho que la cultura propia moldea la vida de su iglesia y expresión cristiana, y no consiguen ponerse en el lugar de quienes pertenecen a alguna minoría entre ellos. Esa falta de sensibilidad puede hacer que las minorías se aparten. Los creyentes judíos son una minoría que ha crecido en una cultura significativamente diferente y pueden sentirse como pez fuera del agua. La tentación es querer ser parte de una iglesia mayoritariamente judía.

3. La evangelización

Los creyentes judíos quieren que otros judíos crean en Jesús, pero ¿a dónde los van a llevar para que oigan el evangelio? Como se ha dicho antes, la mayoría de los judíos ve a las iglesias como el enemigo. A una señora judía de cierta edad que yo conocía, se le enseñó a cruzar la calle para no pasar cerca de una iglesia. La tentación es comenzar una iglesia al estilo judío donde quienes estén interesados se sientan más como en casa.

4. La misión de Israel

La razón de ser de los judíos es ser bendición para las naciones a través del Mesías. Por tanto, no es sorprendente que cuando los judíos creen en Jesús deseen ver a su pueblo alcanzar ese destino, pero ¿cómo pueden hacerlo? ¿Deben de alguna manera trabajar dentro de su comunidad judía? ¿Una sinagoga cristiana, quizás? Es una idea comprensible.

Congregaciones mesiánicas y sinagogas mesiánicas

"Congregación mesiánica" y "sinagoga mesiánica", son los dos títulos más utilizados para una iglesia que, en su forma, es culturalmente judía y que adopta prácticas del judaísmo rabínico. No son solo para judíos y la mayoría de ellas tiene alrededor de un cincuenta por ciento de asistentes que son creyentes gentiles. Es difícil precisar por qué algunas iglesias judías eligen uno de estos títulos y no el otro, ya que se solapan mucho. Si los visitamos, distinguiremos dos clases principales: unas parecerán una iglesia evangélica, pero con una sensibilidad judía en todo, posiblemente de tendencia carismática; otras te harán pensar que has entrado por error a la sinagoga local. Esto último se debe por lo general a que han dado un paso mucho más grande hacia el judaísmo rabínico, adorando según el modelo de la sinagoga y enseñando un estilo de vida de observancia de las costumbres rabínicas y mosaicas. Muchas de estas congregaciones y sinagogas son independientes, pero tienden a agruparse. Para 2003 se habían formado tres organizaciones de cobertura: la Unión de Congregaciones Judías Mesiánicas (UCJM, con más de 70 congregaciones), la Alianza Internacional de Congregaciones y Sinagogas Mesiánicas (AICSM, con más de 50 congregaciones), y la Asociación de Congregaciones Mesiánicas (14 o más congregaciones).

Creo que, a pesar de sus buenas intenciones, estas congregaciones no se ajustan al modelo del Nuevo Testamento, porque la verdad es que han creado un segundo hombre nuevo, una forma de iglesia en la que solo los judíos y los gentiles que actúan como judíos se sentirán bien. Además, toda su práctica promueve lo exterior de la vida espiritual, en contra de la exhortación de Pablo: "Pues si habéis muerto con Cristo a los principios elementales del mundo, ¿por qué, como si vivieseis en el mundo, os sometéis a preceptos...? (Col 2:21 y ss.). Sin duda, otras iglesias cometen los mismos fallos, pero eso no justifica que las congregaciones mesiánicas hagan lo mismo; dos errores no hacen un acierto. Los cristianos gentiles que asisten tienen que adoptar todas sus demás costumbres judías o se sentirán excluidos; los gentiles tienen que actuar como judíos, lo cual no es lo nuevo que Pablo tenía en mente para ellos. Su intención era que dejaran de ser paganos, no que comenzaran a comportarse como judíos. Pedro y Santiago expresan el mismo sentir en Hechos 15: 10 y 19. Esto merece que lo veamos con más detalle.

1. ¿Qué pinta entonces un gentil en una iglesia judía?

Ya he explicado por qué los judíos fundan iglesias judías, pero vale la pena preguntarse por qué los gentiles quieren acudir a ellas. No puede ser debido al antisemitismo o por un deseo de expresar que su cultura es judía. Hay quienes asisten porque tienen un sentir particular por ver a los judíos salvos, o porque quieren apoyar a los creyentes judíos en su deseo de cumplir la misión de Israel. Otras razones que dan son:

- por aprender de las fiestas judías;
- porque les gusta más el culto litúrgico;
- porque les encantan las canciones y las danzas judías;

- porque creen que la enseñanza los pone en contacto con una sabiduría propia de los judíos; y
- por un deseo de volver a la adoración de la "iglesia original".[56]

No me cabe duda de que se pueden encontrar otras formas para que los cristianos gentiles puedan disfrutar de canciones de estilo judío, aprender de las fiestas judías y evangelizar siendo sensibles con los judíos, porque ¿qué ocurre con los demás asuntos?

¿Es acaso bíblico pensar que si se celebran las fiestas judías y hay miembros judíos la vida de la iglesia es espiritualmente más rica de alguna manera? En Colosenses 2:16 a 3:3, Pablo les dice a los creyentes que no se dejen intimidar por quienes pretenden que hay algo superior en guardar ciertas observancias y mantener ideas místicas. Las observancias judías pertenecen a un tiempo de inmadurez; son solo sombras del Mesías. En Gálatas, Pablo va más allá y pone en duda el cristianismo real de los gentiles que asumen tales cosas, pensando que así Dios los acepta mejor: "Seguís observando los días, los meses, las estaciones y los años. Me temo de vosotros, que haya trabajado en vano con vosotros" (Gá 4:10-11). Pablo es bastante claro, si los cristianos gentiles incorporan la observancia de tales tradiciones a sus vidas espirituales, el resultado será la inmadurez o la ruina espiritual.[57]

---

[56] Puedes encontrar una discusión más amplia sobre este tema y la respuesta correspondiente en el libro de Stan Telchin, *Messianic Judaism is not Christianity* (Grand Rapids, MI: Chosen, 2004), cp. 6, "The Phenomenon: Gentiles in Synagogues".

[57] Como podría esperarse, este renovado hincapié en la observancia de costumbres mosaicas y rabínicas ha generado una variedad de movimientos de muy variados énfasis, pero que tienen una cosa en común: una interpretación errónea del lugar que ocupa la ley mosaica en la vida cristiana. Por

Sobre el tema de la "iglesia original" en Jerusalén, por lo que sabemos de sus prácticas no hay nada que anime a mantener las tradiciones judías. En Hechos 2:42 leemos: "Y se ocupaban asiduamente en la enseñanza de los apóstoles, en la comunión unos con otros, en el partimiento del pan y en las oraciones". No hay nada allí que anime a seguir las tradiciones judías. La única tradición que se menciona es el partimiento del pan. En otros pasajes se dice que todos ponían en común sus posesiones, pero, es curioso que quienes admiran la iglesia original no parece que propongan que se siga esta práctica en la actualidad.

Asistir al templo obviamente implicaba seguir las prácticas tradicionales, pero eso era solo para quienes eran judíos, y no tenía nada que ver con la vida de la iglesia.

En cuanto a la misión de Israel de llevar las buenas nuevas del Mesías al mundo, actualmente se cumple por medio de las iglesias y misiones dirigidas a los judíos, donde judíos y gentiles que han creído llaman a Israel y a las naciones al arrepentimiento, y a creer en Jesús. En realidad, la tarea comenzó siendo una labor exclusivamente judía, cuando los primeros creyentes judíos fueron a las naciones, aunque ahora es la labor de todos aquellos que por fe son hijos de Abraham. Así es como lo ve Pablo, quien nunca prevé que la tarea

---

ejemplo, el "One Law Movement" (Movimiento de la Ley Única) recalca la unidad de los judíos y los gentiles en Cristo, su lema es "Un pueblo, un Mesías, una Torá", pero enseña que los creyentes gentiles y judíos deben guardar la misma Torá; por ejemplo, todos tienen que guardar el sábado, las fiestas, las leyes alimentarias y muchas más cosas, excepto la circuncisión. Tal cosa va en contra de la importante enseñanza del Nuevo Testamento a la que me he referido en este libro, especialmente en este capítulo, es decir, el nuevo hombre del One Law Movement no es nuevo para ambos, ya que su estilo de vida cristiano es sobre todo judío.

tenga que volver a ser exclusivamente de los judíos, como piensan algunos cristianos que esperan el establecimiento de un reino terrenal mesiánico localizado en Jerusalén.

El judaísmo mesiánico

El término "judaísmo mesiánico" fue acuñado por la Unión de Congregaciones y Sinagogas Mesiánicas para expresar la idea de que los judíos que creen en Jesús deberían unirse en congregaciones vinculadas para ser una cuarta rama del judaísmo (las otras son, los ortodoxos, los conservadores y los reformistas). Pero permítaseme antes aclarar cierto uso inadecuado del término. El término "judaísmo mesiánico" se usa cada vez más para designar la fe de aquellos judíos que se identifican como "judíos mesiánicos". O es inexacto, o es deshonesto. Muchos creyentes judíos se identifican de manera habitual u ocasional como "judíos mesiánicos", sin asistir a ninguna congregación o sinagoga mesiánicas, ni identifican su fe como judaísmo. A los defensores del judaísmo mesiánico les incomoda que la gran mayoría de los judíos que creen en Jesús, puede que alrededor del 90 por ciento, asista a iglesias. Como se explica en las citas que siguen de uno de sus principales exponentes, Richard C. Nichol, es más exacto usar el término en un sentido más estricto:

> El judaísmo mesiánico es una expresión de la fe judía edificada sobre la verdad básica de que el pueblo judío que acepta al Mesías resucitado de Israel, Yeshua, está obligado a colaborar con Dios para mantener la existencia y la vitalidad permanente de los judíos en todo el mundo, a la vez que lleva al mundo el mensaje de amor y redención de Yeshua.

¿Cómo responde, entonces, el judaísmo mesiánico a las demandas y privilegios de la colaboración divino-humana? Formando sinagogas mesiánicas [...]. Los modernos judíos que creen en Yeshua pueden seguir viviendo como judíos. El judaísmo mesiánico es principalmente un movimiento congregacional.

Nuestra fe es una clase de judaísmo[58]

Es importante señalar que muchos de los que están a favor de las congregaciones mesiánicas están en contra de esta idea de ser un cuarto tipo de judaísmo y de querer ser aceptados como tal por la comunidad judía en general.[59] Como cabía esperar, la insistencia sobre el asunto de la identidad ha llevado a determinados judíos dentro del judaísmo mesiánico a ponerla por encima de la identidad de la iglesia en general, como muestra el siguiente artículo de la página web de la UCJM:

Un grupo judío mesiánico debe:

1. cumplir con la responsabilidad del pacto que incumbe a todos los judíos,
2. dar testimonio de Yeshua dentro del pueblo de Israel, y

---

[58] Las tres citas son de "Messianic Judaism –so what exactly is it?", *Messianic Jewish Life* 72 (Julio-Septiembre, 1999).

[59] El capítulo 2.5 de Rich Robinson, *The Messianic Movement: A Field Guide for Evangelical Christians* (San Francisco, CA: Purple Pomegranate Publications, 2005) detalla la evolución de esta idea después de 1999. Este libro es un excelente resumen del tema y contiene un buen número de análisis muy útiles.

3. servir como representante auténtico y real de los judíos dentro del cuerpo del Mesías, *siendo prioritario integrarse en el mundo judío en general* [cursiva mía], y mantener a la vez una relación corporativa viva con la iglesia cristiana.[60]

Los integrantes del judaísmo mesiánico no son un grupo pequeño de gente dispar, desorganizados y con escasa formación. En 1997 fundaron un Instituto de Teología Judía Mesiánica (ITJM), compuesto por una escuela de estudios judíos que incluye un programa de formación dedicado a capacitar a una nueva generación de rabinos y líderes judíos mesiánicos. El ITJM ha creado también centros educativos; *Hashivenu*, un foro mesiánico para líderes judíos; y *Kesher*, una revista teológica judía mesiánica. Algunos dentro del judaísmo mesiánico han creado una *Halakha*[61] para gobernar la vida personal y congregacional.[62] Esos grupos hablan de una eclesiología bilateral,[63] es decir, de dos iglesias: la iglesia general

---

[60] *Defining Messianic Judaism* es un artículo de la página web de *the Union of Messianic Jewish Congregations*: http://www.ucmjs.com/

[61] Vocablo judío (en hebreo: el camino) que se refiere al estilo de vida dictado por la ley de Moisés y añadido a ella según interpretación de los rabinos. Cada tipo diferente de judaísmo ha producido su propia *halakha*: reglas y normas que gobiernan cada aspecto de la vida cotidiana, fiestas y ayunos anuales, y observancias relacionadas con las principales etapas de la vida desde la cuna hasta la tumba.

[62] Por ejemplo, ver la página web de la Union of Conservative Messianic Synagogues (Unión de Sinagogas Judío Mesiánicas Conservadoras), que ha creado más de doscientas categorías que regulan la vida de un judío mesiánico:
http://www.ucmjs.com/mj_halacha.htm (consultada el 31 de enero de 2013).

[63] "Es la idea de que cristianos y judíos mesiánicos son dos partes distintas de la iglesia unificada del Mesías. Los judíos mesiánicos son llamados a ser judíos, permanecer dentro de nuestro pueblo y asociarse con nuestros hermanos y hermanas cristianos. Nuestras comunidades son distintas, pero

de los gentiles y otra principalmente para judíos, aunque los gentiles son generalmente bien acogidos.[64] En este momento, la mayoría se opondría a asumir un proceso para que los gentiles se hagan judíos, aunque hay una minoría entre ellos que están a favor y que quiere que sus congregaciones sean

---

nuestro Mesías es el mismo. Compartimos un vínculo, pero hay diferencias de identidad y forma de vida", Blog *Hashivenu* de Derek Lehmann (1 de febrero de 2010).

[64] *Toward Jerusalem Council II* (Hacia el II Concilio de Jerusalén) es un movimiento que promueve esa visión bilateral de la iglesia, y quiero comentarlo porque su influencia está creciendo. El TJCII fue promovido por la Unión de Congregaciones Judías Mesiánicas (UCJM), organismo originario de los Estados Unidos. El TJCII está trabajando para convocar un concilio de iglesias en Jerusalén, en línea con Hechos 15. Este concilio tendrá dos objetivos principales. Uno de los objetivos del TJCII es "organizar un concilio que acoja como judíos en la comunidad creyente a los creyentes judíos en el Mesías", (http://www.umjc.org/ into-jerusalem-Council-ii / consultado el 19 de enero de 2016). El otro objetivo consiste en "una iniciativa de arrepentimiento y reconciliación entre los segmentos judío y gentil de la Iglesia". Además: "fomentar el arrepentimiento por los pecados que los cristianos gentiles y la iglesia cristiana ha cometido contra los judíos" (http: //www.tcjii.org consultada el 19 de enero de 2016). El arrepentimiento será expresado en el concilio por las principales iglesias del mundo cristiano. El vínculo con el judaísmo mesiánico está en la frase clave: "que acoja como judíos en la comunidad creyente a los creyentes judíos en el Mesías". La página web de la UCJM deja claro que lo que esas palabras significan es aceptar el judaísmo mesiánico como la forma más bíblica para que los creyentes judíos sigan a Jesús, aceptando la idea de iglesias separadas donde las tradiciones de Moisés y del judaísmo sean parte esencial de la vida de la iglesia. Si aceptar a los creyentes judíos "como judíos" fuera solo cuestión de pedirle a la iglesia en general que reconozca que siguen siendo judíos y que acepte que los creyentes judíos sigan algunas prácticas judías como parte de su vida cotidiana, no debería haber ningún problema (ver Capítulo 9), pero el judaísmo mesiánico significa crear dos entes nuevos. Creo que será difícil que una conferencia así se produzca en Jerusalén, pero debido a la presión emocional que ejerce, por su hincapié en los importantes errores del pasado, muchos cristianos bien intencionados están participando y el tiempo que podría dedicarse en acciones más bíblicas sobre estos temas se está desperdiciando siguiendo este enfoque que no es bíblico.

totalmente judías. Hay quienes apoyarían que los creyentes gentiles guarden la *Halakha*. Como se podría esperar, se está empezando a enseñar un error grave, como podemos ver por la cita de Mark Kinzer que sigue: "Puesto que el pacto de Abraham está aún vigente, creo que es posible que un judío que no conoce a Yeshua tenga una relación viva con Dios, igual que la tiene un cristiano. Aunque, naturalmente, Yeshua sigue siendo el Mesías y cualquier judío que lo conozca está mejor situado y accede a Dios más fácilmente que antes".[65]

Aunque quienes forman parte del judaísmo mesiánico como movimiento congregacional sin duda creen estar a la vanguardia de los propósitos de Dios para con Israel, yo no veo más que una secta cristiana, parecida a los adventistas del séptimo día, destinada a ser poco más que una atracción secundaria irrelevante en los propósitos globales de Dios, incluidos los propósitos que tienen que ver con Israel, y un desperdicio de los talentos y energías de los judíos creyentes que forman parte del movimiento. Que se convierta gente cuando predican el evangelio no demuestra que sigan el camino correcto, solo que la promesa de Jesús de salvar a quienes escuchan y creen se cumple.

La principal crítica del judaísmo mesiánico

Diría las mismas cosas que antes en el apartado "Congregaciones mesiánicas y sinagogas mesiánicas": efectivamente

---

[65] Citado por Gabriela M. Reason, "Competing trends in Messianic Judaism: the debate over Evangelicalism", *Kesher, A Journal of Messianic Judaism* 17 (2004). Mark Kinzer es dirigente universitario y profesor en medios del judaísmo mesiánico, es profesor adjunto en el Fuller Theological Seminary y profesor del Messianic Jewish Theological Institute.

han creado un segundo hombre nuevo, toda su práctica fomenta lo externo en la vida espiritual, y promueven que los gentiles se comporten como si fueran judíos. No obstante, tengo algo más que decir sobre su intención de ser un cuarto judaísmo dentro de la comunidad judía en general. La exhortación de Hebreos a los creyentes judíos es: "Salgamos, pues, adonde él, fuera del campamento, llevando su vituperio" (Heb 13:13). El campamento es la comunidad judía en general que se ha rebelado contra su Mesías como lo hizo contra Moisés; la imagen del campamento proviene de la experiencia de Moisés con Israel (Éx 33:7). Jesús fue crucificado extramuros de Jerusalén como señal de que fue rechazado, y los que creen en él no tienen más remedio que seguirlo allí. Cualquier intento de mantenerse dentro llevará inevitablemente a diluir una declaración clara de que Jesús es el Mesías, el Hijo de Dios.

Creo que quienes están al frente del judaísmo mesiánico deberían aprender de la experiencia del rey Josafat. El judaísmo mesiánico quiere desempeñar un papel en el cumplimiento de la misión de Israel siendo parte de Israel en un sentido religioso institucional, dentro del judaísmo. Esto es asumir el nombre de otra religión que se opone a Jesús el Mesías, y asimilándola a su nombre; no puede ser más que sincretismo. Lo que inquieta en medios cristianos latinoamericanos es que ese interés por los judíos puede conducir al sincretismo. La inquietud tiene fundamento si los creyentes se involucran en el judaísmo mesiánico, pero hay que verlo como la creencia y la práctica de una pequeña minoría. El rey Josafat es un ejemplo de los peligros inherentes al judaísmo mesiánico. Él era un hombre piadoso muy elogiado por las Escrituras (2Cr 17:36). Le preocupaba sanar la división que había entre Israel y Judá, lo cual lo llevó a establecer alianzas de guerra, comerciales e incluso matrimoniales (1Re 22:4; 2Cr 20:35-37; 2Cr 18:1; 21:1-6), todas ellas desastrosas. La última, llevó incluso a la introducción en Judá del culto de Baal. El resto de su historia muestra que realmente nunca aprendió la lección ni se dio por vencido esperando alguna forma de unidad con el reino del norte. Sin duda, su motivación era buena, quería traerlos de vuelta al Señor, pero su política casi llevó a Judá a la ruina siete años después de su muerte. Quienes están al frente del judaísmo mesiánico tienen los mismos motivos para desear que su pueblo vuelva a la obediencia al Mesías, pero como el reino del norte, Israel como pueblo ha apostatado. Es una estrategia de alto riesgo, que amenaza con hacer naufragar la fe de muchos.

¿Qué significado tiene la escatología para las congregaciones y sinagogas mesiánicas?

Una de las razones por las que algunos comienzan congregaciones y sinagogas mesiánicas es la misión de Israel. Su objetivo es influenciar la comunidad desde dentro. A este respecto, la escatología es un factor importante porque la mayor parte de los que asisten a estos grupos creen en una escatología que piensa que Israel aún ha de recuperar su lugar central en el propósito de la redención de Dios cuando Jesús regrese para reinar en Jerusalén. Muchos en estos grupos creen que el tiempo está cerca y, por tanto, asociarse con judíos ha de ser algo prioritario. Aun en el caso de que dicha escatología fuera correcta, nunca deberíamos permitir que se debilite la necesidad de salir del campamento para ser parte del nuevo hombre y anteponer la responsabilidad de la misión a las contingencias proféticas (Hch 1:6).

Alternativas eclesiásticas y paraeclesiásticas

¿Cómo respondemos a todos estos argumentos a favor de las iglesias judías? He presentado las inquietudes legítimas que motivan a quienes las constituyen, y espero que los lectores las entiendan y las aprueben. Espero también que se gocen de que otra razón es que hoy en día hay muchos más judíos que creen en Jesús. Sin embargo, creo que estas inquietudes han de resolverse de otra manera, porque judíos y gentiles deberían adorar juntos en las iglesias locales y no formando iglesias etnocéntricas. La solución es doble: tener una perspectiva adecuada de la iglesia y tener en cuenta la ayuda que pueden brindar las organizaciones paraeclesiales. Me ocuparé de esto último en primer lugar.

La ayuda paraeclesiástica

1. La misión hacia los judíos

Hace falta que las iglesias se comprometan con una evangelización respetuosa de sus vecinos y amistades judíos, y si creen que no están suficientemente capacitados para hacerlo, pueden solicitar ayuda de misiones que tienen experiencia trabajando con judíos, como Christian Witness to Israel (Testimonio Christian a Israel: www.cwi.org.uk) con la que yo trabajo. Así mismo, esas misiones pueden brindar apoyo enseñando la cultura judía y sus fiestas.

2. Una asociación mesiánica

Algo que da respuesta a las cuatro inquietudes mencionadas anteriormente (antisemitismo, etc.) es una asociación mesiánica: una confluencia de creyentes y no creyentes, de judíos y gentiles, que no es una iglesia, pero que tiene un ministerio para presentar el evangelio como un judío lo presentaría a otros judíos, y también como un ministerio con una enseñanza centrada en temas judíos. Su organización puede ser independiente o vinculada a una iglesia concreta, como parte del ministerio de la iglesia. La evangelización es respetuosa; los creyentes judíos disfrutan de la comunión con otros creyentes judíos, y el ambiente es culturalmente judío: música, decoración y comida, todo al estilo judío. Los hijos de creyentes judíos, junto con sus compañeros, tendrán también la oportunidad de ser instruidos sobre su herencia judía. Los grupos pueden organizarse de modo que quede bastante claro que no son una iglesia, ni lo serán. Pueden reunirse periódicamente y en los tiempos especiales de las fiestas, etc. Los creyentes judíos que asisten pueden necesitar momentos ocasionales de comunión "solo para judíos", en los que debatir temas de su especial interés y que pueden organizarse dentro de la estructura de una asociación mesiánica.

3. Grupos de amistad

Los creyentes judíos de una determinada localidad a veces organizan encuentros con esos mismos fines sin ser formalmente una asociación mesiánica. Pueden acogerse a la cobertura de una organización como la Alianza Judía Mesiánica de su país.

Judíos y gentiles juntos en la iglesia

Un antídoto para las "iglesias judías" es tener una perspectiva correcta de la iglesia local. Una solución es que la iglesia compuesta de judíos y gentiles despliegue un mínimo de adornos culturales de ambos; así fue en los días del Nuevo Testamento. Quiero hacer algunas observaciones que espero ayuden a ese proceso.

1. A tener en cuenta por los creyentes judíos

Una iglesia local de cultura mixta ayudará a los creyentes judíos a seguir teniendo en cuenta los ritos y observancias judías. No son esenciales para el crecimiento espiritual, y el hecho de que no haya constancia de ellos en el nuevo pacto lo subraya. Cuando hace un siglo, David Baron, líder de los cristianos judíos en el Reino Unido, escribió en contra de los defensores del judaísmo mesiánico de su tiempo, lo que le preocupaba era el riesgo de inmadurez espiritual debido a la observancia de costumbres.[66] Ese mismo riesgo lo corremos hoy.

Aunque se puede entender que la experiencia del antisemitismo lleve a los creyentes judíos a ser cautelosos con respecto a las iglesias, deben recordar que también hay una rica historia de filosemitismo en las iglesias. Las dos citas que siguen, de los principales predicadores protestantes sobresalientes del pasado, muestran una actitud positiva hacia los judíos. Richard Sibbes (1577-1635), ministro y teólogo puritano de Inglaterra escribió:

> Los convertidos judíos se regocijaron al ver que los gentiles eran llamados; y ¿por qué no habríamos de alegrarnos nosotros sabiendo que los judíos son llamados?

---

[66] David Baron, *Messianic Judaism or Judaising Christianity* (Chicago, IL: American Messianic Fellowship, 1911). Reeditado de la revista mensual *The Scattered Nation*, (October 1911) del Hebrew Christian Testimony to Israel, Whitechapel, London.

Increase Mather (1639-1723), uno de los primeros ministros del evangelio de las Américas, escribió:

> Que las tribus de Israel en general se conviertan es una verdad en cierta medida conocida y creída en todas las épocas de la Iglesia de Dios, desde los tiempos de los Apóstoles.

Muchos cristianos piensan igual hoy, en forma positiva. También levantan la voz a favor de los judíos cuando el antisemitismo asoma su fea cabeza, como en la declaración emitida por la Alianza Evangélica del Reino Unido en marzo de 2007, en respuesta a ciertas propuestas del gobierno del Reino Unido sobre el antisemitismo:

> La Alianza Evangélica acoge con beneplácito la respuesta firme del Gobierno al informe de los partidos de la Cámara de los Comunes[67] que subraya el problema del incremento del antisemitismo.

> David Muir, de la Alianza Evangélica, ha dicho lo siguiente: "En un momento en que la sociedad resalta, como es debido, lo inaceptable de la intolerancia y el racismo, es inquietante oír que el antisemitismo está creciendo. Quizá la sociedad se haya vuelto demasiado complaciente pensando que tales actitudes pertenecen al pasado. Nos congratulamos de la vigorosa respuesta del Ministro de Entidades Locales, Phil Woolas, e instamos al Gobierno, a la policía y a las instituciones docentes a asegurar que ningún clima de hostilidad

---

[67] Report of the all-party parliamentary inquiry into antisemitism: Government response: https://assets.publishing.service.gov.uk/government/uploads/system/uploads/attachment_data/file/228610/7059.pdf. N.T.

y de prejuicios hacia los judíos vuelva a aparecer en Europa ni en el Reino Unido".

Si los creyentes judíos no se comportan como niños mimados, esperando un trato especial, con toda seguridad encontrarán una comunidad cristiana que los acoja y los apoye en medio de un mundo cada vez más antisemita. Si detectan actitudes antijudías, no deberían tener una pataleta y coger la puerta, sino ver que es un pecado de sus hermanos y hermanas como muchos otros, y cumplir su parte para hacer que lo reconozcan y se arrepientan.

¿No son judías todas las iglesias? Lo que digo es que los fundamentos de cualquier iglesia neotestamentaria tienen su origen en los judíos. Las Escrituras que se leen y se enseñan fueron escritas por judíos y su historia es judía. Los apóstoles, cuya enseñanza constituye el fundamento de la iglesia, eran todos judíos. Las dos únicas ordenanzas reglamentadas, la Cena del Señor y el bautismo, son la evolución de prácticas judías: la Pascua y los baños rituales. Los creyentes judíos tienen otras formas de disfrutar de su herencia única sin tener que insistir en ser parte de la vida de otro hombre nuevo. Esa vida es nueva para todos; es espiritual, pero no culturalmente judía, y los creyentes judíos deberían reconocerlo.

Los creyentes judíos deben tener cuidado con los cristianos que los tratan dándoles una importancia exagerada por el hecho de ser judíos. Ese tipo de creyentes los adularán y harán que se vuelvan orgullosos. La capacidad que tenemos de ser bendición para los demás en la iglesia depende de una cosa: de cuánto nos parecemos a Jesús. No quiero decir con esto que menosprecie el hecho de ser judío. Me gustaría leer la historia de mi país al leer la Biblia, pero es algo que nunca ocurrirá, porque soy inglés. Los judíos que creen, sí gozan de ese privilegio. Eso debería servirles para atraerlos a la dimensión terrenal del texto y hacerles sentir de manera única las experiencias en él recogidas, que ellos mismos saben que son judías.

En cuanto al asunto de la misión encargada a Israel, hay que reconocer que la iglesia, a pesar de todos sus fallos, es el ente por medio del cual la misión se está cumpliendo. El que Dios haya llamado a los gentiles a participar en la misión no debe oscurecer el hecho de que la misión encargada a Israel está cumpliéndose ahora. Además, la misión de Israel también se cumple por medio de las Escrituras. A través de ellas, hasta el final de los tiempos, Israel sigue siendo una luz para los gentiles. Por ejemplo, cuando un predicador enseña, con frecuencia usa la frase "como dice Isaías", de modo que un judío está predicándole a las naciones. Este es el momento de unirnos con todos los que son hijos de Abraham por fe para cumplir la misión de Israel de hablar a las naciones por medio de la predicación del evangelio.

2. Consideraciones generales

Las iglesias deben recibir a otros cristianos de trasfondo cultural minoritario, entre los que están los creyentes judíos. La mayoría de las iglesias seguirán un modo de hacer las cosas derivado de la cultura predominante en la iglesia, y la tendencia de esa mayoría es asumir que sus preferencias culturales son las mejores. Eso es aún más cierto en una cultura donde la influencia del evangelio es de siglos. En su novela *Hawaii*, James Mitchener analiza los problemas que surgen cuando el evangelio impacta en una cultura. En un determinado momento, habla de un misionero sin formación médica, atendiendo a su esposa en el parto en vez de llamar a las parteras locales, con siglos de sabiduría acumulada. ¿Por qué correr tanto riesgo? Era su manera de entender el versículo: "¡No aprendáis el camino de los gentiles!" (Jer 10:2). Evidentemente, nada bueno podría salirle de Hawai a ese misionero. Es una actitud ridícula, pero que suele verse en iglesias que no aprenden nada de los creyentes que se encuentran entre ellos pertenecientes a cualquier otra cultura minoritaria, quienes, por lo general, se dan cuenta de tales puntos flacos y errores menores con mucha más claridad. Los "de fuera" distinguen con más facilidad lo que es una práctica claramente enseñada en las Escrituras y lo que no es más que una inferencia que se ha constituido como norma cultural; la vestimenta es un ejemplo evidente de ello. Los creyentes judíos son una de esas minorías, y su contribución ha de ser valorada sin tener que otorgarles una posición divina.

Los judíos son judíos y siempre lo serán. ¿Por qué las cosas habrían de ser de otro modo? Las señas de identidad judías no son en sí mismas malas porque el judaísmo rechace a Jesús y, por tanto, tengan que desaparecer. Los judíos comen comida al estilo judío, que está enriquecida por la variedad de las muchas culturas entre las que han vivido; cuentan chistes judíos y gesticulan a su manera. A los judíos les interesa el Estado de Israel; no se trata de si "mi país está bien o está mal", sino del simple deseo humano de tener un lugar al que poder llamar "patria" en el que organizarse a sí mismos. ¡Lo creas o no, el judaísmo es importante para ellos! Los judíos han quedado marcados por la historia debido a las actitudes tantas veces opresivas de aquellos entre quienes han vivido. Han sido abatidos, por lo que es bastante natural que se esfuercen para volver a levantarse; si empujas un corcho hacia abajo, sube con fuerza. Se les acusa de hacer piña; bueno, ¿no lo harías tú también si tus amigos o vecinos de la escuela te llamaran "asesino de Cristo" de vez en cuando? Su estado de ánimos suele ser la respuesta a este maltrato, y saben usar las palabras con precisión, casi al punto del legalismo, porque con mucha frecuencia han tenido que defenderse con palabras. Puede que algunas de estas reacciones frente al maltrato hagan que otros se ofendan, pero quien está sin pecado que tire la primera piedra. Todas las experiencias pueden ser santificadas por la gracia de Dios. Si nos alejamos un poco y observamos los beneficios que los judíos han aportado a cualquiera de las naciones en la que han podido aportar con total libertad sus talentos y energías, querríamos tener en nuestra iglesia cuantos más de ellos mejor.

Una aportación especial que los creyentes judíos hacen a la vida de la iglesia es que ellos son el pueblo del antiguo pacto. Las iglesias de las naciones olvidan las raíces judías (del Antiguo Testamento) de su fe en perjuicio propio, y el que haya creyentes judíos actuará como un antídoto. Además, el que estén es un simple recordatorio de la fidelidad de Dios: él ha prometido al menos un remanente, y siempre lo habrá. Que haya creyentes judíos en la iglesia nos recuerda que todo lo que creemos ocurrió en medio de un pueblo real, en un espacio real, durante un período de tiempo definido. Nuestra fe no se compone de ideas, sino que es historia.

Ya he mencionado el fenómeno de los cristianos gentiles que exaltan exageradamente a los creyentes judíos, pero baste decir que lo que consiguen con su comportamiento es hacer que los creyentes judíos abandonen su iglesia.

Los judíos quieren ser judíos, pero no como si fueran atracciones de circo, mascotas o gurús. Tampoco se trata de que los creyentes gentiles los traten entre algodones. Un ministro amigo mío me contó la anécdota de unos ministros teológicamente sabiondos que estaban visitando su iglesia en un momento en que algunos de los creyentes judíos que había en la iglesia estaban vistiendo prendas típicas judías, como el *talit* (manto de oración). A los visitantes les inquietaba lo que estaba sucediendo, pero en cuanto les dijeron que quienes estaban actuando así eran creyentes judíos, entendieron que todo estaba bien. ¿De verdad? Analizar un poco mejor el asunto no habría estado fuera de lugar.

3. A la consideración de predicadores y maestros

Por último, permítaseme decir algo a quienes enseñan la palabra de Dios en las iglesias. Es posible hacer que los creyentes judíos se sientan mal si damos la impresión de que sus paisanos son especialmente malos. La pregunta que debemos hacernos es: ¿nos solemos referir a los malos de la historia como judíos y a los buenos como el pueblo de Dios? ¿Nos expresamos en general diciendo que "los judíos fallaron"? Es muy fácil pasar por alto las muchas ocasiones en el Antiguo Testamento en las que tuvieron verdadero celo por Dios (como Asa), o que fueron los judíos quienes llevaron el evangelio a los gentiles. Pensemos que somos cristianos judíos escuchando expresiones así, encogiéndonos poco a poco en nuestro asiento o enfadándonos. Como judíos, se identifican con los judíos fieles y obedientes, pero por nuestra manera de hablar, se sentirán como si los estuviéramos tirando a la basura. Esta manera de tratar las cosas se extiende a nuestra manera de considerar las promesas y los juicios de las Escrituras. Es muy frecuente ver a los judíos como el objeto de todos los juicios y la iglesia como el objeto de todas las promesas. Pero si entendemos que la iglesia es el cumplimiento del trato de Dios con Israel, como el mismo Israel, la iglesia puede esperar tanto juicios como promesas.

Otra pregunta para los predicadores sobre este tema del lenguaje que usamos es la manera de referirnos a la tierra de Israel. Es complicado y hay que tener cuidado. El nombre de "Palestina" se adoptó en los círculos académicos porque cubría convenientemente toda el área del antiguo Israel. Sin embargo, la palabra se usó primero para describir la región filistea, y luego, el historiador romano Heródoto la adoptó en el siglo V a.C., para designar una región que abarcaba ampliamente el Israel bíblico. Roma incluyó la palabra en el nombre oficial que dio a la región, después de que finalmente aplastaran una revuelta judía contra su gobierno, en el año 135 d.C. El nombre quería reflejar la humillación de los judíos y negarles cualquier vindicación de la tierra. Bizancio hizo lo propio al declinar el Imperio Romano. ¡Es como si un atlas francés llamara a Inglaterra la "Pequeña Francia", resaltando así la conquista normanda de 1066!

Quizás sea justo decir que este uso peyorativo de "Palestina" de la historia se ha borrado de la mente de la mayoría de los no judíos y es solo un término oportuno. Sin embargo, su renacimiento como nombre de un pueblo, cuyos dirigentes niegan a los judíos el derecho a crear un estado político, y gobernar sus propios asuntos en su antigua patria, lo ha convertido nuevamente en un término con mucha carga. Un editor cristiano tiene un folleto del evangelio llamado "Postal desde Palestina", nombre que no solo es inexacto en su intento de expresar las raíces históricas del evangelio, sino que también, en medio del conflicto actual, parece tomar partido. Para un judío que esté interesado será como el capote al toro.

Hubo un tiempo en que el nombre de "Palestina" era casi neutral, pero no lo es ahora, y quienes enseñan la Biblia no deben usarlo cuando se refieren a la tierra de la Biblia. No es un nombre bíblico y debe evitarse. ¿Qué nombre usamos entonces? Lo mejor es usar cualquier nombre bíblico que corresponda al pasaje que se esté estudiando. En una discusión más general sobre temas bíblicos, ya sea del Antiguo Testamento o del Nuevo Testamento, la expresión "tierra de Israel" es precisa. Fue el nombre que un ángel le dio a José cuando le dijo que regresara de Egipto (Mt 2:20).

Este ha sido un capítulo largo, pero no importa. Este libro no pretende ser solo una exégesis de textos bíblicos importantes, sino también analizar sus implicaciones prácticas. Inevitablemente, el tema del nuevo hombre es esencial y muy práctico. El tema central del capítulo ha sido: judíos y gentiles en la iglesia, pero ¿qué ocurre con la identidad judía de los creyentes judíos en sus círculos privados, de sus familiares y amigos? Ese es el tema de un capítulo posterior.

Preguntas:

1. ¿Por qué se dice que la iglesia es "un hombre nuevo de dos"?
2. ¿Qué factores llevan a los creyentes judíos a fundar sus propias iglesias?
3. ¿Qué peligros espirituales corren quienes exaltan el valor de las prácticas religiosas judías?
4. ¿Puede la fe en Jesús ser un tipo de judaísmo?
5. ¿De qué maneras la iglesia del Nuevo Testamento es judía?
6. ¿Qué aportación concreta pueden hacer los creyentes judíos y gentiles a la vida de la iglesia?
7. ¿Cómo ayudarías a un nuevo creyente judío a hacerse miembro de tu iglesia?

CAPÍTULO 17

El Israel de Dios

Los judíos que creen en Jesús tienen dos identidades espirituales. Dentro de la iglesia, son uno de los dos grupos, judíos y gentiles, que conforman el "nuevo hombre"; dentro de Israel son el remanente según la elección de Dios por gracia. ¿Qué palabras se usan para designarlos en estos dos contextos y qué importancia tienen?

La identidad espiritual judía en el contexto de la iglesia

Cuando las iglesias comenzaron a ser comunidades mixtas, como en Antioquía, los creyentes judíos serían un grupo más entre muchos; había que identificarlos y los llamaron "cristianos". Pero hay sitios en el Nuevo Testamento en los que la atención se fija en la parte judía de la iglesia y los nombres con los que nos encontramos son: "los judíos que le habían creído" (Jn 8:31); "los creyentes que eran de la circuncisión (Hch 10:45; 11:2); "miles y miles de judíos que han creído" (Hch 21:20). Se entendía sin duda que los judíos que creían seguían siendo judíos y su fe era reconocida por el uso de la palabra "creyente". Decir "creyente judío" sigue siendo común hoy en día, aunque se han acuñado otros nombres a lo largo de la historia cristiana, como: "cristiano hebreo", "cristiano judío" y más recientemente el de "judío mesiánico". Este es el contexto de la iglesia.

La identidad espiritual judía en el contexto de Israel

En el contexto de Israel, hay dos expresiones bíblicas que los cristianos utilizan para identificar a los que de Israel creen en Jesús: "el remanente" y "el Israel de Dios". La primera no es especialmente conflictiva: se usa en el Antiguo Testamento (Is 1:9), y Pablo la usa en Romanos 11 (v.5). La otra expresión, "el Israel de Dios", es más problemática, y por eso quiero examinar su uso por parte de Pablo con más detalle. En Gálatas 6:16 escribe: "Y a todos los que anden conforme a esta regla, paz y misericordia sean sobre ellos, y sobre el Israel de Dios". ¿Es importante? Creo que sí, porque las expresiones que usamos para designar la iglesia han de ser correctas, y porque los cristianos hemos de tener claro el papel que los creyentes judíos desempeñan en medio de su pueblo.

Israel y la iglesia: la manzana de la discordia

Gálatas 6:16 es la manzana de la discordia. El conflicto tiene que ver con el objetivo del propósito de Dios en el mundo presente. Algunos cristianos entienden que la meta de Yahveh en la era actual es reunir a judíos y gentiles en la iglesia, el cuerpo de Cristo, creyendo en el evangelio, y que este cuerpo es "el Israel de Dios". Otros entienden que la meta es un reino milenario, es decir, Israel y los gentiles creyendo en Cristo, pero con Israel viviendo en su tierra gobernada por Jesús desde Jerusalén, y los gentiles sirviendo a Dios en sus propios países. Hay quienes afinan un poco más, pero la diferencia básica acerca del objetivo persiste. Quienes mantienen el último punto de vista recalcan la singularidad de Israel y que la expresión "el Israel de Dios" no es la iglesia. Lo que yo entiendo me lleva a subrayar a la vez, la singularidad actual de Israel, y que la iglesia es el cumplimiento de las promesas de Dios hechas a Israel; pero cuestionar que la iglesia equivalga al Israel de Dios según Gálatas 6:16, ha venido a ser como una especie de pararrayos para todo el debate, por eso quiero estudiarlo con detalle.

El contexto más amplio de Gálatas

Trataré de ocuparme de este texto de Gálatas como si los últimos dos mil años de historia y teología de la iglesia no hubieran sucedido. ¿Por qué? Porque creo que gran parte del malentendido surge por no haber tenido en cuenta el contexto correctamente. Intentemos ser cristianos de Galacia por un momento.

Primero tenemos que retroceder en el tiempo a las iglesias de Judea y Jerusalén, y después a Antioquía y las nuevas iglesias del sur de Galacia. Se trata de un mundo muy diferente al de nuestras iglesias de hoy.

Los creyentes de Judea y Jerusalén en aquellos emocionantes primeros días del evangelio eran en su mayoría judíos y, junto con las leyes romanas, la ley de Moisés, según la interpretación de los dirigentes judíos, era la ley judía de la tierra y de la vida religiosa. Cualquier intento de reducir este estado de cosas era recibido con violenta oposición, como descubrió Esteban en perjuicio propio al ser acusado de enseñar: "Jesús de Nazaret destruirá este lugar y cambiará las costumbres que nos legó Moisés" (Hch 6:14). Los judíos que creyeron en Jesús en una atmósfera como aquella, no se convierten de pronto en cristianos del siglo XXI, generalmente nunca han pensado en guardar la ley de Moisés; los indicios más bien indican que aquellos primeros creyentes siguieron viviendo de acuerdo con la ley. Al final de Hechos, vemos a Santiago hablando de los creyentes de Jerusalén de esta manera: "Cuántos miles y miles de judíos hay que han creído; y todos son celosos por la ley" (Hch 21:20). Imaginemos que somos unos fariseos convertidos con muchos amigos fariseos que no lo son. Aun sabiendo que tú mismo no estás sometido a la ley, ¿no vivirías como si estuvieras bajo la ley para ganar a los que sí están sometidos a ella? La tensa relación existente entre la mayor parte de los judíos y sus amos, los romanos, sería un incentivo para cumplir la ley. En cuanto a los judíos, su superioridad con respecto a sus conquistadores se demostraba viviendo según la ley de Moisés y, en consecuencia, cualquier intento de aligerar ese estilo de vida supondría degenerar hacia el libertinaje pagano. El desprecio que sentían por quienes se juntaban con los gentiles da testimonio de ello.

A esta atmósfera de profunda reverencia por la ley de Moisés llegaron noticias de que en Antioquía los gentiles se convertían a la fe. Los creyentes de Judea se gozaron por ello, pero lo que aquello implicaba era problemático: aquellos creyentes gentiles no estaban siendo circuncidados ni cumplían la ley de Moisés y, además, los judíos que creían estaban mezclándose e integrándose con ellos. Pablo y Bernabé habían sido enviados a su primer viaje misionero entre los gentiles y es probable que en aquel mismo tiempo se establecieran algunas iglesias en la parte sur de la región llamada Galacia. Lo cierto es que, según Hechos y Gálatas, tanto Antioquía como las iglesias de Galacia fueron visitadas de forma imprevista por algunos judíos de Jerusalén, que creían en Jesús, que pretendían tener autoridad desde allí, y que comenzaron a enseñar a los nuevos convertidos gentiles que tenían que circuncidarse y guardar la ley de Moisés (Hch 15:1; Gá 5:7-12; 6:12-13). Con el fin de contrarrestar la influencia de aquellos maestros, Pablo escribió la carta a las iglesias de Galacia.

De todo lo anterior hemos de entender que, viendo la iglesia como un todo, los judíos eran con diferencia mayoritarios, y también quienes más peso tenían. Pablo era uno de ellos. Cuando apareció entre los gálatas paganos predicando el evangelio una cosa estaba clara: la fuente del mensaje eran los judíos. El mensaje de salvación lo oyeron de boca de un judío, mensaje que estaba indisolublemente conectado con el pueblo judío y su historia. Los gálatas se sentían sin duda en deuda con los judíos. Después de cierto tiempo, Pablo ordenó ancianos y se fue a otro lugar, pero no mucho después llegaron de Jerusalén otros judíos influyentes, del lugar donde se había revelado gran parte de la verdad de Dios, el principal centro teológico de su tiempo. Tenían algo nuevo que decir, que obviamente presentaban como el evangelio completo y que al parecer Pablo había omitido, siendo él un apóstol inferior que había recibido todo cuanto sabía de otros. Estoy seguro de que los cristianos gentiles de Galacia sentirían cierto malestar, pero ¿podemos imaginarlos resistiéndose con firmeza a tales maestros? ¡Eran profesores de teología procedentes de Jerusalén! Los escucharon y comenzaron a hacerles caso. Al parecer, algunos se circuncidaron y muchos comenzaron a guardar los días, meses, estaciones y años (Gá 4:10; 5:3). Cuando Pablo lo supo, les escribió una carta con un espíritu y lenguaje tan fuertes que en algunos momentos tuvo que haber hecho arder el pergamino.

No es nuestro propósito aquí analizar Gálatas en detalle, pero hay algo que es muy sorprendente: los argumentos de Pablo se remontan constantemente a Abraham. Él quiere que los creyentes de Galacia se relacionen con Abraham, el padre de todos los fieles, judíos y gentiles. Todo lo que hubo de Abraham a Jesús era provisional y pasajero. Por eso nunca utiliza la palabra "Israel". Cuando se refiere al conjunto de los fieles, los llama "hijos de Abraham", "simiente de Abraham", "hijos de Dios" y también "iglesia de Dios". En su argumentación, casi no se refiere a las instituciones de Israel, o al mismo Israel, para exponer su idea. De ahí que no se refiera a Israel en absoluto.

Entonces, ¿en qué grupo de personas esperaríamos que los cristianos gálatas pensasen cuando de repente y sin previo aviso Pablo menciona la palabra "Israel" al final de su carta? ¿Hay algo en la carta que los indujera a pensar que "Israel" se refería a ellos? Seguramente, nada en absoluto. ¿En quién pensarían? En la nación judía, sin duda. Para ellos, Israel era un grupo de personas, muy distintas de ellos mismos, de quienes habían oído el glorioso mensaje de esperanza.

El contexto de "el Israel de Dios": el de "ellos y el de Pablo"

Más adelante en su carta, Pablo dirige su atención más concretamente hacia quienes habían engañado a los creyentes gálatas. El contraste entre él y los otros maestros se hace cada vez más pronunciado en los capítulos 4, 5 y 6. Pablo insta a los gálatas a hacerse como él (Gá 4:12), y a no ceder ante el celoso cortejo de los otros (Gá 4:17). Los ve como impedidos por aquellos otros, y desea que sean cortados de ellos (Gá 5:7-12). Se glorían en la carne, pero Pablo se gloría en la cruz de Cristo (Gá 6:13-14). La cuestión es la siguiente: la comparación que hace Pablo muestra dos grupos dentro de Israel; el de los que, como Pablo, enseñaban que la circuncisión no tenía ningún valor para la salvación en Cristo, y el de quienes resaltaban el valor de la circuncisión para la salvación. Cuando entonces, Pablo habla de improviso de "el Israel de Dios", es natural pensar que se está refiriendo a uno de estos grupos dentro de Israel; aquel para el que la circuncisión no tiene ningún valor.

Así cuadra con el otro uso que Pablo hace de "Israel". Cuando en Romanos 9 explica por qué no todo Israel creyó, dice: "No todos los que descienden de Israel son israelitas" (Ro 9:6). Yo lo parafrasearía así: "No todos los que descienden de Israel (Jacob) tienen su misma fe". Esto indica que hay dos grupos en Israel. Los dos descienden de Israel, es decir, de Jacob, cuyo nombre fue cambiado a Israel en el momento de su mayor confianza en el Señor (Gn 32:27-28). A uno de los grupos se le llama "no... Israel", es decir, gente que "no" tiene fe, que "no" son príncipes con Dios, que "no" son como su padre Israel. El otro, por implicación, es como su padre Israel, gente de fe.

El peligro del robo de identidad

También merece la pena señalar en este punto que cuando el Nuevo Testamento emplea un nombre cuyo origen está en Israel (como "circuncisión") para resaltar que los creyentes en Jesús (judíos y gentiles) son los que de verdad son de Dios, nunca usa la palabra "Israel". Sobre todo, utiliza "circuncisión": "nosotros somos la circuncisión, los que en espíritu servimos a Dios" (Fil 3:3) y otros apelativos como "hijos de Dios", "hijos de Abraham", "santos", "pueblo de Dios", "templo", "nación santa", "reino de Dios". Pero Israel está reservado para los judíos.

¿Por qué? Porque "Israel" es el nombre étnico y nacional de un pueblo concreto, un pueblo que nunca desaparecerá del mapa porque es el pueblo de Dios del pacto. Apropiarnos de ese nombre es una manera de robarles su identidad. Hoy, el "robo de identidad" es algo común, que alguien le robe a otro todos sus datos, los números del banco y del pasaporte, y que otra persona los utilice. Para las distintas autoridades, esa persona ha dejado de existir y se encuentra bloqueada, abandonada, incapaz de hacer muchas de las cosas normales de la vida diaria. Es como si no fuera nadie.

Quienes no son nadie, o no son nación, son olvidados. Y este es el gran peligro que me preocupa. Es lo que le ha ocurrido a Israel en el pensamiento de muchos cristianos. Israel dejó de ser nación para muchos cristianos porque ellos mismos se llaman Israel. ¡Los judíos son conscientes de ello, como lo demuestra un artículo del Gran Rabino británico en el *Jewish Chronicle*, en el que se gozaba en el *Am Yisrael Jai!* (¡El pueblo de Israel vive!). En su escrito hace un comentario negativo sobre el cristianismo, que fue un error haber eliminado a los judíos cuando todavía estaban muy vivos.

En términos misioneros, el resultado ha sido que Israel como objetivo misionero ha sido relegado a la cola en vez de ocupar un sitio prioritario, porque quienes no son nadie, son olvidados. Un ejemplo: pensemos en los matrimonios que conocemos; ¿De cuántos de ellos conocemos el apellido de soltera de la esposa?[68] No de muchos, me imagino. Algo nuevo ha comenzado, y lo viejo tiene poca importancia para la mayoría de los que conocerán a la pareja después de su matrimonio. Para gran vergüenza del cristianismo, es lo que ha ocurrido con Israel. La princesa se ha convertido en cenicienta.

El Israel de Dios (Gálatas 6:15-16)

Pero volvamos a nuestro texto. En el versículo 15, Pablo fundamenta nuevamente su regla sumaria en este contexto particular: en Cristo, ni la circuncisión ni la incircuncisión valen nada, ni para obtener la salvación, ni para alcanzar posición en el cuerpo de Cristo una vez salvo. En el versículo 16, pide paz y misericordia para todos los que sostienen esto. Nos interesa la frase: "paz y misericordia sean sobre ellos, y sobre el Israel de Dios". La principal diferencia de traducción en las versiones en inglés[69] es que unas dicen "incluso a", y otras "y sobre".[70] Las dos traducciones son

---

[68] En España, la esposa conserva su apellido de soltera, pero el origen de esta costumbre no es el respeto a la identidad de la mujer, sino por la "limpieza de sangre", para rastrear mejor la posibilidad de un apellido judío o morisco. N.T.

[69] La mayoría de las versiones más reconocidas en español traducen "y sobre el Israel de Dios". N.T.

[70] Según cierto criterio hay quien traduce el griego siguiendo el orden de las palabras originales, que dice: "Y a cuantos andan de acuerdo con esta

buenas, pero dado que la declaración que hace Pablo en el versículo 16 es tan brusca, es difícil decidir qué traducción es la mejor partiendo únicamente de ese verso, por eso debemos considerar qué traducción se ajusta mejor al contexto y al argumento de Gálatas.

Lo que consigue el "incluso para" es vincular a "ellos", los que caminan de acuerdo con la regla; y "el Israel de Dios", para subrayar que quienes andan según esta regla son el verdadero pueblo de Dios (el "Israel de verdad"), y no los judaizantes que los están desviando, aunque sean judíos. Es verdad que eso coincide con el mensaje de Gálatas. Pero, como he dicho antes, esta idea no reduce la tensión que hay en Gálatas entre dos grupos dentro de Israel y no toma en cuenta el hecho de que el nombre "Israel" no se ha utilizado anteriormente en Gálatas. Es un punto de vista que los cristianos aceptan con facilidad porque están acostumbrados a identificar a la iglesia con "Israel", pero no se preguntan si los creyentes gentiles de Galacia habrían hecho lo mismo tan automáticamente. He querido demostrar que no lo habrían hecho.

Lo que consigue el "y sobre" es dirigir al lector a otro ente sobre el que Pablo invoca paz y misericordia; que es de algún modo distinto del "ellos", los que andan de acuerdo

---

regla, paz sea sobre ellos. Y misericordia incluso sobre el Israel de Dios". Es una traducción legítima, y diferencia claramente dos grupos, pero hace que el segundo *kai* [y] suene extraño e innecesario. Los que adoptan esta traducción entienden que "el Israel de Dios" se refiere a todos los judíos, y lo consideran admisible porque la traducción diferencia la expresión "Israel de Dios" de quienes andan de acuerdo con la regla. Se convierte en un clamor del corazón de Pablo pidiendo la misericordia de Dios para Israel. Eso me gusta, pero me parece que la idea no capta la tensión que se ve en la carta entre los dos grupos de maestros judíos, entre Pablo y los otros.

con la regla y que, a su vez, son parte valiosa de él.[71] ¿Qué quiere decir esto? ¿Qué grupo hay que, siendo parte de quienes guardan la regla, sin embargo, tiene otra identidad que lo distingue dentro de ese grupo y además pueden llevar el nombre de "Israel"? La única respuesta es que se trata de los judíos que creen en Jesús. Pero no basta ponerles el nombre de "Israel" para designarlos, porque solo ellos en Israel siguen la regla de Dios para el nuevo pacto: ellos son "el Israel de Dios".

¿Encaja esto en el contexto más amplio? En una situación como esta, en la que aquellos maestros judíos estaban desviando a los gálatas por el camino erróneo, corresponde perfectamente que Pablo instara a los gálatas a que escucharan a los maestros judíos correctos. Es como si les dijera: "Si vais a aceptar a los judíos como vuestros maestros, prestad oídos a los correctos, los que siguen esta regla, ellos son el Israel de Dios, no a estos alborotadores, falsos maestros; ellos solo son la circuncisión.

Conclusión

¿Merece realmente la pena gastar tanto esfuerzo ocupándonos de esto? Sí, porque permite que los cristianos gentiles reconozcan la identidad singular de los judíos que creen, y fortalece la identidad de los creyentes judíos que dan testi-

---

[71] Para un estudio más detallado del tema, ver, Steve Voorwinde, '¿How Jewish is "Israel", in the New Testament?', *Reformed Theological Review* 67 (agosto de 2008), pp. 80–84. Sus notas a pie de página indican quiénes siguen uno u otro punto de vista. Entre los defensores de la que es mi propia opinión, están: Beza, Grotius, Estius, Bengel, Schott, de Wette, Ewald, Ellicott y Bruce.

monio ante su propio pueblo. En beneficio de la salvación de Israel, los cristianos deben animar a los creyentes judíos a preservar su identidad como remanente y a encontrar formas creativas de mantenerla y expresarla. Hablaremos más de cuánto eso implica en un capítulo posterior.

Preguntas:

1. ¿Usa Pablo alguna vez el nombre de Israel para referirse a la iglesia neotestamentaria de judíos y gentiles?
2. ¿Qué palabra podemos usar para referirnos a los fieles de Israel?
3. ¿Debemos alentar a los creyentes judíos a identificarse como el remanente de Israel? ¿Qué beneficios hay y qué peligros?

CAPÍTULO 18

¡Presta atención!

Los judíos que creen en Jesús están sometidos a presiones singulares para que abandonen su fe. Toda una epístola, Hebreos, está dedicada a este problema y está dirigida a ellos específicamente, aunque su enseñanza es obviamente relevante para cualquier cristiano con tendencias a la pereza. Necesitan comprensión, enseñanza y ánimo de otros creyentes, judíos y gentiles; de ahí este capítulo.

La pereza tienta a todos los creyentes, pero ¿de qué manera única tienta a los creyentes judíos? Hebreos no habla solo de pereza; hay una preocupación porque el creyente se vuelva a la situación de la que salió cuando vino a Cristo; y en cuanto a esto, la situación de los judíos no se parece a ninguna otra. Es la única en la que parte de una entidad nacional y una religión, tiene en gran medida el sello de la revelación divina. Cuando se escribió Hebreos y el templo aún estaba en pie, ese "punto de partida" había sido revelado y ordenado realmente por Yahveh. Hoy no es igual, porque el judaísmo rabínico no es una religión revelada en el Antiguo Testamento, aunque, superficialmente, es un intento aceptable, porque gran parte de las creencias y prácticas del judaísmo rabínico surgen del Antiguo Testamento. No es paganismo ni idolatría. Con un poco de *chutzpah*,[72] el judaísmo de hoy afirma tener su origen en Dios; es lo que reclama. Esto ejerce una tremenda presión sobre quienes lo han abandonado y comienzan a tener dudas sobre su nueva fe.

¿*Qué* presiones sufrían los judíos que creían en Jesús cuando se escribió la Carta a los Hebreos?

El texto de Hebreos menciona claramente algunas de ellas, pero hay otras que no se detallan; están implícitas según el intento del autor de ayudar a sus lectores.

1. Presionados de distintas maneras

El autor expresa alguna de estas presiones del modo siguiente: "Procuremos, pues, entrar en aquel reposo, para que ninguno caiga, imitando este ejemplo de desobediencia" (Heb 4:11). "No os hagáis perezosos" (Heb 6:12). "Mantengamos firme, sin fluctuar, la profesión de nuestra esperanza" (Heb 10:23). "Despojémonos de todo peso" (Heb 12:1). Está claro que aquellos creyentes judíos de los tiempos del templo luchaban por mantener sus cabezas fuera del agua.

---

[72] Palabra *yiddish* la usan los judíos para referirse a la desfachatez, el descaro, la presunción y la arrogancia.

2. La presión de volver a la revelación divina anterior

La pregunta evidente es, ¿por qué se sentían presionados de esa manera particular? ¿Qué ideas y preferencias erróneas, qué experiencias, qué falsas esperanzas les hacían sentirse obligados? Algunas de estas presiones se mencionan explícitamente en Hebreos: "Por tanto, debemos prestar mucha mayor atención a las cosas que hemos oído" (Heb 2:1), y, "que no haya en ninguno de vosotros un corazón malo de incredulidad para apartarse del Dios vivo" (Heb 3:12). Estas dos afirmaciones ponen de manifiesto que no habían tenido en cuenta, como era debido, lo que habían oído, presumiblemente, de sus primeros maestros. En consecuencia, estaban empezando a dejar de creer aquello y a creer otra cosa. Por eso, el autor vuelve a ocuparse de las verdades básicas acerca de Jesús, y sobre todo de su superioridad respecto de las diversas instituciones mosaicas. Eso indica a qué cosas estaban dispuestos a regresar: todo el sistema mosaico de la ley, el templo, el sacerdocio y el sacrificio, así como una reverencia por los ángeles y la revelación que habían dado a Israel. No creo que esto necesariamente signifique que estaban recurriendo a la justicia por las obras. Parece que se estaban metiendo en una confusa tierra de nadie, donde las cosas de la salvación podían recibirse solo a través del sistema mosaico, o de una mezcla de Jesús y de Moisés.

3. La presión de las esperanzas frustradas

La exhortación a ser diligentes para entrar en el reposo que Dios tiene para su pueblo tiene que ver con la vuelta a lo mosaico (Heb 4:9-11), con la esperanza de reposar en la tierra prometida. Pero me pregunto si también en esto hay indicios de esperanzas frustradas. La pregunta de los apóstoles al Señor Jesús de restaurar el reino a Israel en Hechos 1:6, muestra el deseo de muchos judíos devotos de aquellos días: la esperanza de un estado de paz y reposo en la tierra prometida bajo el reinado del Mesías. Jesús no solo no lo había conseguido, sino que sus seguidores estaban siendo acosados y perseguidos en la tierra. Algo parecía haber salido terriblemente mal. Además, cada vez era más visible que los seguidores de Jesús eran una minoría. Sin duda, en los primeros días, convirtiéndose por millares, muchos de ellos esperaban que las cosas siguieran sucediendo así hasta que la mayoría de Israel creyera, porque los profetas hablaban de manera cierta de un Mesías triunfante. Después de todo, quizás Jesús no era el Mesías. Aquellas esperanzas frustradas los estaban haciendo retroceder.

4. La presión del sufrimiento

No hay duda de que seguir al Mesías Jesús seguía siendo algo costoso y difícil. Se nos dice: "Sostuvisteis gran combate de padecimientos… el despojo de vuestros bienes" (Heb 10:32,34). Pero el autor les dice que tenían que aguantar, indicando así que la situación continuaba existiendo. No era fácil aguantar; era mucho más fácil abandonar.

¿A qué presiones se ven sometidos los judíos que creen en Jesús hoy?

Las cosas no son tan diferentes para los judíos que creen en Jesús hoy, aunque, como ya se ha dicho, el judaísmo rabínico no es la religión del Antiguo Testamento. La presión comienza en cuanto un judío le dice a sus familiares y amigos incrédulos que se ha convertido a Jesús.

1. Presiones históricas, emocionales y materiales

Probablemente comenzarán de manera distinta a las de los tiempos del Segundo Templo, porque hay un elemento nuevo que ha entrado en escena: la tensa relación con el cristianismo por causa de la persecución de los judíos dentro del mundo cristiano. El cristianismo es el enemigo. En cierto sentido, siempre fue así, como lo muestra una lectura rápida del conflicto entre Jesús y los recalcitrantes dirigentes judíos, pero la persecución a manos del mundo cristiano ha dejado una profunda cicatriz. Lo resume bien la única palabra que le vino al pensamiento a Stan Telchin cuando su hija le confesó por teléfono su fe en Jesús: "¡Traidora!". Se había unido al enemigo. Se supone que quien cree así ha traicionado su identidad de judío, lo cual trae aparejada una presión psicológica: "¿Cómo puedes hacerle esto a tus abuelos, a tus antepasados, a quienes murieron en el Holocausto por ser judíos? ¿Cómo puedes hacer esto cuando otros murieron por no renunciar a su fe?" Se abre una brecha con los familiares y amigos que, puede que no sea tan dura de llevar en la primera descarga de bendición espiritual, pero debilita con el paso del tiempo. Puede acarrear que uno se quede sin empleo o sin el apoyo futuro dentro de la comunidad judía.

2. Fuertes presiones intelectuales

Puede que, en un determinado momento, venga un rabino o un antimisionero capaz y comience a presionar con intensos argumentos intelectuales. En una ocasión, un amigo me pidió que le sugiriera alguna manera de desafiar a un compañero de trabajo judío, así que le propuse algo que él aceptó. Lo que su colega judío le contestó a mi amigo vía correo electrónico fue de forma clara un trabajo de "copia y pega" obtenido de una de las muchas páginas web creadas por judíos religiosos para contrarrestar la afirmación de que Jesús es el Mesías. Los argumentos estaban respaldados por un conocimiento superficialmente impresionante que intimidan al judío recién convertido medio, que seguramente no conoce todas las objeciones posibles, pero a quien ha impresionado el hecho básico de que Jesús es quien prometían las Escrituras hebreas, que lo ha salvado, a él o a ella, del pecado. Hoy la batalla intelectual en el mundo judío arrecia y los argumentos acerca del Mesías están al alcance de cualquiera. Por ejemplo, también dirán que, aunque la iglesia dice ser judía, en realidad ni lo parece ni lo siente. La pregunta que surge es, ¿quién fue primero? Deberían confiar en lo original, con sus miles de años de tradición, experiencia y erudición. ¿Cómo es posible que estén equivocados tantos judíos y tan largo aprendizaje?

3. Pérdida de lo familiar

Más tarde, puede aparecer lo más sentimental. El creyente judío puede descubrir que la vida de la iglesia no es exactamente lo que se esperaba, que en algunos aspectos es decepcionante, y que es muy diferente de la vida religiosa en la familia y la sinagoga. Es fácil olvidar las carencias que los volvieron más receptivos hacia Jesús y que aparezca la nostalgia del pasado. La película de televisión, *Disputation*, mostraba el debate celebrado en 1263 en Aragón, España, entre el rabino Moses ben Nachman y Pablo Christiani, un conocido converso del judaísmo. En un determinado momento, se presenta al rabino ejerciendo este tipo de presión emocional cuando le pregunta a Pablo si, al pasar junto a la sinagoga, no se sintió atraído por el canto y todo aquel ambiente en el que había crecido. Pablo admite que sí.

Esa misma presión existe hoy, y hay dos tipos de cristianos que no ayudan a los creyentes judíos que están bajo esa presión. Uno de los tipos es el de quienes les hablan como si ya no fueran judíos y hablan despectivamente del judaísmo, como si todo cuanto tiene que ver con la vida judía no valiese nada. El otro tipo es el de quienes preparan al recién convertido para la vida de la iglesia haciéndoles creer que van a encontrarse con actitudes antijudías a cada paso. Ninguno de estos dos tipos de cristianos les hace ningún favor y son un obstáculo para que se sientan integrados.

Si juntamos todas estas presiones no es difícil darnos cuenta de que las dudas pueden surgir, especialmente para los solteros. Se empieza asistiendo a la iglesia con menos regularidad, poco a poco se van recuperando las amistades judías y los lazos familiares rotos (no se habla de Jesús) e incluso pueden empezar a analizar de manera crítica todo lo que les ha sucedido.

¿Cuál es la respuesta de Hebreos?

Se divide en cuatro grandes categorías: doctrina, perspectiva espiritual, exhortaciones y advertencias, y palabras de ánimo para recordar la fidelidad personal en el pasado. Son buenas y útiles, a pesar de las diferencias con el presente.

1. La respuesta de Hebreos: Doctrina

Básicamente, el autor resalta la superioridad de Jesús sobre todas las instituciones mosaicas, por ser quién es y porque es su cumplimiento.

* *Dios habla por medio del Hijo*
  En el pasado, Dios habló a Israel por medio de ángeles y profetas, lo que era un gran privilegio. Pero ahora habla por su Hijo unigénito, y lo que se dice de él deja en claro su naturaleza divina, siendo "la fiel representación", de la persona de Dios (Heb 1:1-4). Ahora tenemos una revelación superior. Eso no hace que la revelación anterior esté de más, sino que ha de entenderse a través de lo que el Hijo enseña. La pregunta que se plantea es ¿por qué volver atrás, limitándonos a una revelación provisional, cuando ya tenemos a quien la dio, y que ahora es su intérprete dotado de autoridad?

* *Un salvador humilde*
  La humildad de Jesús al hacerse como uno, como nosotros, viviendo en un mundo bajo maldición, lo rebaja a ojos de muchos judíos. ¿No debería el Mesías ser alguien glorioso, que vence con majestad, y que prevalecerá sobre toda oposición? ¿Cómo puede ser menor que los ángeles? Porque había una buena razón: para que pudiera expiar los pecados de la gente y asumir la función de sumo sacerdote pudiendo empatizar así con el pueblo (Heb 2:9-18). Nada ha sucedido que haya cambiado ese requisito. Llegará el día en que todos lo verán en su gloria, pero para que ese día llegue, sus seguidores han de esperar con paciencia.

- *Mayor que Moisés*

  Moisés destaca sobre los profetas que le siguieron porque fue el intermediario del pacto bajo el cual actuaron. Era el mayordomo de la casa, por decirlo de alguna manera. La casa era la casa de Dios y Moisés era el siervo de Dios en ella. Pero ahora hay una casa nueva que es la culminación de la primera a la que reemplaza y cuyo mediador es el propietario; siendo su casa, su superioridad es evidente (Heb 3:1-6). El mensaje es: respeta a Moisés, pero adora al Hijo.

- *El reposo y la patria celestial*

  Para los judíos, disfrutar de la vida en la tierra que Dios les había prometido fue mucho más tranquila que vivir en Egipto, y obedecer les aseguraba un pedacito de cielo en la tierra, según lo prometido por Moisés (Dt 28:1-14). Pero aun siendo bueno, no era el verdadero reposo, sino solo una sombra de él. Los patriarcas lo entendieron así y esperaban algo mejor: "Pero aspiran a una [patria] mejor, esto es, celestial" (Heb 11:16); Los creyentes judíos de hoy pueden tener la esperanza de regresar a la tierra de Israel (si es que aún no están allí), incluso que el Mesías reine allí, pero tienen que saber que la plenitud del reposo será en la nueva tierra y los nuevos cielos. Anteponer algo a esta esperanza es arriesgarse a verse decepcionados y retroceder. Con todo, hay un reposo de Dios en el que podemos y debemos entrar ahora si queremos estar preparados para el cumplimiento de la promesa. Este reposo es el que, así como descansó Dios en el séptimo día, lleva aparejado el descansar de nuestras obras. Se trata del reposo espiritual del alma que confía solo en

Dios para la salvación y no en los propios esfuerzos, como lo dice Hebreos: "Porque el que ha entrado en su reposo, también él mismo ha reposado de sus obras, como Dios de las suyas" (Heb 4:10). El judaísmo carece de este reposo, así que ¿por qué volver a la zozobra si el Mesías Jesús promete y da "descanso para vuestras almas"? (Mt 11:29).

- *La Ley no perfeccionó nada; Jesús sí lo hizo*
  Heredar lo que Dios promete es algo que en definitiva depende de Jesús. Es cierto que Abraham y el pueblo de Israel recibieron promesas y sin duda disfrutaron de la fidelidad de Dios, pero la bondad de Dios no bastó para asegurarles la herencia prometida; dependía del que vendría después. Su pecado no lo quitaban los sacrificios del templo, sino Jesús: "Y por eso es mediador de un nuevo pacto, para que interviniendo muerte para redención de las transgresiones que había durante el primer pacto, los llamados reciban la promesa de la herencia eterna" (Heb 9:15). Y lo que confirma esto para los creyentes es que Jesús está ahora en la presencia de Dios: "La cual tenemos como segura y firme ancla del alma, y que penetra hasta dentro del velo, donde Jesús entró por nosotros como precursor, hecho sumo sacerdote para siempre según el orden de Melquisedec" (Heb 6:19-20). Sin el Mesías Jesús, nada en el Antiguo Testamento puede cumplirse.

El autor de Hebreos podía estar seguro de que sus lectores entendían que para que el pecado fuera cubierto hacía falta un sacrificio de sangre. Había que sacrificar una vida para pagar la pena merecida por el pecador. En un determinado momento lo explica: "Y casi todo es purificado, según la ley, con sangre; y sin

derramamiento de sangre, no hay perdón de pecados"
(Heb 9:22). Hoy, hablando con judíos, no podemos
decir lo mismo. Cuando un creyente judío comienza a
tambalearse y se vuelve al judaísmo, no es solo porque
dude del sacrificio de Jesús, sino porque duda también
de que haga falta ningún tipo de sacrificio. Pero lo que
dice Hebreos sigue en pie. Sus argumentos negativos
ponen de manifiesto los puntos débiles de la religión
del Antiguo Testamento y cómo esperamos algo mejor, aunque encajado en el mismo molde. Esto echa
por tierra las pretensiones del judaísmo rabínico de
ser heredero de Moisés y los profetas porque no se
ajusta al mismo molde, no hay sitio para el sacrificio
sangriento, y en realidad olvida todo lo que Moisés y
los profetas enseñan sobre cómo Dios expía el pecado.
Los argumentos positivos presentan el sacerdocio y el
sacrificio de Jesús como superiores, cumpliendo todo
lo prometido en el Antiguo Testamento. Se basan en
el Antiguo Testamento y, por defecto, demuestran
hasta qué punto el judaísmo se aleja de él en un asunto
de la máxima importancia como es el de la expiación.

- *El orden de Melquisedec*
El Antiguo Testamento espera que el orden sacerdotal
del Mesías sea muy distinto del levítico. Es "sacerdote
para siempre según el orden de Melquisedec" (Heb
5:6, citando al Salmo 110:4). Hebreos 7, argumenta
que este orden sacerdotal, según la Escritura, existía
antes del libro de Levítico, continuó durante y después
del Levítico, y finalmente es su cumplimiento. Solo
hubo un sacerdote antes del Mesías, Melquisedec, y,
según las Escrituras, no tenía fin de vida y siguió siendo sacerdote siempre (Heb 7:3). Naturalmente, esto

no quiere decir que Melquisedec no muriera, sino que la Escritura lo presenta así (normalmente, lo que se dice de los personajes importantes es muy claro sobre su parentela, nacimiento y muerte). A David le fue revelado que el Mesías sería un sacerdote según ese orden y así lo dice en el Salmo 110. Esto indicaba que el Levítico tenía "fecha de caducidad". Hebreos señala ese punto flaco del Levítico: no llevó nada a la perfección (Heb 7:18-19).

El sacerdocio según Melquisedec requiere que el sacerdote viva para siempre. Melquisedec mismo solo lo cumple según el registro de la Escritura: sin padres, sin genealogía, sin principio ni fin de vida. Jesús lo cumple por naturaleza; posee la facultad de vivir para siempre y así permanece (Heb 7:16,24). Por esta causa, vive siempre para interceder por quienes por su mediación acuden a Dios (Heb 7:25). Él siempre está ahí, en representación nuestra, sin limitaciones. Siempre nos molesta ir a nuestro médico y ver que está enfermo y que solo podemos ver al pasante. Si ocurre así por mucho tiempo, cada vez con un pasante distinto, no nos cae nada bien. Es lo que ocurría con el sacerdocio levítico, pero no es así con Jesús; su sacerdocio es inmutable. Además, como persona divina, toda potestad le ha sido dada para su ministerio, para con su pueblo, que puede acudir a él con plena confianza. Es muy trágico que el judaísmo no tenga a quién acudir. Lo que dicen los rabinos, que los judíos puede ir directamente a Dios, está absolutamente fuera de sincronía con la estructura de sacerdote, sacrificio y altar. Por causa del pecado, siempre ha hecho falta un mediador.

- *Un sumo sacerdote sentado en el cielo*

  Otra cosa que resalta Hebreos es la superioridad de la posición del ministerio del Mesías como sumo sacerdote. El ministerio levítico se desarrollaba en un santuario terrenal que, aunque bello y lleno de rico simbolismo, había sido hecho por el hombre y, en consecuencia, era solo temporal (Heb 8:2; 9:12). Jesús ministra como sacerdote a la diestra de Dios, sentado en los cielos, el verdadero tabernáculo, según lo llama Hebreos (Heb 8:1-2; 9:24; 7:26). En realidad, el verdadero tabernáculo es su naturaleza humana (Heb 9:11; Jn 2:19-22). Es por esa causa que no hay límites para acceder a él, pues está siempre en la presencia de Dios Padre, pero el sumo sacerdote levítico solo podía aparecer ante la misma presencia de Dios una vez al año (Heb 9:6-7). Estos límites tienen que ver con la diferencia de eficacia entre los sacrificios presentados bajo Moisés y el sacrificio de Jesús hecho una vez para siempre.

- *Ha quitado el pecado*

  Hebreos recalca que las ordenanzas levíticas –comida y bebida, lavamientos, sangre de toros, machos cabríos y terneros, cenizas de la becerra– no podían limpiar las conciencias, sino solo la carne, para que el adorador fuera acepto ceremonialmente (Heb 9:10,12-13). El pecado era cubierto solo en el sentido ceremonial. Hebreos deja claro que la simple repetición de los sacrificios demostraba que eran incapaces de perfeccionar a los adoradores: "Porque la ley... nunca puede, por los mismos sacrificios que se ofrecen continuamente cada año, hacer perfectos a los que se acercan (Heb 10:1). Por el contrario, "Cristo fue ofrecido una sola vez para llevar los pecados de muchos" (Heb 9:28). Su sacrificio hecho una sola vez en la cruz del Calvario obtuvo "eterna redención" (Heb 9:12-14). Por eso exclamó: "¡Consumado es!" (Jn 19:30). No había nada que repetir, nada que añadir y no hacía falta esperar nada mejor en el futuro; Jesús había ofrecido "el sacrificio de sí mismo para quitar de en medio el pecado" (Heb 9:26). Da una pena inmensa ver a la mayor parte de su propio pueblo ofreciendo caridad, arrepentimiento y oración como expiación cuando el Mesías ofreció su vida hasta la muerte.

- *Una profecía como argumento*

La profecía es el Salmo 40:6-8, que citamos para demostrar que los sacrificios levíticos no eran algo que agradara a Dios, sino que había un plan mejor. Puede parecer raro, puesto que él mismo los ordenó, pero demuestra que su valor era el de mera sombra porque no podían quitar el pecado. Lo que él buscaba era alguien que hiciera su voluntad y ofreciera su cuerpo como ofrenda perfecta. Ese alguien era el más grande de los hijos de David, Jesús. Dado que hay quienes tienen problemas con la forma de interpretar Hebreos en el Salmo 40, permítaseme dar una breve explicación.

David habla de su propia experiencia de liberación de una situación desesperada. Reflexionando sobre cómo responder a la bondad de Dios, sabe que lo más importante es oír a Dios, ser su devoto y dispuesto servidor, guardar la ley de Dios con todo el corazón y hablar de Dios y de sus caminos a los demás para que ellos también obedezcan. En contraste, los ritos, como son los sacrificios, los ve intrascendentes. Las palabras de David: "En el rollo del libro está escrito de mí", probablemente se refieren a la profecía de Baalam, que describe: "Saldrá estrella de Jacob, y se levantará cetro de Israel... de Jacob saldrá el dominador" (Nm 24:17-19). Esta profecía de Balaam habla de Israel sometiendo a las naciones circundantes, algo conseguido por David. Las Escrituras revelan una y otra vez que David es un tipo del Mesías y que lo sucedido en la vida de David es sombra de una realidad espiritual superior durante el gobierno del Mesías. Por tanto, lo que David escribe de sí mismo en estos versículos también pertenece al Mesías. Él viene de acuerdo con la profecía, la ley está en su corazón y hace la voluntad de Dios; es liberado de la muerte y proclama las buenas nuevas de justicia a muchos. Para hacer posible todo esto, se le preparó un cuerpo al Mesías (Heb 10:5).[73] La voluntad de Dios para él es que ofrezca un sacrificio, nada según el orden levítico, sino a sí mismo. Todo se cumplió en Jesús. La sombra de la salvación según la Ley y la vida de David es claramente coherente con la salvación verdadera en el Mesías Jesús. No cuesta trabajo ver que uno es el cumplimiento del otro. Pero un vistazo al judaísmo rabínico manifiesta otra historia, porque todo el sistema levítico, que apuntaba a la liberación mesiánica está ausente en él.

---

[73] El Salmo 40:6 dice, "has horadado mis orejas", pero en Hebreos 10:5 dice "me preparaste cuerpo". El autor de Hebreos se sirvió de la Septuaginta, la traducción griega del AT, que era de uso común en aquel momento y cuya redacción es particular. La traducción de la Septuaginta no es precisa aquí, pero es posible que parafrasee la idea de la oreja horadada, la vida de obediencia a Dios. La visión que Hebreos tiene del Mesías es que viene con ese propósito exacto y le basta usar lo que dice la Septuaginta para expresar la misma idea, que el Mesías viene al mundo, en un cuerpo, para hacer la voluntad de Dios.

- *El pacto como argumento*

La ley era también solo una sombra, pues Dios había prometido un nuevo pacto según el cual, "nunca más me acordaré de sus pecados e iniquidades" (Heb 10:16-18). Lo que Dios olvida ha desaparecido, pero en la Ley, los pecados seguían siendo recordados, no se borraban.

Previamente, en la carta, el autor ha hablado de un "mejor pacto"; es decir, mejor que el mosaico. Es mejor porque su sacerdote, Jesús, fue nombrado mediante un juramento de Dios, haciéndolo más seguro, no siendo así con el levítico (Heb 7:20-22). Es mejor porque sus promesas son mejores: Dios pone su ley en los corazones y en las mentes de los beneficiarios del pacto (el pacto mosaico estaba grabado en piedra, y no prometía que fuera a estar grabado en el corazón de todos los participantes del pacto; algunos lo tuvieron, pero no la mayoría). La promesa es que todos cuantos participan del pacto conocerán al Señor y sus pecados serán perdonados, lo que tampoco se promete en el pacto mosaico, aunque hubo quienes sí lo experimentaron (Heb 8:6-13). Es mejor porque su mediador, Jesús, ha obtenido la salvación eterna para su pueblo y, por tanto, puede proporcionársela (Heb 9:15). En Hebreos 9:15 el "nuevo pacto" se refiere a este mejor pacto, reconociendo que había otro al que declara obsoleto (Heb 8:13). El judaísmo rabínico no alcanza a discernir esta obsolescencia, tan evidente tras la desaparición del Segundo Templo y todo cuanto tiene que ver con él, y sigue empeñado en vivir según el pacto Mosaico cuando la mayor parte de él simplemente no se puede observar al no haber ni templo ni sacerdocio.

La existencia de un nuevo pacto también habla a los creyentes judíos confundidos que piensan que algunos de los mandamientos del pacto mosaico siguen siendo obligatorios para ellos como judíos. Pero la *obligación* de mantener cualquier mandamiento mosaico equivale a decir que el pacto mosaico sigue estando vigente, cuando no lo está, pues ha sido reemplazado por algo mucho mejor. En el próximo capítulo veremos el tema de los creyentes judíos que guardan algunos de los mandamientos mosaicos de forma voluntaria.

2. La respuesta de Hebreos: Perspectiva espiritual

Quiero abordar aquí el tema de lo invisible. Buena parte del pacto mosaico se centra en lo visible y lo tangible, y así es también en el judaísmo rabínico; incluso la esperanza del Mesías está relacionada con su reinado visible en Jerusalén, donde todo será satisfactorio para Israel. Por eso es difícil acostumbrarse a una fe que se centra, en gran manera, en lo invisible y en la que la probabilidad de tener problemas en esta vida es muy elevada.

• *Se centra en lo invisible*

Hebreos llama la atención sobre lo vivido por los héroes de la fe de la historia de Israel y los llama "extranjeros y peregrinos" en la tierra, personas que creyeron la palabra de Dios acerca de promesas de cosas que estaban "lejos" (Heb 11:13-16). Unos sufrieron y otros murieron antes que negar aquella fe y esperanza (Heb 11:32-39). Siendo Jesús rechazado y crucificado, lo que a primera vista podía parecer es que estaba totalmente fuera de sintonía con lo que debería vivir el Mesías de Dios, pero Hebreos lo presenta en plena armonía con aquellos fieles israelitas. Él menciona: Jesús también sufrió; "por el gozo puesto delante de él soportó la cruz, menospreciando el oprobio" (Heb 12:1-2). Por eso Hebreos exhorta a los creyentes judíos a no fijarse en lo temporal: "porque buena cosa es afianzar el corazón con la gracia, no con viandas, que nunca aprovecharon a los que se han ocupado de ellas" (Heb 13:9). Han de estar dispuestos a ser menospreciados y participar de alguna manera de segregación de la comunidad judía incrédula: "Salgamos, pues, adonde él, fuera del campamento, llevando su vituperio" (Heb 13:13).

• *No parece judía*

Hay creyentes judíos que tienen problemas con el tema del carácter judío de la iglesia. Con respecto al evangelio, reconocerán su carácter judío en las promesas hechas a Israel y cumplidas en Jesús el Mesías. Pero que se les diga que la iglesia es judía, no es tan fácil de aceptar. El estilo de los cultos de la iglesia no se parece a las oraciones, canciones, cantos litúrgicos, lectura de las Escrituras o sermón de un culto de la sinagoga. Las relaciones sociales al final de los cultos o en otros momentos, hará que se sientan diferentes. Si les ha costado trabajo venir a la iglesia, y quizás les hayan dicho que "es judía" para animarlos, puede que les decepcione descubrir que no es tan judía. Esa desilusión puede aparecer más tarde en la vida, quizás tras un tiempo de lucha espiritual. La respuesta es tener una perspectiva correcta sobre lo que es la identidad judía; distinguiendo entre el judaísmo espiritual y el judaísmo como identidad cultural.

Los creyentes judíos no pueden esperar que la cultura de la iglesia sea judía. ¿Por qué habría de serlo? ¿Cómo podría tener una cultura judía si por regla general el número de judíos que suele haber en una iglesia local es pequeño? Gran parte de la identidad cultural de la iglesia se define por las personas que la integran, de dónde se sitúa y del estilo de su liderazgo. Los creyentes judíos que quieren expresar la faceta cultural de su identidad judáica en parámetros culturales judíos, han de encontrar otras formas de hacerlo. Amplío sobre esto más adelante.[74] Dicho esto, no significa que tengan que abandonar su identidad judía en la vida de iglesia; al contrario, la diversidad es parte de la gloria de la iglesia. Deben ser ellos mismos, como tales judíos, en la manera de relacionarse con los demás y en las demás cosas que hacen en la iglesia, pero no pueden esperar que la vida de la iglesia transcurra bajo parámetros culturales judíos, como si la iglesia fuera una versión más espiritual de la sinagoga.

Desde el punto de vista espiritual, la iglesia es judía, pero no es tanto por sus formas religiosas externas como por su realidad espiritual. Las iglesias evangélicas adoran al Dios de Israel a través del Mesías de Israel. Leen las Escrituras escritas por judíos. Cantan canciones que, o son paráfrasis de los salmos de Israel, o cuyo vocabulario suele provenir de experiencias vividas por Israel. ¡Incluso en ocasiones suena la palabra hebrea, "Aleluya"! Las realidades espirituales de la vida cristiana emanan de tipos bíblicos y, de acontecimientos y ordenanzas de la historia de Israel. Por ejemplo,

---

[74] Ver cp. 19, "Culturalmente judíos".

la circuncisión, las fiestas, la nube en forma de columna, los sacrificios del templo y el sacerdocio. El cristianismo es judío. Si solo nos fijamos en lo exterior puede que no lo veamos tanto, pero si nos fijamos en lo espiritual lo veremos más claro.

3. La respuesta de Hebreos: Exhortaciones y amonestaciones

Son muchas las que encontramos en Hebreos, por lo que solo hablaré de los temas principales. Quienes se apartan deben prestar atención a lo que saben: "Por tanto, debemos prestar mucha mayor atención a las cosas que hemos oído" (Heb 2:1). Hay un cierto nivel de madurez que hay que alcanzar, "Dejando ya la enseñanza primaria acerca de Cristo, vayamos adelante hacia la madurez" (Heb 6:1). Hay que reconocer y superar los obstáculos, "Despojémonos de todo peso y del pecado que nos asedia, y corramos con paciencia la carrera que tenemos por delante" (Heb 12:1). Pero quienes buscan ayuda para no volver atrás no están solos. El autor los anima diciéndoles que la ayuda está a su alcance: "Acerquémonos, pues, confiadamente al trono de la gracia, para alcanzar misericordia y hallar gracia para el oportuno socorro" (Heb 4:16).

Hay algunos que necesitan ser amonestados seriamente, pero todos han de demostrar que su fe es auténtica mediante la perseverancia: "Porque hemos llegado a ser participantes de Cristo, con tal que retengamos firme hasta el fin el principio de nuestra seguridad" (Heb 3:14). Ya he advertido del peligro del sincretismo cuando los judíos que creen en Jesús tratan de que se les reconozca como otro judaísmo más, como una cuarta rama del judaísmo que ellos llaman Judaísmo Mesiánico. Otro tipo de sincretismo que merece la pena mencionar aquí es el que reconoce a Jesús como Mesías, pero niega su deidad o alguna otra doctrina fundamental, mezclado con una insistencia en la observancia la ley judaica o *Halakah*.[75] El problema apareció tras de la destrucción del templo entre grupos dispersos de creyentes judíos que, a principios del siglo II, eran conocidos como los ebionitas. Estos grupos han resurgido hoy y pueden atraer a creyentes judíos que sufren el rechazo y el aislamiento. Tenemos que animarlos a "retener firme hasta el fin el principio de nuestra seguridad". La amonestación es a no apartarnos pensando que nuestra pasada profesión de fe era algo así como una póliza de seguros, que nos permite dudar y negar la fe, tenemos que resolver las cosas antes de traspasar el punto de no retorno. Y existe ese punto de no retorno: "Porque si continuamos pecando voluntariamente después de haber recibido el conocimiento de la verdad, ya no queda más sacrificio por los pecados, sino una horrenda expectativa de juicio, y un fuego airado" (Heb 10:26-27). "Pecar voluntariamente" en este contexto significa rechazar descaradamente a Jesús como Mesías. Puede que no podamos aplicárselo a alguien que ha comenzado a tener dudas y que, según piensan ellos, solo se trata de que su entusiasmo ya no es el que era antes, pero hay que saber que el proceso de la decadencia no suele ser de golpe, sino progresivo. Hebreos exhorta a los creyentes judíos a demostrar la autenticidad de su

---

[75] *Halakah* es un término que significa "la manera de andar de uno " y se deriva de la palabra hebrea para caminar. Es un vasto conjunto de decisiones de los rabinos sobre cómo vivir, basado en la ley escrita de Moisés, la ley oral y las decisiones de los rabinos a lo largo de los siglos. Las diferentes ramas del judaísmo tienen su propia línea de tradición que lleva a decisiones diferentes. Algunas ramas del judaísmo mesiánico han redactado su propia *halakah* para sus miembros.

profesión siendo diligentes y perseverando. También amonesta: "¡Horrenda cosa es caer en manos del Dios vivo!", porque, como se indica en otra parte de la carta, "Nuestro Dios es un fuego consumidor" (Heb 10:31; 12:29).

4. La respuesta de hebreos: exhortación a recordar la fidelidad del pasado

Aquellos que han vacilado y se han vuelto perezosos, y luego se arrepienten, no han de perder la esperanza de recuperación. El escritor les recuerda todo lo que sufrieron al principio y luego dice: "tenéis necesidad de paciencia" (Heb 10:36). Es decir, que no tiene sentido tener que hacer penitencia o superar una prueba de reingreso, sino simplemente tomar e insistir. El escritor también los anima diciéndoles que su fidelidad anterior no ha sido borrada del registro, sino que Dios la sigue teniendo en cuenta: "Porque Dios no es injusto para olvidarse de vuestra obra y del trabajo de amor que habéis mostrado hacia su nombre, habiendo servido a los santos y sirviéndoles aún" (Heb 6:10).

- *Exhortándonos unos a otros*
  No tenemos por qué estar solos en el reino de Dios; podemos disfrutar de la comunión unos con otros y animarnos mutuamente. Los creyentes judíos tienden bastante a aislarse: no se sienten bien acogidos entre los suyos, y en la iglesia puede que se sientan como peces fuera del agua. El escritor de Hebreos exhorta a los creyentes judíos a que se consideren unos a otros, a que tomen nota de las circunstancias y luchas de cada uno, a animarse mutuamente al amor y a las buenas obras, y a no dejar de reunirse (Heb 10:24-25). Es una responsabilidad que, de modo especial, tienen

los creyentes judíos para con los demás, la misma que corresponde a los demás miembros de la iglesia local a la que pertenezca un creyente judío.

- En una iglesia local, los creyentes judíos probablemente necesitarán más compañerismo que los demás en el comienzo de su fe, y también después si permanecen solteros. Sería magnífico si un hogar de su iglesia es "casa abierta" para ellos, y otros creyentes entablan amistad con ellos. Deberían integrarse en un grupo de hogar de la iglesia. Alguien debería ocuparse de ellos y mantener el contacto. No quiero dar una impresión equivocada, como si todos los creyentes judíos fueran siempre débiles, pero es probable que sean más vulnerables de lo que parecen, sobre todo al principio.

Creo que los creyentes judíos tienen la responsabilidad especial de animarse unos a otros, y sobre esto hablo más en otros capítulos de este libro. Pero repitiendo lo esencial, los creyentes judíos que asisten a iglesias locales deben reunirse regularmente, o de vez en cuando, con otros creyentes judíos, formal e informalmente, para estudiar verdades relevantes, compartir experiencias y orar unos por otros. Algo así no ha de verse con recelo por otros creyentes, como si fueran elitistas o cismáticos, sino reconocer que es lo que hacen las iglesias u organismos interreligiosos para satisfacer las necesidades de los diferentes grupos existentes.

Preguntas:

1. Todos los creyentes se sienten presionados a regresar a su antigua religión o estilo de vida. ¿Por qué las

presiones que sufren los judíos revisten un carácter singular?

2. ¿Qué presiones concretas sufren los creyentes judíos en la actualidad?

3. ¿Con qué argumentos el autor de Hebreos hace ver a los creyentes judíos que seguir a Jesús es el mejor camino de Dios?

CAPÍTULO 19

Culturalmente judíos

La cultura judía existe, y es más que el judaísmo. Hay que resaltarlo, porque muchos cristianos todavía piensan que toda la cultura judía se reduce al judaísmo y de ahí su desconfianza cuando los creyentes judíos hablan de su identidad judía.

La cultura

¿Qué es la cultura? La cultura se aprende con la misma facilidad que se aprende la lengua materna; nunca nos paramos a analizarlo, simplemente la conocemos y la vivimos. La cultura es una creación humana. Los seres humanos desarrollamos métodos agrícolas y fabricamos artilugios; nos comunicamos y creamos instituciones sociales con el fin de ordenar la vida familiar y comunitaria; a través de las artes comunicamos nuestros pensamientos y sentimientos acerca de la esperanza y la experiencia; y fundamos religiones para expresar las realidades metafísicas que sentimos. Siendo distintos los colectivos de personas, lo que cada uno de ellos ha hecho también es distinto. Y no creo que las diferencias se deban simplemente a influencias externas (crianza), sino también a algo intrínseco a su naturaleza, vinculado de alguna manera con el carácter natural de quienes iniciaron el grupo según su historia.

Solo una cultura nacional ha existido teniendo la impronta de Dios sobre ella por medio de la revelación de una ley que regula la vida, y esa cultura ha sido la cultura israelita del antiguo pacto. La cultura judía actual no es de ninguna manera idéntica, pero han heredado mucho de ella. A lo largo de los años, a medida que los judíos han vivido en medio de otras culturas y ha adaptado elementos propios de ellas, mucho han añadido. Recuerdo estar sentado a la mesa en casa de un amigo mío judío de Nueva York, en Bielorrusia, que exclamó: "¡Vaya, mirad cuánta comida judía!". Pero era comida típica bielorrusa, que los judíos habían llevado consigo años antes a Nueva York y allí se convirtió en "comida judía". Sin embargo, muchos judíos de ningún modo la reconocerían como "comida judía", habiendo sido criados, por ejemplo, en el norte de África. La cultura judía es muy variada, debido a las diferentes comunidades que han ejercido sus influencias sobre ella a lo largo de los siglos.

Además, en la cultura judía hay algo que es inherente a su "carácter". Sin embargo, cuando se toca este tema existe el peligro de construir estereotipos, a los que los judíos son extremadamente sensibles, casi hasta el punto de decir que los judíos no son diferentes en nada. Pero cuando los judíos mismos producen programas de televisión y radio acerca de judíos siendo judíos, ¡debe de haber una cierta percepción judía de los judíos que trasciende toda diversidad cultural! Es un ejercicio interesante tratar de encontrar una palabra que resuma el carácter de un pueblo. Se suele decir que los ingleses son diplomáticos, que los franceses tienen talento y que los chinos son muy trabajadores. ¿Y los judíos? Yo los veo como un pueblo marcado por el ingenio. Hablando genéricamente, se dice que los judíos tienen inventiva, inteligencia, energía y creatividad. Y ese ingenio suele ser productivo a causa de otras cualidades, como su cordialidad, amabilidad y humor. Debido a todo esto, los judíos han contribuido significativamente a la sociedad humana.

El Nuevo Testamento y la cultura judía

El Nuevo Testamento da por hecho que la cultura judía existe. Pablo habló de hacerse judío para los judíos (1Co 9:20). Y no se trata de un asunto religioso únicamente, porque de ese tema trató específicamente cuando habló de someterse a la ley para quienes estaban bajo la ley. Para Pablo, los judíos de su tiempo caían en dos categorías amplias: los devotos que vivían según la ley de Moisés, y los que siendo judíos no eran devotos. Estaba claro que había una forma de vida judía que no estaba dominada por la ley, aunque no podía divorciarse de ella completamente; y que no era gentil. Hoy ocurre igual: hay judíos, y judíos sometidos a la ley.

Es inevitable que la identidad de los judíos que se convierten a Jesús sea judía. Y eso no es malo, porque las iglesias siempre necesitan una saludable dosis de ingenio. Pero ¿qué pasa con las prácticas culturales que deben su origen a la ley de Moisés y al judaísmo rabínico? Aquí es donde surge la dificultad. Si los creyentes judíos conservan algunas de esas prácticas, ¿es que son creyentes flacos, patológicamente dependientes de sus viejas costumbres? ¿Hay ejemplos en el Nuevo Testamento?

1. Los creyentes judíos del Nuevo Testamento y las prácticas religiosas judaicas

Muchos de los primeros creyentes judíos continuaron comiendo solo alimentos permitidos por la ley. Cuando por medio de una visión Pedro fue retado a comer cierto tipo de comida, él respondió que nada inmundo o común había entrado en su boca (Hch 10:14). Hasta aquel momento, antes y después de la fe, solo había comido *kosher*, como muchos de aquellos primeros creyentes, y por eso establecieron algunas normas para favorecer la comunión entre creyentes judíos y gentiles, especialmente para cuando comían juntos (Hch 15:28-29).

Durante la primera estancia de Pablo en Corinto, leemos que había hecho un voto: "habiéndose rapado la cabeza en Cencrea, porque tenía hecho voto" (Hch 18:18). No se nos dice por qué, pero puede haber sido un acto de consagración especial, dados sus temores por predicar allí. El tipo de voto, cortarse el cabello, se asemeja al voto nazareo, ordenanza mosaica destinada a propiciar un momento especial de consagración a Yahveh (Nm 6:1-21). Con todo, era diferente. El nazareo tenía que cortarse el pelo en el templo y quemarlo en el fuego del altar que ardía bajo la ofrenda de paz que el nazareo tenía que traer (Nm 6:18). Pablo claramente no lo hizo así. Creo, por tanto, que estaba adaptando una costumbre mosaica que le era familiar desde sus días en los que practicaba el judaísmo como ayuda devocional en su servicio al Mesías Jesús.

Cuando Pablo y Silas se encaminaron a la zona del primer viaje misionero de Pablo, encontraron a Timoteo, y Pablo quiso que se les uniera a la obra. En aquella etapa, estaban entregando a las iglesias los decretos de Jerusalén sobre las relaciones en las iglesias entre judíos y gentiles, pero pronto estarían entrando en campos aún no evangelizados, y quizás Pablo sintió la necesidad de incorporar a alguien más al equipo. Pero había un problema con Timoteo; que no había sido circuncidado, así que, "tomándole, le circuncidó por causa de los judíos que había en aquellos lugares; porque todos sabían que su padre era griego" (Hch 16:3). Parece que Pablo previó que aquello podría ser un obstáculo a la hora de evangelizar, un motivo de desvío de los principales problemas espirituales, porque sus oyentes judíos estarían más interesados en el asunto de la situación de Timoteo que en el evangelio. Su actuación despejó el ambiente de cualquier debate innecesario que pudiera servir de obstáculo a su presentación del evangelio. Teniendo en cuenta que en aquel momento estaba entregando los decretos que decían que los creyentes gentiles no tenían que circuncidarse ni guardar la ley, es probable que produjese cierta confusión en la mente de algunos. Sin duda, Pablo aprovechó la ocasión para aclarar la situación. Para Pablo era fundamental facilitar el camino al evangelio y si cumplir una costumbre judía concreta servía de ayuda sin traicionarlo, lo iba a hacer.

El último ejemplo es Pablo en Jerusalén, acompañando a cuatro creyentes judíos al templo para colaborar en el cumplimiento de un voto, lo cual implicaba la purificación ritual de todos ellos, incluido él mismo (Hch 21:20-24). Santiago y los ancianos pretendían calmar la tensión causada por la presencia de Pablo, porque muchos de los creyentes de Jerusalén pensaban que él estaba enseñando a los judíos de la diáspora a abandonar a Moisés, la circuncisión y las costumbres judías. Está claro que estaban distorsionando la enseñanza de Pablo, pero él estuvo dispuesto a aceptar la sugerencia que se le hizo para contribuir a mantener la paz. Hacerlo demostraría, como dijo Santiago, "que tú también andas ordenadamente, guardando la ley" (Hch 21:24). De esto, hay quienes han concluido erróneamente Pablo seguía guardando la ley, pero eso era simplemente imposible para alguien que era el apóstol de los gentiles, tal como él mismo escribió, "[me he hecho] a los que están sin ley, como si yo estuviera sin ley" (1Co 9:21). Se adaptó al estilo de vida gentil a la hora de presentarles el evangelio, lo que incluiría comer comida no *kosher*. Lo que Pablo hizo en Jerusalén fue practicar lo que predica en Romanos 14: "Recibid al débil en la fe, pero no para contender sobre opiniones" (Ro 14:1). En lugar de entrar en un acalorado debate sobre todos los temas y prácticas, se limitó a acompañar a aquellos cuatro hombres en un acto de genuina devoción al maestro que los había aceptado. Fue un acto para mantener la paz entre los creyentes.

A este respecto, debo hacer una observación. Hay actuaciones que pueden parecer comprometedoras o sincretistas, pero pueden no serlo en absoluto si las consideramos más de cerca, debiendo entenderse como positivas y saludables. Los cristianos hemos de tener cuidado de no saltar a conclusiones precipitadas.

Estos ejemplos de la vida y ministerio de Pablo cubren tres áreas clave de la vida cristiana: la devoción personal, el evangelismo y el compañerismo cristiano, y sirven de ejemplo para los creyentes judíos en la actualidad. Pero antes de analizar la situación actual será bueno recordar algo de historia.

El desarrollo histórico

Para empezar, las iglesias postapostólicas parece que entendieron la práctica de Pablo. Sobre el año 150 d.C. Justino Mártir escribió su *Diálogo con Tryfo*, en el que hace referencia a cómo algunos creyentes judíos trataban de conservar su identidad judía. En diferentes grados, algunos continuaban guardando la ley, lo que no fue ningún problema para Justino; pero lo que no aceptó fue que otros insistieran en que los cristianos gentiles tenían que guardar la ley. Pero con el paso del tiempo, en la era de los padres de la iglesia (siglos primero al quinto), el conflicto entre la iglesia y la sinagoga se volvió en ocasiones muy agrio, situando a los creyentes judíos de las iglesias en una posición difícil. El amor por su pueblo, junto a cualquier manifestación de su carácter judío, hacía que desconfiaran de ellos; y cierta iglesia, en el siglo cuarto, requirió que ellos hicieran la siguiente declaración: "Renuncio a las costumbres, ritos, legalismos, panes sin levadura y sacrificios de corderos de los hebreos… en una palabra, renuncio a todo cuanto sea judío".[76] Es increíble, pero es evidente que aquella iglesia no estaba dispuesta a hacer distinciones sutiles. Aunque no está claro que otras iglesias adoptaran la misma declaración, el progresivo sentimiento antijudío entre los dirigentes de la iglesia produjo el mismo

---

[76] De la profesión de fe de la Iglesia de Constantinopla: según Assemani, Cod. Lit., I, p. 105, citado por James Parkes, *The Conflict of the Church and the Synagogue* (New York: Athenaeum, 1974), pp. 397–8.

efecto. Los dirigentes de las iglesias eran ya principalmente gentiles, lo que significaba que la simpatía natural que alguna vez había atenuado las actitudes había desaparecido. Además, se ve que las iglesias reaccionaron negativamente a la oposición que los dirigentes judíos ejercieron al principio frente a la predicación del evangelio. Además, las aguas se mantenían constantemente revueltas por el proselitismo activo de ambas partes.

Para los creyentes judíos, esta situación se mantuvo por bastantes siglos, aunque finalmente comenzaron a soplar vientos de cambio. El primero fue la Reforma. Una verdad, redescubierta por la Reforma y sostenida por un buen número de sus dirigentes, fue que Dios no había desechado a los judíos. En la era puritana adquirió mayor desarrollo, siendo enseñada intensamente en el mundo de habla inglesa durante el siglo XVIII por hombres como Jonathan Edwards, John Wesley y George Whitefield, consiguiendo que se iniciaran muchas misiones a los judíos en el siglo XIX y que muchos evangélicos respaldaran que los judíos pudieran regresar a su antigua patria. El interés y el amor por los judíos no es algo reciente en las iglesias protestantes, sino que viene de muy antiguo.

Un segundo viento de cambio fue la liberación de los judíos de los guetos de Europa. La Ilustración del siglo XVIII, con su hincapié en la razón y la igualdad de los seres humanos, y los movimientos políticos surgidos de ella, permitieron a los judíos desempeñar un papel en la sociedad sin dejar de ser judíos. El fenómeno no fue solo europeo, sino que tuvo su impacto en las naciones latinoamericanas y los judíos que vivían allí. Fue mucho más que un asunto individual; comenzó a resurgir en los judíos un sentimiento de conciencia nacional. El tercer viento de cambio fue la gran cantidad de judíos que se convirtieron a la fe durante los siglos XIX y XX al estar más expuestos al evangelio.

Un cuarto viento de cambio, nacido del segundo y tercero, fue la creación en 1866 de la Hebrew Christian Alliance (Alianza Cristiana Hebrea) en Gran Bretaña, y más tarde, en 1925, la International Hebrew Christian Alliance (Alianza Cristiana Hebrea Internacional), que dio origen a otras alianzas en naciones latinoamericanas. Los creyentes judíos se estaban organizando como un colectivo dentro de la iglesia. Un quinto viento de cambio fue la creación del Estado de Israel, reviviendo la conciencia nacional judía aún más fuertemente y permitiendo a los judíos expresar su identidad judía más allá de la sinagoga y las instituciones tradicionales judías de la diáspora.

Un sexto viento de cambio fue el hincapié hecho por el Movimiento de Crecimiento de la Iglesia, enseñando que "a la gente le gusta convertirse en cristianos sin tener que cruzar barreras raciales, lingüísticas o de clan",[77] lo que lleva a recalcar aún más un evangelismo sensible con otras culturas y que, en concreto, favorece que haya iglesias étnicas en ciudades multiculturales.

Un séptimo y último viento de cambio fue la aparición en la década de 1970 del Movimiento Mesiánico, producto de todo lo anterior. Se trata de algo más que un término moderno aplicado a los judíos que creen en Jesús; el movimiento da un nuevo impulso a que los creyentes judíos mantengan su cultural judía, y especialmente en lo concerniente al uso de las tradiciones religiosas judías en la práctica de su fe.

---

[77] D. McGavran, *Understanding Church Growth* (Grand Rapids, MI: Eerdmans, 1975), p. 198.

Para una minoría, ha llevado a la creación de iglesias étnicas judías, normalmente llamadas "congregaciones mesiánicas".

Esto nos retrotrae a una situación parecida a los días del Nuevo Testamento en la que los creyentes judíos se sienten libres, como lo hizo Pablo, de practicar cosas que pertenecen a su cultura religiosa judía como parte de su fe cristiana. No estoy diciendo que esto no sucediera entre los días de Justino Mártir y la década de 1970. Estoy seguro de que los creyentes judíos actuaron así más de lo que sabemos, pero la cuestión es que ahora hay más apertura y aceptación; al menos para muchos cristianos. Digo "muchos" porque sé que, a pesar de los ejemplos que he dado de Pablo, hay otros muchos que ven esas prácticas religiosas de los creyentes judíos como una vuelta al judaísmo o una incapacidad de liberarse de la ley. De ahí la necesidad de pensar más en esos temas. Puede ser interesante considerar cuánto de nuestra propia práctica cristiana se deriva de la cultura del mundo cristiano y cuánto de ella se apoya en el Nuevo Testamento.

Tener cultura judía en la actualidad

Los judíos que creen en Jesús tienen un trasfondo cultural distinto de la cultura nacional en la que viven. Será prestada de esa cultura nacional, pero sigue siendo distinta. Tienen una historia nacional que se remonta a Abraham, un libro religioso único (las Escrituras Hebreas), la lengua hebrea y el hebreo moderno, costumbres religiosas y sociales basadas en la Biblia y en su experiencia histórica, una red familiar, un estilo de música para los eventos comunitarios, una cocina única y un sentido del humor particular. Además de todo esto, está el desarrollo cultural que tiene lugar en Israel, que influye en todos los demás judíos, y los creyentes judíos que viven allí son parte de ello. En un grado u otro, este es el medio cultural del pueblo judío que se convierte a la fe en Jesús. Sin embargo, cuando se incorporan a una iglesia local, se dan cuenta de que no es el medio cultural de la mayoría de las personas que encuentran allí, a menos que la iglesia esté en Israel y esté compuesta principalmente por israelíes judíos. La vida de la iglesia pronto ocupará una buena parte de su tiempo, así que empiezan a darse cuenta de que pasan mucho más tiempo con no judíos de lo que solían hacerlo antes, corriendo el peligro de perder esa fácil relación judía con sus semejantes judíos.

1. Reforzar la identidad judía

¿Se puede perder, entonces, la identidad judía? Objetivamente, nunca, pero lo trataremos desde el punto de vista subjetivo. En cierto sentido, subjetivamente no se puede perder. La mayoría de las personas saben quiénes son y a dónde pertenecen, y los judíos saben que son judíos. Para algunos que se convierten a la fe en Jesús, eso basta, esa conciencia está arraigada en su interior y sienten que no tienen por qué dejar de actuar como judíos, lo que refuerza esa conciencia. No tengo nada en contra de esto, salvo hacerles notar que, en realidad, ya están haciendo cosas que refuerzan su identidad judía todos los días. Conocen y aman al Mesías de Israel, están leyendo un libro judío lleno de historia y de experiencias espirituales de su propio pueblo, oran al Dios de Israel, y alaban a Dios basados en una espiritualidad bíblica y judía.

Por encima de estas cosas inevitables, los creyentes judíos pueden seguir profundizando en la historia judía y los acontecimientos actuales, mantener o mejorar su conocimiento del hebreo, apoyar las causas judías y a Israel, comer al estilo judío, disfrutar de la música judía, seguir las fiestas y costumbres judías y reunirse con otros judíos. Lo último incluye eventos familiares y comunitarios (si es posible) y reunirse con otros creyentes judíos. A algunos les cuesta soportar el contraste entre su estrecha relación con los judíos antes de creer y la sensación de soledad tras su conversión. Como solución, algunos optan por irse a vivir a Israel. Muchos creyentes judíos se casan con no judíos, y aunque ciertamente es más importante casarse con una pareja cristiana que con un/a judío/a no creyente, puedo entender a los que ansían encontrar un cónyuge judío que sea creyente y desarrollar una vida familiar que sea a la vez judía y cristiana. Tal cosa no asegura el buen entendimiento automáticamente, pero para algunos es importante y hemos de entenderlo.

Si repasamos las sugerencias hechas anteriormente, merece la pena que nos preguntemos ¿cuántas de ellas refuerzan la identidad judía del judío no creyente medio? Para la mayoría de los judíos, juntarse con otros judíos, relacionarse en alguna medida con el hebreo, apoyar a Israel y otras causas judías, y tener un hogar judío ya es mucho. Igual no leen las Escrituras con regularidad, ni pisan un lugar de culto, ¡pero intenta decirles que su identidad judía es escasa o que no son judíos! Cuánto más consistente es la posición del creyente judío, que vive en las Escrituras judías y que ama al Mesías judío.

2. El judío que no es judío y el gentil judío

Hay judíos que han sido criados como gentiles. Es algo que ocurre menos en la actualidad, pero algunos judíos de la generación que sobrevivió al Holocausto decidieron no lastrar a sus hijos con la identidad judía y los criaron alejados de la comunidad judía, y a algunos nunca les dijeron que eran judíos. He conocido creyentes que no sabían que eran judíos de nacimiento hasta después de convertirse a Cristo; su padre o padres judíos decidieron, dadas las circunstancias, que tenían que saberlo. Se entiende que estos creyentes judíos con ese trasfondo quieran saber más acerca de su pueblo y ser judíos. Algunos se pasan, quizás queriendo demostrar algo con el "celo del neófito", como se suele decir. Aunque por lo general, acaban asentándose una vez que "pasan el sarampión" y han aprendido a vivir como judíos y cristianos maduros.

Y luego están los cristianos que han sido educados íntegramente en su cultura gentil, pero a quienes ha atacado el "virus judío", y a los que yo llamo los gentiles judíos. Se enteran de las raíces judías de su fe, piensan que durante años les faltaba algo, estudian todo cuanto es judío y empiezan a averiguar si tienen alguna "sangre judía". Hay quienes la encuentran en algún tatarabuelo o tatarabuela y deciden que son judíos. Por cierto, la comunidad judía no los verá como judíos, ya que tienen que tener una madre judía, es decir, una madre con padres judíos, que aporte una conexión viva con la comunidad judía. Como si fuera algo que se pilla de cualquier manera por ahí en casa. Me recuerda la anécdota de un joven judío que quería averiguar si era judío y fue a visitar una sinagoga para aprender sobre Dios. El rabino le dijo: "¡Vete a casa!", que suena peligrosamente a "¡Desaparece!", pero que lo que pretendía era señalar que es en casa donde el judío adquiere su identidad judía, porque se trata de aprender por la experiencia. Si los parientes judíos de la persona pertenecen a una generación anterior a la madre, o si no los tiene, entonces el judaísmo requiere un proceso de conversión, para que aprendan lo que no han podido aprender en casa.

En algunos países latinoamericanos, este asunto de gentiles judíos ha cobrado cierta importancia, porque hay mucha gente que tiene antepasados judíos debido a la inmigración judía y los matrimonios mixtos con no judíos desde finales del siglo XV. Se dice que alrededor del 10 por ciento de las personas en América Latina cuyos antepasados vinieron de España o Portugal tienen alguna ascendencia judía. ¡Eso es alrededor de cincuenta millones de personas! La ascendencia judía de aquellos cuyos antepasados llegaron como cripto-judíos[78] en los tiempos remotos de la conquista y colonización, es imposible de rastrear. Puede que no sea más que un débil recuerdo de prácticas judías realizadas en secreto, transmitido de generación en generación. Otros tienen una ascendencia relacionada con los judíos que emigraron a Latinoamérica y luego se mezclaron por matrimonio durante los siglos XIX y XX. Lo que todos ellos tienen en común es no haber sido educados según la cultura judía o el judaísmo,

---

[78] Cripto-judíos es un término general utilizado para referirse a los judíos que han sido obligados por uno u otro medio a convertirse a otra religión, pero que continúan manteniendo algunas prácticas del judaísmo en secreto. El término hebreo para tal es *anusim*, que significa "forzados". Ninguno de estos términos es exclusivo de Latinoamérica, pues se usan internacionalmente. En Latinoamérica hoy, *anusim* es el término popular, en lugar de cripto-judíos, y se usa especialmente para designar a aquellos judíos que vinieron de España y Portugal en los siglos XV y XVI, y que aparentemente eran cristianos, pero mantenían secretamente algunas prácticas del judaísmo. Para contribuir más a la confusión, *anusim* también sirve para referirse a los descendientes de aquellos inmigrantes cripto-judíos de los siglos XV y XVI, pero la expresión *Bnei Anusim* (hijos de *anusim*) es más precisa para referirse a aquellos descendientes después de las primeras cinco generaciones. Un término antiguo y despectivo para referirse a los sospechosos de cripto-judaísmo que vinieron de España y Portugal en aquellos tiempos es el de Marranos ("cerdos").

sino más bien bajo las influencias de otras tradiciones culturales y religiones que los han moldeado. No son judíos y no son reconocidos como tales por las autoridades judías.

Quienes piensan o pueden probar tal ascendencia judía responden de diferente manera. Los que no son cristianos evangélicos quizás se limiten a disfrutar investigando sus raíces judías, pero nada hay que afecte su afiliación religiosa o experiencia cultural que tienen en Latinoamérica. Otros se interesan mucho más y quizás se unan a alguno de los muchos grupos cuyo fin es ayudarlos en lo que tiene que ver con su ascendencia, sobre todo desde una perspectiva judía secular. Algunos de ellos querrán emigrar a Israel. Y luego hay otros que se vuelven religiosos y se juntan para formar su propia sinagoga (que no será aceptada por las autoridades judías). Muy pocos están interesados en convertirse al judaísmo tradicional. Lo que ha de preocuparnos a los evangélicos son los que descubren esa ascendencia judía y quedan confundidos. Al estudiar sus raíces judías, pueden comenzar a adoptar ciertas formas de vida judías e incluso prácticas del judaísmo. Pueden ser atraídos a una Congregación Mesiánica (hemos hablado de ella en el Capítulo 16) donde adoptarán las prácticas judías incorporadas a la vida de ese grupo. Lamentablemente, algunos pocos acaban convirtiéndose al judaísmo. Se entiende que se interesen por su ascendencia, y no debemos oponernos a ello, pero a quienes nos preocupan estos temas debemos tratar de ayudarlos. El peligro de centrarnos en las tradiciones de los hombres y flaquear en nuestra identidad en Cristo estará siempre ahí.

Doy todos estos detalles para decirles a estos "gentiles judíos" lo siguiente: "¿Alguno de tus ascendientes era judío? ¡Qué interesante! Disfruta estudiándolo, investiga sobre ellos y sobre su vida, aprende más sobre los judíos. Ámalos, ora por ellos, disfruta juntándote con ellos si quieres, pero no digas que eres judío. No te conviertas en otro frustrado "quiero ser judío"; afírmate en tu carácter cristiano y gentil. El tiempo es valioso, aprovéchalo al máximo poniendo tu corazón en las cosas de arriba".

3. Creyentes judíos y prácticas religiosas judías en la actualidad

Para dar una idea de cómo los creyentes judíos suelen practicar las tradiciones judías en la actualidad, quiero hablar de algunas prácticas religiosas judías incluidas en las cuatro áreas del Nuevo Testamento que he mencionado antes: la base cultural, la devoción personal, el testimonio y el compañerismo. Quiero recalcar primero que estas cosas tienen que ver sobre todo con la cultura y, por tanto, los creyentes judíos no están obligados de ninguna manera a hacerlas. También hay que subrayar que no son en alguna manera más espirituales. No hace falta decir que cualquier práctica que se adopte debe estar de acuerdo con el evangelio y, por supuesto, no puede ser algo surgido del judaísmo como oposición al evangelio.

4. La base cultural

En los tiempos del Nuevo Testamento en la tierra de Israel, los creyentes judíos primitivos comían *kosher*, como lo hacían todos los demás judíos. Hoy, algo que todos los judíos del mundo hacen es circuncidar a sus hijos varones. Está bien que los creyentes judíos también lo hagan con sus hijos varones; si no lo hicieran, sencillamente, no serán aceptados como judíos.

5. La vida devocional

¿Qué práctica judía actual puede seguir o adaptar el creyente judío que le sea beneficiosa en su vida devocional? Hay muchas, y las dos que sugiero están entre las más difíciles, porque decidirse por las que mejor te caen o son más cómodas es demasiado fácil. Por ejemplo, ayunar y orar durante los Diez Días de Arrepentimiento,[79] participando en un período de autoexamen e intercesión. Otra, para las parejas casadas, puede ser observar las leyes judaicas de la pureza familiar por un tiempo, como no tener relaciones sexuales durante siete días después del período menstrual de la esposa. Tiene su valor como autodisciplina, y centrarse más en la meditación y la oración.

6. El testimonio

Con el fin de evangelizar, hay muchas cosas que se pueden hacer, bien ocasionalmente o de forma permanente, dependiendo de la familia y de las amistades judías. Puede ser importantísimo para las relaciones con los parientes judíos mantener las leyes *kosher* en casa. Merece la pena tener una cena *Sabath*, los viernes por la noche de manera regular, como medio de mantener el contacto social, incluida la posibilidad de hablar del Mesías en algún momento futuro.

7. El compañerismo

Ya escribí en el Capítulo 16 sobre el compañerismo congregacional en relación con los creyentes judíos, pero lo que

---

[79] El periodo de 10 días que va de *Rosh Hashanah* (el Año Nuevo Judío) al *Yom Kippur* (Día de la Expiación), decretado por el judaísmo como tiempo de reflexión, arrepentimiento y reconciliación.

digo ahora tiene que ver con los individuos. Los creyentes judíos pueden abrir sus hogares y recibir a otros, especialmente los casados a los solteros, lo que plantea el problema de la comida *kosher*. Algunos creyentes judíos son de conciencia débil y piensan que deben comer *kosher*, de modo que si otros creyentes judíos los invitan a comer no deben decirles que no se preocupen por ese tipo de cosas y servirles carne de cerdo; deben acomodarse a sus hermanos o hermanas de conciencia más débil. Con respecto a este tema, ¿qué se hace si unos creyentes judíos son invitados a comer en la casa de unos creyentes gentiles? Los que siguen los requisitos *kosher* en su propia casa no pueden esperar que los creyentes gentiles les den comida *kosher* si los invitan a comer. Lo propio sería que sus anfitriones les preguntasen sobre lo que pueden comer y lo que no, pero no deberían ser tan exigentes como para que nadie quiera invitarlos otra vez.

Preguntas:

1. ¿De qué manera la cultura judía es más que el judaísmo? ¿Han entendido esto las iglesias siempre?
2. ¿Qué prácticas religiosas judías aparecen en el Nuevo Testamento? ¿Cuáles de ellas son válidas en la actualidad?
3. ¿Por qué hay gentiles que quieren ser judíos?
4. ¿Qué deben hacer los gentiles que descubren que tienen alguna ascendencia judía?
5. ¿Cómo pueden mantener los creyentes judíos su cultura judía en la actualidad?

CAPÍTULO 20

El regreso a la tierra

Cada año, al final de la celebración de la Pascua, los judíos de todo el mundo exclaman: "¡El año que viene en Jerusalén!". En determinados períodos de la historia era solo una esperanza, hoy es algo posible. Se puede decir mucho sobre lo que los judíos han conseguido allí en los últimos ciento cincuenta años, pero no es ese mi propósito. Del mismo modo, podríamos decir muchas cosas sobre los aciertos y los errores en el actual conflicto de Oriente Medio, pero tampoco es ese mi objetivo. Pero sí se puede decir lo siguiente: que es un conflicto que el mundo no puede ignorar; aparece permanentemente en las noticias. Hay otros conflictos en todo el mundo de los que apenas se sabe nada, a pesar de tener unos costes en muertes mucho más altos, pero este sí que es notorio, y por la simple razón de que amenaza con acabar fuera de control y llegar a una conflagración mucho más grande, amenazando, por causa del petróleo, con alterar el estilo de vida de millones, son muchos los que lo observan con inquietud.

La dimensión religiosa se suma a la complejidad de los temas y al partido que toman los espectadores. La mayoría de los judíos ortodoxos ven una dimensión mesiánica, y el interés de los cristianos se debe a que el escenario del conflicto forma parte de las tierras bíblicas. ¿Qué hace Dios? ¿Deben apoyar el plan de Dios, sea cual sea? Además, el Islam se ha despertado, no es que estuviera realmente dormido, pero su interés es mucho más evidente ahora que algunos de sus seguidores más radicales se oponen activamente al Estado de Israel.

El retozona Sion comenzó como una visión de paz y seguridad para un pueblo que con frecuencia había sido acosado, perseguido y asesinado mientras vivía en medio de las naciones del mundo, pero ahora se ha convertido en un lugar donde otro genocidio los amenaza. Los cristianos tenemos que preguntarnos cómo podemos contribuir a evitarlo. El hecho de que el conflicto dañe las vidas de incontables víctimas indefensas en ambos lados, y que los hermanos y hermanas cristianos a ambos lados del conflicto también se vean atrapados en las consecuencias, debería despertar el interés del creyente.

De hecho, no hace falta leer muchas revistas cristianas o visitar muchas páginas web para darse cuenta de que los cristianos ciertamente están atentos a lo que está sucediendo, y que su manera de responder tiene mucho que ver con la importancia que atribuyen al retorno de los judíos a la tierra de la Biblia, desde los que le dan poca importancia a los que le dan mucha. Inevitablemente, han surgido preguntas sobre el cumplimiento de las profecías bíblicas, se ha buscado su relación con el milenio de Apocalipsis 20, y se han visualizado los escenarios de los últimos tiempos. Todo eso es muy interesante, pero probablemente no sea lo prioritario para los que están sobre el terreno, más preocupados por el poder del evangelio para cambiar a las personas y las situaciones aquí y ahora.

Como muchos, mi imaginación se agita y surgen temores viendo los turbulentos y, con frecuencia, inesperados acontecimientos del conflicto del Oriente Medio. En este capítulo, mi principal preocupación es averiguar qué dice el Nuevo Testamento sobre los judíos y su antigua patria. ¿Prevé su regreso? ¿El conflicto que ahora vemos es importante en cuanto a lo que el Nuevo Testamento dice referente a los acontecimientos de los últimos días?

Nombre y localización

¡Es tan difícil elegir nombre para la tierra bíblica de Israel! El de "Canaán" se aleja demasiado hacia el pasado y el de "Palestina", tal como lo aplican los eruditos bíblicos, tiene un significado bastante diferente en la actualidad. El de "Tierra Santa", pertenece a otra época, e "Israel" puede confundir en cuanto a lo que significa exactamente. Voy a comenzar con el término "tierra prometida", porque ahí es donde empezó todo y sigue siendo un término usado hoy, a pesar de que no todo el mundo coincide en que todavía siga estando prometida a los judíos.

El área originalmente prometida por Dios a Abraham y a sus descendientes se la describe Dios a Abraham: "desde el río de Egipto hasta el río grande, el río Éufrates" (Gn 15:18). Al no tener el tipo de mapas a los que estamos acostumbrados, parece que la referencia de dos ríos para describir la región que Dios estaba prometiendo cubría perfectamente el fin de transmitirle a Abraham una idea general. A continuación, la lista de las tierras habitadas por los habitantes de entonces, dejaron claro, sin duda, los límites a Abraham y que ciertamente se aproximan el espacio geográfico exacto que va del Nilo al Éufrates. Tenemos una idea mucho más clara del área en cuestión al observar la tierra repartida y conquistada por los israelitas tras expulsar a los cananeos. Es esta área la que hemos de entender como la tierra prometida. El hecho de que algunas de las tribus se establecieran en el lado oriental del Jordán muestra que había cierta flexibilidad en todo aquello, algo que Moisés claramente no había previsto, pero que no vio como fuera de lugar. Es evidente que no tenía las líneas dibujadas en un mapa que marcaran el territorio en el que Israel tenía que residir a toda costa. Al describir la extensión del reino de Salomón se usa el mismo vocabulario general que Dios usó con Abraham, dando así la clara impresión de que la promesa se cumplió por primera vez en aquel momento. Se nos dice que "tuvo dominio sobre todos los reyes desde el Éufrates hasta la tierra de los filisteos, y hasta la frontera de Egipto (2Cr 9:26).

La Tierra Prometida en el Nuevo Testamento

¿Qué tiene que decir el Nuevo Testamento sobre la tierra prometida a Abraham? En resumen, muy poco; ciertamente mucho menos de lo que podríamos esperar y, lo que es fascinante, no se menciona la tierra en el pasaje donde más esperaríamos que se mencionara, Romanos 11. Cualquiera que sea la explicación que se dé a este silencio, la conclusión es que lo que el Nuevo Testamento dice, y lo que no dice acerca de la tierra, no permite establecer una doctrina de la tierra para los judíos en el período del nuevo pacto.

Hay quienes pueden pensar que no se puede tratar este tema sin investigar los textos del Antiguo Testamento. Comparto este sentir, pero puesto que el Nuevo Testamento es la interpretación autorizada del Antiguo, su visión de la promesa de la tierra es suficiente y nos proporciona un marco para interpretar los textos del Antiguo Testamento. Mi manera de abordar el tema será tratar de llegar a los textos importantes de manera directa.

La tierra como tipo

La tierra de la promesa era un lugar para que el pueblo de Dios disfrutara de la presencia y las bendiciones de Dios, cantase sus alabanzas y anduviese en sus caminos, pero no puede haber ninguna duda de que la tierra prometida a Abraham y sus descendientes estaba destinada a representar una realidad mayor, que Hebreos describe como "una [patria] mejor, esto es, celestial" (Heb 11:16). Hebreos nos dice que Abraham sabía que la tierra prometida en la que residía no era la meta final; la meta era "la ciudad que tiene fundamentos, cuyo artífice y constructor es Dios" (Heb 11:10). Esa esperanza no es algo etéreo, sino un cielo nuevo y una tierra nueva, donde el pueblo de Dios disfrutará de la presencia y las bendiciones de Dios, cantará sus alabanzas, y andará en sus caminos para siempre.

Pablo manifiesta que así lo entiende al hablar de la promesa hecha a Abraham como "la promesa... de que él sería el heredero del *mundo*" (Ro 4:13, cursivas mías). Al decir "el mundo" aquí, Pablo va más allá de cualquier expresión usada por Dios con Abraham y está claro que mira hacia su cumplimiento en el Mesías. La herencia es para todos los poseedores de esa fe, circuncidados y no circuncidados, y desde ese punto de vista es natural que diga "mundo", porque la inclusión de los gentiles rompe los límites de la vieja dispensación y conduce a la esperanza del reino mesiánico. Todos los creyentes heredan con Cristo y algún día disfrutarán del nuevo mundo que él creará. La Tierra Prometida era un tipo de esta herencia.

La tierra como espacio divino, una Tierra Santa

Sobre la base de lo escrito en la sección anterior, surge de manera obvia la pregunta de cuál es la situación de la tierra al cambiar el pacto. Permítaseme repetir un punto mencionado anteriormente en este libro. Podemos imaginar que el pacto original con Abraham es el fundamento. Al multiplicarse el pueblo de Dios y necesitar una forma de organización nacional, Dios sitúa otro pacto sobre el fundamento, el Mosaico. Podemos considerarlo como un pacto administrativo para el pueblo de Dios, adaptado a unas circunstancias determinadas. Al cambiar las circunstancias para el pueblo de Dios, ahora ya una nación de creyentes bajo el Mesías de alcance mundial, hay que cambiar la forma de administrar el pueblo de Dios, un nuevo pacto. Así es como lo expresa Hebreos:

"Al decir: Nuevo pacto, ha dado por anticuado al primero; y lo que se da por anticuado y se envejece, está próximo a desaparecer" (Heb 8:13). Para el escritor, parece que el antiguo pacto aún no ha caducado, porque escribió antes de que el templo fuera destruido: su destrucción habría sido la señal más evidente de que el antiguo pacto era obsoleto. Dada esta obsolescencia, la tierra ya no puede ser el espacio divino del pacto, el área vital para el desarrollo del propósito divino en el mundo. Ese espacio es ahora todo el planeta tierra y la administración del nuevo pacto pertenece a él. Al llamarlo el "pacto eterno" en la doxología final de la carta, Hebreos deja bastante claro que el nuevo pacto es el último pacto dispensado para el pueblo del Señor (Heb 13:20). Este es el único lugar en el Nuevo Testamento donde se usa esa expresión, y claramente recoge lo dicho por los profetas para señalar la nueva disposición de Dios para los días del Mesías (Is 61:8; Jer 32:40; Ez 37:26). No hay indicios de más, y ciertamente nada sobre la reactivación del pacto mosaico. La tierra de Israel ya no es un espacio divino, pero eso no lo descarta como lugar para que vivan los judíos.

Para algunos autores cristianos, dado que el tipo ha desaparecido y el reino mundial del Mesías ha comenzado, la tierra simplemente no importa. Estoy seguro de que a tales autores les apena ver a judíos y árabes peleando por su causa, pero para ellos la tierra no es de especial interés para los cristianos. Pienso que manifiestan así una indiferencia espantosa hacia un pueblo que ha sido privado de vivir en su propia tierra durante casi dos mil años y que demasiadas veces ha sufrido el rechazo de los gentiles cuyo bienestar nacional han tratado de compartir. No creo que el pacto de Israel con Dios sea tan indiferente.

¿Es el retorno a la tierra una esperanza del Nuevo Testamento? Las promesas de Dios a Israel

En Romanos 9:1–5, Pablo enumera los privilegios de Israel y entre ellos se encuentran las "promesas", que incluirían la tierra. En Romanos 11:29, Pablo dice que los dones y el llamamiento de Dios con respecto a Israel son "irrevocables". Una vez más, uno de esos dones es la tierra. Puede argumentarse que, al ser un tipo, y el tipo ya se ha cumplido, entonces la promesa también se ha cumplido y es tan obsoleta como el pacto mosaico. Estoy plenamente de acuerdo con que su significado tipológico se ha cumplido, pero no con que la promesa sea obsoleta, porque Pablo dice que los dones son irrevocables. Con todo, el donante ha establecido condiciones para su disfrute.

No cabe ninguna duda de que el regreso de los judíos a la tierra prometida es cierto, porque existe un vínculo entre el disfrute de lo que Dios prometió y el andar en los caminos de Dios, tal como Dios le dijo a Abraham: "Porque yo sé que mandará a sus hijos y a su casa después de sí, que guarden el camino de El SEÑOR, haciendo justicia y juicio, para que haga venir El SEÑOR sobre Abraham lo que ha hablado acerca de él" (Gn 18:19). Mientras Israel fracase en andar según el camino del Señor, que en el período del nuevo pacto es creer y seguir a Jesús; no puede haber certidumbre basada únicamente en la promesa y el don de que alguna vez volverán a habitar allí otra vez.

Pero ¿acaso no es la tierra esencial para su supervivencia como pueblo del pacto? La realidad es que, como pueblo, pueden sobrevivir e incluso prosperar sin la tierra; los últimos dos mil años dan testimonio de ello. Claro que se puede objetar que han padecido tanta inseguridad y sufrimiento en esos dos mil años que es evidente que necesitan su propia tierra para vivir una experiencia mejor. La experiencia actual parece desmentirlo. Es casi una ironía que haya muchos lugares en la tierra bastante más seguros para los judíos que la tierra de Israel. No parece que estar en la tierra les garantice sobrevivir mejor y prosperar más que estando dispersos entre las naciones.

Preguntémosle a Jesús al respecto

¿Preguntarle a Jesús? ¿No nos encantaría poder hacerlo? Todo se aclararía y podríamos relajarnos. Bueno, los apóstoles tuvieron su ocasión y no parece que se aclararan mucho. Después de la resurrección, estuvieron con el Señor Jesús y, sabiendo que algo especial estaba por acontecer –el don del Espíritu– le preguntaron: "Señor, ¿restaurarás el reino en Israel en este tiempo?" (Hch 1:6). La respuesta de Jesús ha sido el punto de partida de muchos debates: "No os toca a vosotros conocer los tiempos o las sazones que el Padre puso en su sola potestad; pero recibiréis poder, cuando haya venido sobre vosotros el Espíritu Santo, y me seréis testigos" (Hch 1:7-8). A muchos les gustaría pensar que las palabras de Jesús, "no os toca a vosotros conocer los tiempos o las sazones" implican que tal restauración ocurrirá, pero que no les corresponde a ellos saber cuándo. El argumento se basa en el silencio y deduce más de la cuenta, y ciertamente se aleja de lo que él dijo anteriormente acerca de que el reino había sido quitado de Israel. Si tenemos en cuenta lo que Jesús les había dicho anteriormente, que tenía muchas cosas que decirles, pero que no podían llevarlas en aquel momento (Jn 16:12), se puede argumentar igualmente que entrar en detalles acerca del reino que les había sido quitado sería ponerse a hablar de cosas que no podían llevar en aquel momento, por lo que Jesús frena cualquier discusión adicional pasando a cuál debería ser la prioridad de ellos. Esta es para mí la explicación válida de la respuesta de Jesús. No estaba refiriéndose tácitamente al reino restaurado y el retorno forzoso a la tierra. Aunque quizás al hablar de "tiempos y sazones" en el contexto de Israel, se entienda que hay un tiempo y una ocasión para los judíos que incluye la tierra; lo único que nos permite decir este texto es, quizás.

Lo que Jesús nos deja entrever

Los tres evangelios sinópticos recogen las palabras de Jesús sobre la destrucción de Jerusalén, pero solo Lucas nos dice lo siguiente: "Y caerán a filo de espada, y serán llevados cautivos a todas las naciones; y Jerusalén será pisoteada por los gentiles, hasta que los tiempos de los gentiles se cumplan" (Lc 21:24). Esas pocas palabras, "hasta que los tiempos de los gentiles se cumplan", pueden ser la rendija que proyecta algo de luz sobre un posible retorno. Jesús deja claro que las naciones tendrían el control político sobre Jerusalén en el futuro, y no los judíos. Es lo que con certeza ha ocurrido durante los últimos dos mil años. Aunque los judíos siempre han vivido en Jerusalén, nunca la han gobernado. La frase "hasta que los tiempos de los gentiles se cumplan" indica el final del período establecido para que los gentiles huellen Jerusalén, e implicaría que los judíos regresarán allí y recuperarán el control político.

Pero hay quienes objetan que hay algo raro aquí, porque no se nos dice cuál va a ser la nueva situación después del "hasta que"; lo único que se nos dice es que los gentiles no hollarán más Jerusalén. Y concluyen que el final del dominio gentil coincide con el regreso de Jesús, que es el punto central del pasaje. Hay algo de razón. Es extraño que Jesús no diga lo que ocurrirá después. Para responder, se pueden decir dos cosas. Primero, teniendo en cuenta el propósito –revelar la futura desolación de Jerusalén como un acto de venganza de Dios– no es sorprendente que, incluso si tuviera en mente un futuro regreso, no dice nada concreto aquí, porque ciertamente su mensaje perdería fuerza. Segundo, si el final del período de dominio es su segunda venida, ¿por qué no decirlo, con palabras semejantes a las empleadas en otras partes del pasaje: expresiones como: "hasta el tiempo del fin", o "hasta que venga el Hijo del Hombre"?

Quiero llamar la atención sobre otro punto interesante. Si Jesús hubiera querido apuntar a un retorno futuro, es extraño que no se refiriera a algo escrito al respecto. Recalca lo que tiene que ver con el juicio venidero, "para que se cumplan todas las cosas que están escritas", que pronunció tan solo unas pocas frases antes (Lc 21:22). No dice nada con respecto a ninguna referencia del Antiguo Testamento sobre un posible retorno. Una vez más, la explicación puede estar en el objetivo de su discurso. Aun así, nos deja en la incertidumbre.

Creo que, debido a esta incertidumbre, muchos comentaristas que escribieron sobre este pasaje antes de que ocurriera el regreso de los judíos a la tierra prometida no vieron nada al respecto concerniente a Israel. Pero creo que es significativo que Jesús no usase la frase "hasta el tiempo del fin". Nos deja la posibilidad de un retorno, pero cualquier certeza sobre el asunto queda a la espera de que ocurra. El hecho de que haya sucedido, que la tierra ya no sea hollada y esté desolada, sino que es amada, fértil y próspera, nos lleva a interpretar que Jesús estaba insinuando un regreso futuro, pero de manera muy matizada.

El que Jesús no prestase demasiada atención a estas cosas, su circunspección, es significativo. Contrasta marcadamente con la forma de hablar y escribir de muchos sobre el retorno actual de los judíos a la tierra. Es como si para ellos toda la historia hubiera estado dirigida en ese sentido, se apoyase firmemente en el plan de redención, y comenzara una fase totalmente nueva en el plan de Dios. Tal perspectiva está totalmente ausente en Lucas 21 y en el resto del Nuevo Testamento, en el que tan solo hay un punto de apoyo importante, el regreso de Jesús. Esos tales necesitan calmarse y templarse. Por mi parte, me alegro de ver a los judíos en su antigua patria, y estoy seguro de que es significativo, pero que Pablo en Romanos 11 se centre en su salvación por medio del evangelio significa que lo importante es su conversión.

¿Qué interpretación hace el Nuevo Testamento del Antiguo Testamento en relación con la tierra?

Si el regreso a la tierra fuese tan fundamental para los propósitos del reino de Dios como piensan algunos, cabría entonces esperar algo más de los apóstoles en el Nuevo Testamento. La referencia continua que algunos profesores hacen al Antiguo Testamento para probar el asunto del regreso a la tierra deberíamos poder encontrarla en los Hechos y en las epístolas. Pero, como hice notar anteriormente, no hay casi nada. Hay dos pasajes significativos que citan el Antiguo Testamento, Hechos 15:15-17 y Romanos 11:26-7, que hay que analizar.

1. Hechos 15:15-17 cita a Amós 9:11-12

El contexto de Hechos es el concilio de los dirigentes de Jerusalén que se celebró para resolver el problema de si los creyentes gentiles estaban obligados a guardar la ley de Moisés. Después de un gran debate, Santiago intenta llegar a una conclusión y cita a Amós 9:11-12, una profecía de la restauración del reino davídico tras un tiempo de juicios severos que incluye la bendición de los gentiles. Santiago entiende que tal cosa se ha cumplido en los acontecimientos vividos en sus días, de modo especial, la conversión de los gentiles. Jesús, el Hijo de David, había venido, había establecido su trono en gloria, y estaba bendiciendo a Israel y a los gentiles. Muchos piensan que, profecías como esta y otras parecidas, se refieren al regreso actual a la tierra, o a un retorno futuro aún no cumplido. Pero Santiago entiende que el cumplimiento había comenzado en aquel tiempo; digo que "había comenzado" porque se sigue cumpliendo hasta el día de hoy. El escenario completo de la redención del regreso del remanente de Israel del cautiverio babilónico, el avivamiento espiritual entre los retornados, la restauración del templo, de la ciudad y de la tierra, la preparación para la aparición del Mesías, su venida, el don del Espíritu y la bendición de las naciones se presentan en los profetas como una unidad que se despliega ininterrumpidamente. Ha sucedido, y está sucediendo. No hay mención alguna de un nuevo retorno a la tierra como un aspecto clave del conjunto, y los autores del Nuevo Testamento nunca lo presentan como formando parte de la idea que ellos tienen del escenario de la redención.

Pero, ¿qué hacemos con el resto de la profecía de Amós, la sección final tras la parte que citó Santiago? Habla de la vuelta de los cautivos de Israel, de la bendición de la tierra y de la promesa: "Y nunca más serán sacados de la tierra que les di" (Am 9:15). El problema es que fueron arrojados de la tierra en el año 70 d.C. ¿Se equivocó Amós, o esta parte de la profecía se refiere a algo que aún no ha sucedido, como algunos sugieren? Hay quienes enseñan que se refiere a un retorno futuro en el que tendrán seguridad, serán prósperos y obedientes en su tierra. Claramente, esto requiere una interpretación torcida que acepte lo que dice Santiago, que los versículos 11 y 12 comenzaron a cumplirse en su tiempo, y que luego espera que los versículos 13 al 15 se cumplan miles de años después. El problema es que no hay indicios de algo así en Amós. Creo que hay una mejor manera de entender la profecía, que se adapta mucho mejor al contexto del profeta. Me parece que Amós está viendo la restauración desde dos perspectivas. Los versículos 11 y 12 nos muestran la perspectiva amplia, el panorama general: el Mesías viene a bendecir a Israel y a las naciones. Naturalmente, eso viene primero para que podamos ver la madera de los árboles. Los versículos 13 al 15 ofrecen una perspectiva más estrecha: los acontecimientos en la tierra tras el regreso de Babilonia, y su intención es animar a los retornados y a las generaciones que siguieron y que esperaban al Mesías. ¡Es un período de la historia en el que muchos cristianos piensan poco, pero que en realidad duró casi seiscientos años! Los judíos que vivían en la tierra necesitaban aliento para esperar y Dios se lo da a través de Amós.

Esto nos ayuda a comprender cómo se cumpliría la promesa de que ya no los echarían más de la tierra. Es evidente que no se cumplió de manera literal, porque los judíos fueron expulsados de la tierra en el año 70 d.C. Hemos de ver las cosas espiritualmente. Tal como lo hizo Jesús cuando se señaló a sí mismo como el verdadero templo. Lo que se nos pone frente a los ojos en los versículos 13 al 15 es la metamorfosis del pueblo de Dios por medio de la ilustración del olivo de Romanos 11. Lo que comenzó como un pueblo compuesto por los judíos que regresaron de Babilonia, finalmente se convierte en dos pueblos: los que en Israel rechazaron a su Mesías, y otro pueblo compuesto por judíos y gentiles que creen en él. Son los creyentes quienes nunca serán echados de la tierra. Doy detalles. La tierra representaba un espacio en el que Dios, en su templo, habitaba en medio de su pueblo; pero para los creyentes del nuevo pacto, ahora es toda la tierra donde su pueblo se encuentra esparcido. Entonces, lo que la promesa de permanecer en la tierra afirma es que esos creyentes nunca se separarán de la presencia de Dios. Él mismo hará de que los suyos, que habitan en el mundo, no persistan en el pecado, por lo que nunca más tendrán que separarse de él. Usando las palabras de Jesús en el Nuevo Testamento, "de ningún modo te desampararé, ni te dejaré" (Heb 13:5). Si alguien se pregunta si Amós entendió todo esto, la respuesta es que no tenía por qué hacerlo. Él emplea los conceptos y el lenguaje a su alcance para describir una gran realidad: que Dios nunca más retiraría su presencia de su pueblo.

2. Romanos 11:26-7 cita a Isaías 59:20 y 27:9

¿Pueden algunas partes del escenario descrito anteriormente tener un mayor cumplimiento posterior en la historia de la redención? ¿Una especie de "segunda parte"? Es decir, que el pueblo judío vive en cautiverio (espiritual), Dios obra en medio de ellos para hacerlos volver como pueblo, los bendice espiritualmente por medio del Mesías Jesús revelándose a ellos a través del evangelio y, en consecuencia, las naciones son bendecidas. Es una posibilidad, porque en Romanos 11:26-7 Pablo emplea el Antiguo Testamento de ese modo, citando dos profecías del Antiguo Testamento para probar algo que tiene que ver con la futura bendición espiritual de Israel. No quiero entrar en demasiados detalles sobre cómo se interpreta el Antiguo Testamento aquí, ya que lo estudiaremos a fondo en el capítulo final, pero lo que está claro es que Pablo usa textos que se cumplieron con la llegada del Mesías a Israel hace dos mil años y les asigna un cumplimiento posterior. Al hablar de "misterio" está indicando claramente que no es algo obvio en el Antiguo Testamento, sino que le ha sido revelado como apóstol (Ef 3:1-5). Lo que quiero señalar aquí es que el Nuevo Testamento nunca hace lo mismo con ningún texto del Antiguo Testamento sobre el regreso a la tierra. Lo que Pablo enseña aquí tiene que ver con el regreso al Señor. A falta de una revelación apostólica que indique un posterior cumplimiento de los textos sobre el regreso a la tierra después de Babilonia, que revele un futuro retorno de los judíos a la tierra, simplemente no podemos usar así las profecías del Antiguo Testamento. Que Pablo use el Antiguo Testamento para indicar una futura bendición espiritual pero no un retorno a la tierra debe hacernos pensar.

Una mini conclusión

He argumentado que el regreso actual de los judíos a la tierra no es el cumplimiento de ninguna profecía, ni del Antiguo, ni del Nuevo Testamento. Puede haber indicios del retorno a la tierra, pero no las evidencias proféticas tan claras que muchos piensan que se pueden encontrar, especialmente en los textos del Antiguo Testamento. Para algunos, eso significa que no forma parte del recorrido fundamental del plan de redención de Dios y, por tanto, en ese sentido, es irrelevante. No es más que otro movimiento de pueblos, habitual en la historia, y como suele ser el caso, que se ha convertido en otro combate de lucha libre entre antagonistas nacionales. Tiene que ser una deducción errónea, y tal vez una prueba del orgullo gentil: hay cristianos gentiles a quienes simplemente no les gusta ver a los judíos levantarse nuevamente. Lo menos que podemos decir es que es un acto providencial notable y que debemos procurar entenderlo. Una manera de hacerlo es ver lo evidente de algo visto anteriormente, como el fracaso permanente de los intentos del pecado y de Satanás por destruir un conjunto importante de judíos. No es mi intención tomar partido en detalles particulares del conflicto, sino hacer un comentario sobre el panorama general. Soplan malos vientos contra el Estado de Israel en el Medio Oriente, pero el cuidado providencial de Dios ha sido evidente haciendo fracasar a quienes, desde una perspectiva humana, a estas alturas podían haber logrado ya su destrucción. La etiqueta "¡Manipular con cuidado!" ha de ser tenida en cuenta cuidadosamente por todos los que se implican en el conflicto u opinan sobre él. Creo que quienes niegan a los judíos el derecho a vivir en su antigua patria con algún tipo de autogobierno, y los que buscan su aniquilación, manifiestan el antagonismo del pecado y Satanás.

Con todo, es más que solo una cuestión de cuidado providencial, porque creo que Jesús insinuó su regreso en Lucas 21:24. No lo veo como una profecía, porque es muy indefinida, pero creo que más que la mera insinuación de una posibilidad es un indicio de inevitabilidad divinamente planificada. Esto permite esperar algo más que la mera supervivencia, da esperanza de bendición espiritual.

La benignidad del pacto

Quiero recuperar el tema del pacto en este asunto del retorno a la tierra. Es algo que ha sucedido, pero nadie puede decir que se debe a la fidelidad de Israel al pacto. No es que los judíos se hayan vuelto al Señor de manera notoria y que Dios haya respondido con la bendición de hacerlos regresar a la tierra. El favor es, sin duda, inmerecido; Dios actúa con gracia y gracia abundante. Pero, como la tierra está incluida en sus promesas a Israel, usaré la expresión "benignidad del pacto". Dios no está obligado a abrirles la puerta del regreso, pero lo ha hecho. Él ha decidido dar nuevamente lo que prometió a Abraham y a sus descendientes. Sus dones son irrevocables y ha decidido dar el don de nuevo a pesar de que la mayoría sigue rechazando a su Mesías. Es pura gracia.

Obediencia al pacto

Sin embargo, y aunque parezca contradictorio, tiene una etiqueta que marca un precio, que es la obediencia. No entiendo cómo los judíos pueden esperar vivir indefinidamente en la tierra prometida sin la obediencia a la promesa, es decir, al Mesías prometido, Jesús. Puede parecer raro que vincule el permanecer en la tierra con la fe en Jesús el Mesías. La fe en Jesús es parte del Nuevo Pacto y este pacto no hace referencia a la tierra, ¿verdad que no? No, no lo hace.

Pero, teorizando por un momento, imaginemos que ante la predicación de los apóstoles la mayor parte de Israel se hubiera arrepentido (enviando después misioneros a las naciones). ¿Habría sido Jerusalén destruida en tales circunstancias e Israel expulsado de la tierra? ¿Qué razón habría para que Dios actuase de tal manera? La fidelidad a las condiciones del pacto, entonces vigente, habría llevado a disfrutar la tierra que Dios había prometido por medio de Abraham. El pacto vigente era el Nuevo y la obediencia a Jesús habría llevado a disfrutar permanentemente de la tierra. No veo por qué el mismo principio no pueda servir hoy. Los judíos que viven en la tierra y que obedecen el Nuevo Pacto solo pueden conducir a una mejora considerable, haciendo cambiar las actitudes en el clima político. Quiere esto decir, que hemos de perseverar proclamando a Jesús a Israel. Evidentemente, habrá quienes se consuelen pensando: "Bueno, según Romanos 11, parece ser que creer y obedecer son el plan de Dios, así que todo saldrá bien". Preferiría que pensasen: "¿Qué vamos a hacer?" La esperanza debe conducir a la acción.

Ministerio evangélico, no emocionalismo de los últimos tiempos

Para muchos cristianos, parece que todo lo que tenemos que hacer es alegrarnos de lo que Dios está haciendo por Israel, orar por ellos y en contra de sus enemigos, incluso puede que dar dinero para ayudar a reconstruir un tercer templo e instruir a varones judíos para que sean sacerdotes. Todo es muy emocionante. ¡Qué maravilla, ser parte de los planes de Dios para los últimos tiempos! Perdonadme la ironía, pero lo que el Nuevo Testamento subraya es el mandato de seguir con la obra abnegada de predicarle a Israel un Mesías crucificado, buscando ese día en que el remanente llegue a la plenitud. Lo encuentro en los profetas, los cuales no solo hablaron de esperanza futura sino de la maldad presente. Es esto último lo que suele faltar en el mensaje de quienes están entusiasmados con los eventos de los últimos tiempos. Incluso cuando llegue la bendición, no será una fiesta espiritual; la lucha será aún más feroz, porque Satanás estará furioso.

Conforme los cristianos observan lo que está ocurriendo en Israel y se interesan por los judíos (y espero que también por los demás que están allí), no deben perder de vista el balón en juego. No son las vueltas que da el baile de los acontecimientos actuales y lo que puede ser mañana, sino el balón del evangelio, que hay que meter claramente en la portería de Israel. Sin fe en Jesús el Mesías, puede que no haya Estado de Israel.

El judaísmo y el retorno a la tierra

Quiero resumir muy brevemente cómo el judaísmo ve al Estado de Israel. El judaísmo siempre ha mantenido la esperanza del retorno a la tierra, pero la creación de un estado secular por parte del movimiento sionista no fue bien visto inicialmente. Las varias formas de judaísmo ortodoxo se opusieron porque los judíos tenían que esperar a que el Mesías viniera y los guiara de regreso, estableciendo una sociedad observante de la Torá que sería después una luz para las naciones. Otras formas de judaísmo más liberales y menos ortodoxas se interesaron por asimilarse legítimamente a las sociedades gentiles, haciendo hincapié en que eran ciudadanos de su país, aminorando la esperanza de un retorno para no parecer ciudadanos poco fiables.

Pero, una vez que el estado fue un hecho consumado, la mayoría de los judíos ortodoxos cambiaron de parecer. Dios, en su providencia, había hecho las cosas de manera inesperada; quizás entonces el estado secular debería ser visto como el punto de partida hacia un estado observante de la Torá.

A este respecto, hay que entender que hay una diferencia básica entre los judíos ortodoxos sobre la venida del Mesías. Unos creen que vendrá cuando los judíos alcancen un determinado nivel de obediencia. Otros esperan que venga cuando la situación sea desesperada e Israel sea desobediente y esté oprimido. Como se puede esperar, los primeros suelen ver una oportunidad en la fundación del estado. Los judíos ortodoxos deben trabajar en él para conseguir que sea más observante de la Torá confiando así que Dios responderá enviando al Mesías. Por tanto, vemos que los judíos ortodoxos participan en el proceso político en Israel trabajando para que la sociedad guarde más la Torá, por ejemplo, intentando prohibir el transporte público en sábado.

En cuanto a vivir en la tierra prometida bíblica, hay diferencias entre los ortodoxos. La mayoría piensa que la justicia y la paz son más importantes que la tierra. El Mesías vendrá en respuesta a la justicia y la paz, y arreglará lo que le pertenece a cada cual. Entre tanto, hay que alcanzar compromisos, reconociendo plenamente los derechos de los demás. Desgraciadamente, los medios de comunicación, por lo general, solo se fijan en la minoría de los ortodoxos que insisten en que Israel debe poseer toda la tierra prometida bíblicamente y que parecen estar dispuestos a emplear métodos injustos para obtenerla. Existe también una pequeña minoría de ortodoxos que ven al estado como un sustituto secular de la redención mesiánica, lo que impide la venida del Mesías, por lo que no reconocen su autoridad a pesar de que viven en él.

El derecho divino y los derechos humanos

He aquí la "prueba de fuego". Hay una gran diferencia entre decir que los judíos tienen el derecho divino de estar en la tierra hoy y decir que tienen derechos humanos como todo el mundo.

1. El derecho divino

Lo escrito anteriormente ha dejado claras ciertas verdades básicas:

- que Dios prometió la tierra a los judíos;
- que ellos han jugado un papel clave en el desarrollo de su plan de redención;
- que era la sombra de una realidad espiritual;
- que la obediencia de Israel era vital para el disfrute de la tierra, siendo su desobediencia por dos veces lo que produjo su expulsión; y
- que la promesa y el pacto no les han sido quitados.

He tratado también de demostrar que el retorno actual no es el cumplimiento de la profecía, sino que hemos de verlo como un acto de gracia del pacto de Dios con los judíos. A la luz de todo esto, podemos sentirnos tentados a decir que existe el derecho divino de estar allí, pero tenemos que decidir que no es así. Decir el "derecho divino" da la idea de una autoridad especial para la posesión real de la tierra, como en los tiempos de Josué y Zorobabel. Esto significaría que los judíos pueden reclamar que su autoridad para gobernar proviene de Dios de manera única y que, por tanto, todos los demás que viven en la tierra son meros invitados, por así decir, a quienes se les puede permitir o no tener voz en los asuntos de estado. Esto es mucho más que una tierra prometida. Por ejemplo, se le prometió a Abraham, pero él nunca gobernó sobre ella y tuvo que comprar tierras para su propio uso (Gn 23:4,16). Cuando Israel entró en la tierra por derecho divino, lo hizo bajo el específico mandato de Dios de entrar, poseer y gobernar; no estaban obligados a tener en cuenta los deseos de quienes la habitaban.

¿Debemos los cristianos considerar el retorno moderno de la misma manera, como una misión divinamente autorizada? Si fuera así, ¿cómo tendría que haberse comunicado la autorización? Solo hay una fuente: los escritos del Nuevo Testamento. Pero está bastante claro que ni el Señor Jesús ni sus apóstoles y profetas dicen nada claro sobre el asunto. Sé que hay quienes hoy hablan sobre temas de Israel y reclaman una autoridad especial en sus enseñanzas, como si fueran profetas, pero el Nuevo Testamento me dice que lo que dicen es totalmente falso. Pablo habla de los apóstoles y profetas como un grupo único (Ef 2:19-20), que ha recibido una nueva revelación (Hch 11:27,28; Ef 3:3; 1Ti 4:1; Ap 1:1) y su papel es irrepetible. Quienes afirman cosas falsas han de ser reprendidos y exhortados a que se arrepientan. No hay que temerles. Aquellos cristianos que enseñan a los judíos que tienen un derecho divino a la tierra, como en los días de Josué, les hacen daño porque respaldan la creencia de algunos judíos ortodoxos de que tienen ese derecho, convicción que con demasiada frecuencia conduce a pisotear los derechos de los demás.

Los cristianos y los judíos no son los únicos que hablan de derecho divino en la situación. El Islam también lo hace: cree que toda la tierra, conquistada por las fuerzas islámicas como tierra, ha de permanecer bajo control islámico. Lo que conduce a un conflicto permanente. Sin embargo, para muchos musulmanes nominales, el deseo de poner fin a un conflicto tan imposible de ganar, les ha llevado a estar dispuestos a asumir compromisos, aunque sus esperanzas se ven frustradas constantemente por el fundamentalismo de los islamistas a quienes solo les interesa luchar hasta la muerte. Si nos tomamos en serio este elemento del conflicto, cabe preguntarse si Israel puede sobrevivir.

Negar que al pueblo judío le asista un derecho divino no significa que nos limitemos únicamente a los argumentos seculares sobre derechos humanos. La Biblia nos da un modelo para Israel viviendo en la tierra prometida, pero sin tener que cumplir la misión divina de conquistarla, y ese modelo es el comportamiento de los patriarcas, Abraham, Isaac y Jacob. Tenían la promesa, pero trataban de vivir en armonía con quienes los rodeaban, compartiendo los beneficios de la tierra con otros (Gn 34:10),[80] comprando tierras (Gn 33:18-20), alcanzando acuerdos en situaciones de conflicto (Gn 26:16-33),[81] discutiendo sobre lo que era correcto y justo a fin de lograr cambios (Gn 21.25-31), y cerrar acuerdos para vivir sin conflicto y defenderse mutuamente (Gn 14:13; 21:22-24; 26:28-30). Cuando los acuerdos fueron violados, se defendieron (Gn 14:13-16). A falta de algún modelo para vivir en paz en la tierra con quienes piensan

---

[80] En aquella ocasión las cosas no se dieron bien, pero las palabras de Hamor muestran cuál fue la norma aceptada para vivir juntos en la misma tierra.

[81] Isaac no solo demuestra su capacidad para llegar a acuerdos, sino que la historia completa ilustra cómo Dios provee para quienes lo hacen.

diferente, parece que este es bueno y bíblico. Este tipo de comportamiento es el que los cristianos debemos apoyar.

2. Derechos humanos (y responsabilidades)

Para los secularistas, los derechos son su religión, pero eso no significa que los cristianos y los judíos religiosos no podamos usar los mismos argumentos cuando se basan en valores humanos compartidos. Es cierto que los derechos existen en las Escrituras, pero están indisolublemente ligados a las responsabilidades. La responsabilidad de amar a nuestro prójimo como a nosotros mismos reconoce que tienen derecho a todas las cosas que nosotros mismos consideramos básicas para la existencia: un lugar para vivir, condiciones de vida dignas, trabajo, alimentos, igualdad de trato frente a las autoridades y la ley, seguridad, etc. Los cristianos debemos esforzarnos por garantizar que los demás tengan estas cosas, y eso debe incluir a los judíos.

Por ejemplo, ante la persistente persecución de los judíos, especialmente en el este de Europa a fines del siglo XIX, el mundo se enfrentó a la necesidad de que los judíos tuvieran un lugar donde vivir gobernándose a sí mismos para no verse sometidos al odio aparentemente interminable de otros por el hecho de ser judíos. ¿Que deberían hacer? El mundo creía que tenía la responsabilidad de hacer algo al respecto y buscó un lugar donde pudieran vivir. Se entendía que disponer de un lugar seguro donde vivir era un derecho, y los demás estaban obligados a colaborar. No se eligió un lugar al azar, sino el sitio en el que los judíos han vivido durante milenios, reconociendo que regresar allí era una reclamación legítima. La oportunidad llegó con la caída del imperio otomano tras la Primera Guerra Mundial.

Quienes asumieron la responsabilidad de ayudar a los judíos eran muy conscientes de que su responsabilidad también era hacia todos los demás que vivían en la tierra; ellos también tenían derecho a los mismos principios vitales básicos mencionados anteriormente. Hay que decir que el asentamiento de judíos en la tierra incidió en los derechos de los no judíos que vivían allí, pero la objeción que algunos hacen en el mundo musulmán de que los palestinos están sufriendo por el trato injusto de Occidente hacia los judíos hace aguas por todas partes. El mundo musulmán y aquellas civilizaciones del norte de África y del Oriente que precedieron al Islam, fueron igualmente culpables de perseguir a los judíos, forzando a los judíos a marcharse a otra parte o sufrir en silencio. A ellos les corresponde también la responsabilidad de ayudarlos.

Considerando lo dicho anteriormente, podemos pensar que tiene muy poco que ver los requisitos de la agenda secular y los que exigiría el ejemplo de los patriarcas; pero hay un factor añadido. Apoyar la verdad de que la tierra fue prometida a Israel actúa como un poderoso recordatorio para los judíos y para las otras partes interesadas de que están bajo la mirada de Dios. Surge entonces la pregunta: ¿qué es lo que el Señor demanda?

Los judíos y la tierra

He sido misionero a los judíos durante más de treinta años. En ese tiempo, he conocido a miles de ellos de todo el espectro de la sociedad judía en diferentes partes del mundo. A lo largo de los años he aprendido mucho sobre cómo piensan los judíos acerca del retorno a la tierra y el establecimiento del Estado de Israel.

1. ¿Hay que olvidar el Holocausto?

El Holocausto fue un factor importante en el incremento de la emigración a Israel y recuerda con fuerza los miles de años de penalidades que los judíos han sufrido entre las naciones. Sigue estando presente en la memoria. Hablo de esto porque hay un evidente incremento de la animadversión hacia Israel entre las élites liberales de los países occidentales, y la sensación que tengo es que no quieren que se mencione el Holocausto en los debates sobre Israel. Como si fuera ya historia con escasa relevancia en cuanto a las tensiones actuales, por lo que hay que dejarlo al margen. No creo que estén a favor de la destrucción de los judíos, pero subestiman sin duda a quienes sí lo están. ¡Pero los judíos no los subestiman! Su memoria colectiva acerca del odio asesino de sus enemigos está muy viva, y por eso Israel es un lugar muy valioso para ellos, a pesar de que tampoco es demasiado seguro. Pero es un lugar donde pueden defenderse.

2. ¿La hegemonía en el Oriente Medio?

Los judíos quieren vivir en paz con sus vecinos, pero algunos de los vecinos de Israel no quieren lo mismo. Su plan es destruirlos; mientras el plan de Israel no es destruirlos a ellos. Como han dicho, "Si nuestros enemigos dejan las armas, no habrá guerra; pero si nosotros dejamos las armas, no habrá Israel". Hablando con muchos judíos, no observo en ellos el deseo de destruir. Coincide con el extremo cuidado empleado por las fuerzas armadas de Israel (FDI) para evitar víctimas civiles. Saben lo que es ser una minoría, y entienden la difícil situación de la mayor parte de palestinos que se han convertido en víctimas del conflicto. Naturalmente, quienes viven en Israel pueden ser más duros frente a la situación, ya que sufren los inconvenientes, pero entienden la situación. Creo que los judíos son dinámicos, que valoran con fuerza la responsabilidad personal y se preocupan apasionadamente por la equidad y la justicia. En Israel quieren hacer bien las cosas. Si sus vecinos aceptan su existencia y decidieran vivir en paz con ellos, puede hacerse realidad.

¿Y qué decimos de los judíos religiosos en la tierra? Son muchos los que agravan la situación. A los medios de comunicación negativos les encanta entrevistar a judíos religiosos implicados en el establecimiento de asentamientos, lo que les permite presentar a Israel como una comunidad agresiva y colonialista, a quien no le interesan los habitantes originales. Esto puede dar la impresión de que todos los judíos religiosos apoyan ese tipo de acciones, lo que no es cierto. La mayoría de los judíos religiosos quieren vivir la vida cotidiana observando la Torá, y no se pasan las horas hablando de Israel y conspirando para apropiarse de toda la tierra palestina. Conocen su prioridad principal, que es hacer que Israel observe la Torá, y así después el Mesías sea revelado y resolverá todas las dificultades. Están más interesados en atacar el pecado en Israel que en atacar a los palestinos.

3. Un espacio de cultura judía

Los judíos quieren un lugar para vivir al estilo judío. ¿Acaso es un crimen? La mayoría de la gente en el mundo vive en una cultura propia, desarrollada a lo largo de cientos de años, y en esas culturas otros son bien acogidos. Los judíos tienen la oportunidad de hacerlo por sí mismos por primera vez en miles de años, lo cual no es fácil. ¿Hay alguien que lo haya hecho antes, ante observadores hostiles dispuestos a señalar cada fallo? Los judíos quieren hacer bien las cosas. No desean oprimir a los no judíos creando tan solo una apariencia de libertades civiles. La mayoría de ellos está plenamente de acuerdo con el deseo de los palestinos de tener su propio estado.

4. ¿Punto muerto?

A principios de la década de los setenta, cuando comencé a interesarme por los judíos, nadie parecía ver que el futuro de Israel fuese incierto. Era dinámico y unido, fuerte en visión y acción. Israel ya no es así. Dinámico, sí; pero unido, no; fuerte, sí, pero no en visión. Cada vez más se leen declaraciones de autores israelíes como: "Lo que hace falta para hacer las paces entre los dos pueblos de esta tierra es probablemente más de lo que los humanos pueden alcanzar. Ellos (los palestinos) no renunciarán a sus demandas de lo que consideran justicia. Nosotros (los judíos) no vamos a renunciar a nuestra vida".[82] La sensación es la de estar en un callejón hostil sin salida. En su libro *To The End of the Land* (Hasta el fin de la tierra), David Grossman, escritor israelí, tiene un pasaje revelador en el que un niño israelí judío de seis años le pide a su madre que le muestre a Israel en el mapa. Luego le pide que señale los países que les son contrarios (por todas partes) y luego dónde están los que son amigos (a miles de kilómetros de distancia). El niño se agarra a su madre aterrorizado y se encierra en sí mismo durante varios días, mirando a los adultos como si estuvieran locos por vivir en aquel lugar; por un rato decide que ya no es judío, sino inglés.

---

[82] Ari Shavit, *My Promised Land* (Melbourne, Victoria, Australia; Scribe), p. 266.

A los cristianos nos preocupa profundamente el bienestar de todos los implicados en la situación y nos alarman las amenazas genocidas contra los judíos que viven allí. Pero sin duda Dios está activo. Israel comenzó plenamente confiado, como el invitado de la parábola de Jesús que se sentó en el sitio más importante de la mesa, pero que, como aquel invitado, ha tenido que tomar un lugar menos importante, lentamente, pero sin pausa. Me parece que Dios está diciéndole "Baja de ahí", y respecto a esto, mi esperanza es que Dios esté obrando para que se humillen y se vuelvan a él, el Dios de sus padres, a través de Jesús, su Hijo. Diciendo esto, no me olvido del mundo árabe; quizás Dios obre en ellos primero y los use para provocar a celos a Israel. Sin duda nos sorprenderá a todos y glorificará su sublime nombre.

Respuestas cristianas

Quiero acabar este capítulo subrayando varios tipos de respuesta que los cristianos deberíamos dar al retorno de los judíos a la tierra.

1. Gratitud cristiana

La actitud de los cristianos y las iglesias hacia los judíos y el Estado de Israel como comunidad judía concreta ha de estar determinada sobre todo por las realidades pasadas, no por las posibilidades futuras. Las últimas crean conflicto, las primeras no: los cristianos hemos recibido el evangelio de Israel y deberíamos, en agradecimiento, apoyar el bienestar de los judíos.

2. Rectificar

A causa de las persecuciones que los judíos han padecido de las naciones, los cristianos debemos apoyar el derecho de los judíos a vivir en su antigua patria, dentro de fronteras seguras y a gobernar sus propios asuntos. El que las persecuciones se hayan hecho en nombre de Jesús debería hacer que los cristianos queramos demostrar una verdadera actitud cristiana hacia los judíos.

3. Interesarnos por todas las partes

El apoyo cristiano a que los judíos vivan en su antigua patria debe ir acompañado de la preocupación por todos los que viven en la tierra y por los palestinos sin patria, para que ellos también tengan el mismo reconocimiento de derechos y los mismos beneficios.

Digamos algo sobre lo que se conoce como el movimiento "propalestino" cristiano. Hay un movimiento cada vez más fuerte entre los cristianos evangélicos en apoyo de la causa palestina y crítico con los errores de Israel. Es comprensible, y estoy de acuerdo con muchas de las cosas que dicen. Lo que me alarma es lo que no dicen: su tendencia es minimizar la influencia del Islam y del islamismo en la situación. Se fijan en los palestinos cristianos o en los palestinos musulmanes más nominales y la impresión que dan es que esa es la única oposición a la que Israel se enfrenta, lo cual es solo parte de la verdad. Minimizan la oposición asesina de los nuevos islamistas mientras que Israel no puede dejar de tenerlos en cuenta en sus cálculos políticos y militares. Transmiten la idea de que Israel toma siempre un mazo para romper una nuez, pero Israel sabe también que hay otro mazo escondido en la nuez. Los cristianos que apoyan activamente la causa palestina deben ser más abiertos y honestos acerca de las dificultades que causa este gran obstáculo.

4. Denunciar

Las iglesias y los cristianos debemos denunciar a quienes tienen por objetivo la destrucción de los judíos.

5. Interceder

Los cristianos debemos orar por una solución pacífica del conflicto, y por el bienestar y la salvación de todas las partes en la región.

6. Precaución y precisión

Las iglesias y los cristianos hemos de tener mucho cuidado a la hora de involucrarnos en argumentos detallados sobre los derechos y los errores de lo que ocurre en el conflicto. La realidad es que el conocimiento de la mayoría de los cristianos es simplemente insuficiente, por lo que deberían limitarse a lo básico. Los cristianos debemos tener en cuenta lo que respondió Jesús al hombre que le pidió ayuda para dividir una herencia con su hermano (Lc 12:13-15). Jesús le respondió que no era asunto suyo; no iba a permitir que interfiriera en sus prioridades, a pesar de que sin duda podría haberle aportado una solución sabia. Creo que el cristiano medio debe reconocer que él o ella no es juez o repartidor en este conflicto: nadie les ha llamado a serlo y no tienen por qué sentirse obligados a conocer todos los hechos de primera mano; les corresponden otras prioridades en la situación. Los cristianos tenemos dos prioridades. La primera sigue el ejemplo de Jesús cuando, en su respuesta al hombre que pidió ayuda, llamó la atención sobre la codicia. Debemos abordar las motivaciones de la gente en el asunto. La segunda es el siguiente punto.

7. La misión cristiana

Las iglesias y los cristianos debemos ver la responsabilidad que tenemos de participar en la llamada a los judíos que están en Israel a ser fieles al pacto, es decir, a la fe en Jesús el Mesías.

8. Conocer los tiempos

Debemos tomarnos en serio el aviso de Jesús de no estar pendientes de los tiempos y las sazones, habiéndonos sido dicho con insistencia que no nos pertenece conocerlos de antemano. Cuando llegue el tiempo de bendición para Israel lo sabremos, porque veremos cómo sucede, y eso será porque les estamos predicando el evangelio y Dios les está otorgando un tiempo de fecundidad. Esa es la manera de saberlo.

9. Un yugo desigual

No debemos involucrarnos apoyando a los judíos religiosos en su programa de restablecer ningún tipo de economía religiosa mosaica en la tierra, como finanzas para formar sacerdotes o reconstruir el templo. Su programa va en contra de todo lo que Jesús enseñó y sufrió por los pecadores.

10. Profecía y misión

En realidad, no debería importar la idea que tengamos del milenio y las profecías de los últimos tiempos ni el lugar que ocupa el Estado de Israel en todo esto. Ninguno de los puntos de vista cristianos tradicionales enseña que "algo nuevo ahora ha puesto la evangelización en segundo plano". La prioridad de los cristianos y de las iglesias es seguir dando testimonio de Jesús el Mesías entre los judíos que están en la tierra (y también en otros lugares).

11. Tengamos esperanza

Hay muchas razones para tener esperanza en que Dios tiene un propósito de gracia y salvación para Israel en este momento. Las primeras y elevadas esperanzas del sueño sionista se han desvanecido. Después del asesinato del primer ministro Isaac Rabin, Yossi Sarrid, dijo: "Ahora ya somos como los demás". La esperanza que tenían de no serlo, se ha desvanecido. La sensación de debilidad es mayor. No deja de ser significativo que en 2011 una campaña evangelística en Israel regalara el libro *The Power to Change* (El poder de cambiar). Hubo muchos que respondieron; se siente la necesidad. Pero no parece que se vislumbre el fin del conflicto. Han trabajado duro para conseguir un lugar seguro en el que vivir, pero es un lugar de conflicto permanente; lo llevan puesto. El problema palestino erosiona cada vez más cualquier sentimiento de autosuficiencia. Creo que el Señor está humillando a Israel y a los judíos; está en barbecho. Si vemos esto actuando en la conciencia nacional, ¿no podemos ciertamente esperar que opere salvación? Es algo extraordinario que podemos observar, que está sucediendo delante de nuestros propios ojos; y que debería llevarnos a orar fervientemente por su salvación y por la misericordia de Dios para con todos los atrapados en el conflicto de Oriente Medio.

Y, aun así, no debemos permitir que tal esperanza nos prive de ver el peligro espiritual en el que se encuentra Israel. Hay señales de un cambio de actitud, pero no es más que una nube del tamaño de una mano. Viven en la tierra de Dios, pero siguen siendo rebeldes. Deberíamos temer por ellos y ser diligentes en la prioridad de presentarles el evangelio.

12. Un nuevo hombre

Deberíamos orar por las iglesias que están allí, en la tierra. Debería preocuparnos de manera especial el verlos demostrar el "nuevo hombre" compuesto de ambos: judíos y árabes que adoran a Dios juntos en las congregaciones locales (Ef 2:14-15). Ellos tienen la clave de la solución del conflicto; la única que existe: el poder del evangelio del Mesías para unir, reconciliar y sanar a los que han estado enfrentados en el conflicto. La situación no solo seguirá aumentando como en la actualidad, sino que empeorará cada vez más, la enemistad del islamismo lo garantiza. Los cristianos tenemos la solución en nuestros corazones y manos, y debemos orar y actuar.

Al pensar los cristianos y las iglesias en los judíos, y en la tierra hoy; la primera inquietud de nuestros corazones debería ser: "el deseo y la oración de mi corazón a Dios por Israel, es que sean salvos".

Preguntas:

1. El Nuevo Testamento dice muy poco sobre el regreso del pueblo judío a la tierra. ¿Cómo lo entiendes?

2. ¿Qué importancia le das al retorno que vemos hoy?

3. ¿Cómo debemos responder los cristianos al hecho de que los judíos estén en su tierra, y a las amenazas y violencia que se ejercen contra ellos?

4. ¿Qué factores te hacen empatizar con las inquietudes de cada una de las partes en el conflicto árabe-israelí?

4ª PARTE

El triunfo de la gracia

CAPÍTULO 21

Y entonces, todo Israel será salvo

¡Cuán inescrutables son sus juicios, e insondables sus caminos!
(Romanos 11:33)

La manera magistral de tratar Pablo a Israel, y al evangelio en Romanos 9 al 11, comienza y termina con la idea de la salvación de todo Israel. Es el tema general. Al principio, Pablo se centra en la incapacidad de Israel para creer, lamentándose por su incredulidad, pero afirma: "no es que la palabra de Dios haya fallado" (Ro 9:6). Al final culmina diciendo que "todo Israel será salvo" (Ro 11:26). Comienza con apologética, por qué son pocos los que han venido a la fe, y termina con revelación, en cómo y cuándo sucederá eso. Sé que estas frases iniciales plantean todo tipo de preguntas, se ha gastado mucha tinta expresando opiniones muy arraigadas y diferentes sobre este tema, pero confío también en que lo principal esté claro. Si el apóstol se sienta y trata un tema concreto, ¿no deberíamos pensar que se pueda entender lo que dice de manera directa?

El modo de obrar de Dios nos hace humildes

Todos los cristianos deberíamos leer con humildad un pasaje como este en el que, en una doxología final, Pablo se maravilla de los caminos de Yahveh ahora al descubierto (Ro 11:33-36). Pablo no está reflejando tanto *lo que* Dios ha hecho, aunque eso no puede faltar, sino *cómo* lo ha hecho. Me estoy refiriendo a cómo ha entretejido la salvación de los gentiles y la salvación de los judíos en la era del evangelio. Este es el otro tema que Pablo trata en Romanos 11, junto con el de la salvación de todo Israel. Es una revelación que nos lleva a ser humildes, tanto a judíos como a gentiles.

La idea que tenemos del curso principal de la argumentación de Pablo debe llevarnos a maravillarnos de la naturaleza inescrutable de los planes de Dios, que sus caminos no son los nuestros. Una y otra vez hace las cosas de manera opuesta a como esperamos. Por ejemplo, ¿quién hubiera pensado que el paso del evangelio a la Europa continental comenzaría a orillas de un río, con una reunión de oración de mujeres a las afueras de la importante ciudad de Filipos (Hch 16:11-15)? ¡Está claro que no es la manera como solemos organizar las cosas! Los caminos de Dios siempre nos mantienen humildes. Lo mismo ocurre con la salvación de Israel.

La esperanza de Israel para Israel

¿Qué esperaba Israel del Mesías? Claramente, que cuando viniera el Mesías, la mayoría de los judíos creería en él, lo seguirían y, finalmente, el mundo sería bendecido. Y en caso de que veamos esto como un triunfalismo judío meramente humano, vale la pena preguntarse qué podía esperar un israelita piadoso al leer muchas de las profecías acerca del Mesías. Por ejemplo, cuando Isaías escribe sobre el monte de la casa del Señor asentado como cabeza de los montes, y que todas las naciones acudirán a él para aprender sus caminos, porque de Sion saldría la ley (Is 2:1-3). ¿No nos da como mínimo la impresión de que Israel lo creía? Esto no anula mi forma de tratar la profecía del Antiguo Testamento anteriormente expuesta en este libro, que estos textos emplean el lenguaje del Antiguo Testamento para describir la bendición de Dios para judíos y gentiles en la era del evangelio; aun así, ¿acaso no permiten esperar que el comienzo del proceso sea una gran bendición para Israel? Es verdad que hay otros textos en Isaías que reflejan una imagen diferente, y Pablo cita algunos de ellos en Romanos 9 al 11(Ro 9:27-29,33; 10:19-21), pero ¿acaso descartan con claridad la esperanza de un buen comienzo para Israel cuando venga el Mesías?

La profecía de Jeremías de un nuevo pacto con Israel y Judá dice: "Todos me conocerán, desde el más pequeño de ellos hasta el más grande" (Jer 31:31-34). No tengo dudas de que se ha cumplido mediante la inclusión de judíos y gentiles en el pacto por la fe en el Mesías, para experimentar después las bendiciones prometidas; pero ¿acaso nos sorprende que la lectura de un israelita piadoso incluya a la mayor parte de Israel en algún momento y quiera dejar fuera a los gentiles?

¿Imaginamos que cuando los primeros judíos que creyeron en Jesús comenzaron a predicar esperaban otra cosa que no fuera una gran conversión al Mesías por parte de Israel? Quizás algunos fueron más precavidos, como Esteban, pero Pablo no habría tenido que hablar de una incredulidad generalizada de los judíos de no haber muchos que esperaban otra cosa diferente.

El remanente y todo Israel en el Antiguo Testamento

Además, ¿no alentaba la forma de actuar de Dios con Israel en el período del Antiguo Testamento esta esperanza? Algunos leen Romanos 11 siguiendo un paradigma distorsionado de Israel en el Antiguo Testamento: una mayoría siempre desobediente, y un remanente siempre fiel. De ahí que interpreten Romanos 11 de tal manera; pero es incorrecta. El paradigma es: la historia de Israel fue sobre todo la de un pueblo rebelde (aunque siempre con un remanente fiel), salpicada de breves períodos en los que la mayoría de la nación se volvía al Señor, es decir, se daba un avivamiento nacional. Me referiré brevemente a esos períodos. No tengo espacio para analizarlos con detalle, solo para citar los textos, pero si leemos el contexto que los enmarca, confío en que estaremos de acuerdo en que los tiempos mencionados fueron de confianza y celo genuinos, generalmente caracterizados por alabanzas y gozo.

* David e Israel llevan el arca a Jerusalén: "Así David y toda la casa de Israel subieron el arca del SEÑOR con júbilo y sonido de trompeta" (2Sa 6:15).
* La dedicación del templo: "Cuando vieron todos los hijos de Israel descender el fuego y la gloria del SEÑOR sobre la casa, se postraron sobre sus rostros en el pavimento y adoraron, y alabaron al SEÑOR, diciendo: Porque él es bueno, y su misericordia es para siempre" (2Cr 7:3).

- El reinado de Asa estuvo marcado por una gran conversión de la idolatría al Señor: "Todos los de Judá se alegraron de este juramento; porque de todo su corazón lo juraban, y de toda su voluntad lo buscaban, y fue hallado de ellos; y EL SEÑOR les dio paz por todas partes" (2Cr 15:15). También en los días de Ezequías se dio un cambio perecido.

- Tras el regreso de Babilonia, Dios bendijo grandemente a los exiliados que regresaron: "Y leían en el libro de la ley de Dios claramente, y ponían el sentido, de modo que entendiesen la lectura […] Y todo el pueblo se fue a comer y a beber, y a obsequiar con porciones, y a gozar de gran alegría, porque habían entendido las palabras que les habían enseñado […] Y leyó Esdras en el libro de la ley de Dios cada día, desde el primer día hasta el último; e hicieron la fiesta solemne por siete días, y el octavo día fue de solemne asamblea, según el rito" (Neh 8:8,12,18).

Estas conversiones públicas al Señor por parte de la mayoría de Israel y de sus dirigentes tienen todavía que repetirse en los tiempos del Mesías. ¿Podría su experiencia nacional del nuevo pacto superar a este respecto la del antiguo pacto? Las últimas palabras públicas de Jesús al pueblo y a los gobernantes de Israel indican que no lo hará: "Porque os digo que desde ahora no me veréis más, hasta que digáis: Bendito el que viene en el nombre del Señor" (Mt 23:39). Lo que se espera aquí es que, como pueblo, lo reciban.

Lo que estoy diciendo es que esperar que muchos en Israel se convirtieran en creyentes no era necesariamente algo equivocado. Pablo en realidad no niega esa esperanza. Cuando por fin trata el tema hacia el final de Romanos 11, lo que resalta es que, salvando a "todo Israel", Dios ha hecho las cosas de manera diferente a cuanto se esperaba. Es lo que le lleva a exclamar que los caminos de Dios son insondables. Yendo adelante, analizaremos cómo todo esto tiene que ver con la traducción "y así" y no "y entonces" en 11:26, porque "y así" se centra en la *cómo* Dios hace las cosas. Dios trata el asunto de manera inesperada e indirecta, siendo reveladas algunas de sus razones; pero me estoy adelantando a mí mismo.

Romanos 9 al 10

Todo esto es a modo de introducción y como descripción general, y por todo cuanto he escrito hasta aquí, debería estar claro hacia dónde me dirijo. Creo que "todo Israel será salvo" apunta a que muchos judíos vendrán a Jesús en algún momento de la historia. Pero no basta hablar de los grandes temas del pasaje; los detalles tienen que encajar y por eso hay que analizarlos. Empezaré resumiendo Romanos 9 al 10.

Romanos 8 termina con la nota alta de la seguridad de la salvación para quienes confían en Jesús. Nada podrá separarlos del amor de Dios; Dios cumplirá cuanto les ha prometido. ¡Muy alentador! Pero, fijarnos en lo ocurrido con el pueblo de Dios, Israel, podría llevarnos a dudar. En su caso, parece que algo salió bastante mal. ¡El evangelio llegó y ellos que contaron con cientos de años de preparación no creyeron en él!

1. La elección de Dios

Ya hemos visto con cierto detalle la respuesta de Pablo en un capítulo anterior, pero repetiré lo esencial. Podemos resumir la explicación de Pablo con una palabra: "elección", la elección de Dios y la elección humana. Al comienzo de su trato con Israel, Dios eligió a Isaac y no a Ismael; a Jacob y no a Esaú. El asunto es que él sigue eligiendo entre la simiente de Jacob, "porque no todos los que descienden de Israel son israelitas" (Ro 9:6), es decir, no todos los que han nacido de Israel (Jacob) son príncipes de Dios. O, usando el lenguaje de Pablo, no todos los nacidos de Jacob son hijos de la promesa. La palabra de Dios ha sido eficaz para traer a esos hijos de promesa a la fe. Se afirma la soberanía absoluta de Dios para elegir quién creerá y se salvará.

2. La elección humana

Pablo continúa fijándose en la elección deliberada hecha por muchos en Israel buscando la justicia por las obras de la ley (Ro 9:31-32). Esta fue una elección impía y rebelde ante la salvación revelada por medio del Mesías Jesús, siendo responsables de ello. La culpa del fracaso no es de Dios. Son ellos quienes han fallado, no su palabra. Pablo continúa diciendo que el camino de la fe para alcanzar la justicia no era nada nuevo (Ro 9:33). Nadie en Israel debería sorprenderse por ello, ni bajo las condiciones del pacto mosaico ni las del nuevo pacto. Bajo Moisés había una manera de vivir por fe bajo la ley, es decir, guardando la ley con una actitud de dependencia de Dios, no de las propias obras. Se ve concretamente en la conciencia de debilidad que exhiben las palabras de Moisés: "No digas en tu corazón, ¿quién subirá al cielo?" (Ro 10:6). Pero quienes se creían justos en Israel no eran conscientes de su necesidad y estaban llenos de autosuficiencia, de modo que cuando Jesús proclamó su mensaje lo tuvieron por opuesto a todo lo que representaban en vez de entenderlo como una obra nueva de la misma confianza en la misericordia de Dios para ser justificados (Ro 10:8-10).

Al final de Romanos 10, Pablo explica por qué la expectativa de la gente, de que la mayoría de Israel seguiría al Mesías cuando viniera, no se ha cumplido. Lo hace hablando de la elección de Dios y la elección humana. De hecho, aunque su explicación es especialmente necesaria cuando son pocos los que creen, también es importante cuando son muchos los que creen, aunque no sean todos. Si son muchos o pocos los que creen en algún momento de la historia, se debe a la elección soberana de Dios, aunque los seres humanos seamos claramente responsables de las decisiones que tomamos.

Romanos 11

Si todo lo que Pablo necesitaba explicar era por qué eran tan pocos los que habían creído, podía haberse parado en Romanos 10:21. Había respondido al problema y tratado algunos asuntos derivados. Pero continúa. Y pronto se ve por qué: sabe que algunos cristianos gentiles de Roma piensan que Dios ya ha terminado con los judíos y que de aquí en adelante Dios se va a centrar en los gentiles. Trata de corregir ese error. Lo va a entrelazar con el tema de la salvación de los gentiles y judíos, junto con el tema de la salvación de Israel.

1. Romanos 11:1–10: "No han sido desechados"

Romanos 11 se divide en dos partes, las cuales comienzan con una pregunta que hace Pablo con respecto a la situación de Israel. Este es el tema sobre el que algunos cristianos en Roma tenían dudas y Pablo lo saca a relucir preguntando en el versículo 1: "¿Acaso ha desechado Dios a su pueblo?" Es, en cierto sentido, una pregunta retórica, porque las palabras "su pueblo" exigen una respuesta obvia, que luego da Pablo: "¡En ninguna manera!" o, más literalmente, "¡Ojalá que no!". Un rechazo así es impensable; Dios no aparta de él a quienes han hecho un pacto con él. La palabra traducida aquí por "desechar" es distinta de la usada en el versículo 15, traducida por "exclusión".[83] Es mucho más personal; habla del alejamiento definitivo de él mismo, la ruptura de la relación. En el versículo 15 no es personal, es una palabra que se puede usar para poner a un lado cualquier cosa. Aunque es un término fuerte, y en el contexto del versículo 15 muestra la pérdida del favor y la bendición de Dios. Lo que es, por tanto, impensable, es la ruptura por Yahveh de la relación del pacto entre él e Israel, la simiente de Abraham, Isaac y Jacob.

- *El significado de "Israel"*
  El resto del versículo 1 lo deja bastante claro: "También yo soy israelita, de la descendencia de Abraham, de la tribu de Benjamín". Con "su pueblo" Pablo se refiere al Israel étnico. Hay que subrayar esto, porque por increíble que parezca, algunos lo niegan. Es muy evidente que a lo largo de Romanos 9 al 11, Pablo discute sobre los judíos en cuanto a su relación con el evangelio, y eso se refiere cuando usa la palabra "Israel" en todo este pasaje. Pablo menciona a "Israel" doce veces en el pasaje y, aparte de los versículos 9:6 y 11:26, todas las veces se refieren al fracaso, a la ignorancia, a lo perdido o a su ceguera. Así que debe estar refiriéndose

---

[83] En la traducción española RVR1977. N.T.

al Israel étnico, no, como algunos dicen, a la iglesia. El versículo 9:6 habla de "Israel" en un sentido específico, pero sigue refiriéndose al pueblo étnico de Israel. El versículo 11:26 se refiere más a la salvación que a lo perdido.

Creo que, a menos que Pablo especifique de alguna manera, según las palabras que use en relación con "Israel", se refiere a los descendientes naturales de Abraham, Isaac y Jacob. Así lo hace en el versículo 9:6, en el que "Israel" se refiere a un grupo dentro del Israel étnico; también en Gálatas 6:16 donde añade "de Dios", y de nuevo en 1 Corintios 10:18, donde agrega las palabras "según la carne".[84] Entendamos como entendamos el sentido que Pablo da a "Israel" en estos tres textos, estaremos de acuerdo en que el hecho de especificar el sentido de "Israel" para referirse a un grupo dentro del mismo Israel nos indica que cuando "Israel" se usa solo, se refiere simplemente al Israel étnico. Es un punto importante a tener en cuenta al considerar el "todo Israel" de Romanos 11:26.

- *Siempre se salvarán algunos (el remanente)*
Volviendo a Romanos 11:1-10, lo que Pablo dice básicamente es que la salvación de un remanente dentro de Israel, como él mismo, prueba que la nación no ha sido desechada. El ejemplo de Elías muestra que el remanente es mayor de lo que pensamos. A quienes

---

[84] Es poco probable que "según la carne" se refiera a los descendientes físicos de Israel. Es una frase que en Pablo suele tener un cierto contenido de menosprecio y, en su contexto, estaría indicando que aun los sacrificios realizados formalmente llevaban a la persona a la comunión, para bien o para mal, con aquel a quien se ofrecía el sacrificio y, por tanto, "según la carne" se refiere a los israelitas cuya adoración era carnal.

están en Roma les dice: "¿Qué creéis, que no quedamos ninguno y que ya Dios ha terminado con Israel? Pensadlo mejor. Somos muchos más de lo que pensáis". La situación sigue hasta hoy, porque Pablo escribe en el versículo 25: "Ha acontecido a Israel endurecimiento en parte, hasta que haya entrado la plenitud de los gentiles". De lo que podemos concluir que, hasta cierto momento en la historia, el endurecimiento de Israel siempre será "en parte" o, dicho de otro modo, siempre habrá un remanente no endurecido que crea en el Mesías Jesús. Dios es fiel a su pacto y la historia de la iglesia lo confirma. Siempre me ha parecido interesante mencionar deliberadamente los nombres de cristianos judíos conocidos y llamar la atención sobre su identidad judía, a lo que mis oyentes suelen responder: "No sabía que él (o ella) fuera judío/a". Por suerte, la mayoría de los creyentes judíos no van por ahí enarbolando una bandera que lo anuncie, y por eso los cristianos solemos subestimar cuántos son. Pero hay más de los que pensamos.

- *El endurecimiento*

La sección termina con la nota del juicio sobre la mayoría de Israel. Y, aun así, en sus palabras hay un destello de esperanza, porque Pablo escribe en el versículo 7, "lo que buscaba Israel, no lo ha alcanzado", lo que nos recuerda que todavía hay un sentir en Israel de que hay algo que alcanzar, y esto se ve en la actividad religiosa de los devotos, o en el constante cuestionamiento sobre "¿qué es ser judío?" de los demás. La búsqueda dará sus frutos cuando la persona se vuelva al Señor y el velo le sea quitado y ponga su fe en Jesús (2Co 3:15-16).

2. Romanos 11:11-15 habla directamente a los cristianos gentiles

Pablo podría haberse detenido en el versículo 10 y su argumento acerca de la situación de Israel estaría claro: Dios no los ha desechado. Pero tiene más cosas que decir, más acerca del propósito que Dios para con ellos y también algo más que deben saber los cristianos gentiles.

- *Para los cristianos gentiles:*

  Es fundamental entender que a partir de este punto se está dirigiendo muy específicamente a los cristianos gentiles, tal como lo expresa en el versículo 13, "porque a vosotros os digo, gentiles…", y así continúa de manera muy específica hasta el final del versículo 31, donde dice: "para que por la misericordia concedida a vosotros, ellos también alcancen misericordia". Con demasiada frecuencia, los cristianos interpretamos la expresión como si el "vosotros" se refiriera a todos los cristianos en general, pero es más específica, se dirige a los cristianos gentiles en el contexto de su relación con Israel.

- *La caída de Israel no es irreparable*

  Al comenzar Pablo, plantea una pregunta similar a la del versículo 1, pero recogiendo en su expresión la palabra "tropezadero" en el versículo 9 (que la mesa de Israel será un tropezadero. Literalmente, "un delito", pero también es traducida como "piedra de tropiezo"). Lo que Pablo pregunta es: "¿acaso han tropezado los de Israel para quedar caídos?" La traducción inglesa muestra bien el original,[85] en el sentido de la pregunta

---

[85] La versión española usada aquí, la RVR1977, traduce en el mismo sentido. N.T.

de Pablo: ¿han tropezado para caer y nunca más volver a levantarse? La respuesta no podría ser más clara: ¡no! Y debemos tener en cuenta a lo largo de esta sección que Pablo no se refiere a los israelitas a título individual cuando habla de "ellos", sino a todo Israel como unidad nacional. Israel como nación ha tropezado porque, aunque haya algunos que creen; para los dirigentes, la religión nacional, las instituciones y la visión del pueblo no hay espacio para Jesús el Mesías y, en realidad, están decididamente en su contra. Con todo, aunque Israel haya tropezado, su caída no es irreparable; Dios tiene algo más.

• *Los gentiles provocan a celos a Israel*

A continuación, Pablo presenta varios argumentos ante sus lectores para corroborar lo que ha dicho, pero su lenguaje tiene que ver con la salvación de los gentiles, porque le preocupa que tengan la actitud adecuada. De ahí que su primer punto, en el versículo 11, es que el propósito de Dios al actuar así, es decir, que Israel esté en incredulidad y los gentiles alcancen la fe, es que la salvación de los gentiles provoque a celos a los judíos.[86] Está claro, si Dios obra así es que no ha abandonado a Israel. Además, hay que animar a los gentiles a que se impliquen en la salvación de Israel.

---

[86] La traducción "por su caída" no es buena y es inexacta, es mejor "por su transgresión". La palabra traducida aquí por "caída", en el original no es la misma que la usada en el v. 11. (N.T. En español, la palabra "caída" se usa en el sentido teológico como sinónimo de "pecar", pero lo que el autor pretende es que no se confunda la caída como "tropiezo", en griego *skandalon*, con la otra, *paraptoma*, transgresión).

- *¡A tener en cuenta!*
Después Pablo usa lo que se lama el método de la zanahoria y el palo, seguido de la técnica del palo.[87] Primero, la zanahoria y el palo en los versículos 12 y 15. Aquí, Pablo anima amablemente a los gentiles a ver con buenos ojos que Israel siga estando incluido al señalar que también será bendecido. Y refuerza su argumento explicándoles que bendecir grandemente a Israel se traduce en gran bendición para ellos. En ambos versículos, su argumento es el mismo, contrastando la bendición de los gentiles causada por la pérdida de Israel con la aún mayor bendición de los gentiles gracias a la ganancia de Israel. En el versículo 12, el centro de atención es el comportamiento de Israel y en el versículo 15 es cómo obra Dios. En el versículo 12, Pablo pide a los cristianos gentiles que consideren cómo Dios ha bendecido a las naciones por medio de la transgresión de los judíos. Entonces, sigue diciendo, cuánta más bendición será cuando muchos crean, porque esa es la única interpretación posible de "su plena restauración"; expresión que contrasta con "remanente" y se refiere a la mayoría de Israel. Argumenta lo mismo en el versículo 15, pero los términos describen la actitud de Dios, que ha apartado a Israel de la bendición para atraer a los gentiles a su favor; así que cuánto mejor será para los gentiles cuando decida aceptar de nuevo a Israel.

---

[87] Si algún lector no conoce la metáfora del palo y la zanahoria, representa a un burro (normalmente terco) que su jinete hace andar atando una zanahoria al extremo de un palo que sostiene frente al burro.

Hagamos un breve comentario sobre otras opiniones al respecto. Hay quienes entienden que "todo Israel" del versículo 26, es la suma total de los judíos que han creído en todos los tiempos y lo vinculan con "su plena restauración" del versículo 12. En consecuencia, según esta idea, el "cuánto más" del remanente de Israel abarca los que se han ido sumando a lo largo de los siglos. Es difícil ver cómo los gentiles pueden recibir "mucho más" si la situación no ha cambiado cualquiera que sea el momento de la historia, es decir, si solo queda un remanente hasta el final en cada generación. ¿En qué afecta realmente a los gentiles el "cuánto más"? Sin embargo, la dificultad principal de este punto de vista es que el "su" de los versículos 12 y 15 se refiere claramente a la nación de Israel. Lo desechado es lo que se acepta, el Israel nacional.

Merece la pena señalar aquí que hay expositores, como Juan Calvino, que claramente entienden que los versículos 12 y 15 hablan a una gran incorporación futura de judíos a la fe, aunque no lo ven en el versículo 26.[88]

3. Romanos 11:16-24: advertencias a los cristianos gentiles

Pablo aborda aquí el asunto de manera algo más dura, como si estuviera reprendiendo a los cristianos gentiles.

---

[88] Calvino sobre el versículo 15: "¿Cuánto más debemos esperar —razona— que la resurrección de un pueblo, por así decir, totalmente muerto, dará vida a los gentiles?" Sobre el versículo 26, "Cuando los gentiles hayan entrado, los judíos también regresarán de su deserción a la obediencia, a la fe. Calvin's Commentaries Romans – Galatians, pp. 1479, 1480, 1484.

- *La raíz y las ramas*

Como ya hemos considerado la ilustración del olivo que Pablo usa aquí, no entraremos en detalles. Pablo tiene dos propósitos: primero, subrayar que Israel todavía está en los planes de salvación de Dios –"Si la raíz es santa, también lo son las ramas"– y; en segundo lugar, para amonestar a los cristianos gentiles que se sienten superiores a los judíos –"No te jactes contra las ramas". Los judíos son las "ramas naturales", y los gentiles son las ramas injertadas de un olivo silvestre en aquel al que se le llama "su propio olivo", es decir, de los judíos. Quizás, reconocer cuánto debemos a Israel (pueblo frecuentemente despreciado en los mundos antiguo y moderno) sea incómodo para los cristianos gentiles, pero es espiritualmente saludable. Pablo presenta cuatro argumentos para desanimar la jactancia; me referiré a tres de ellos brevemente, el cuarto necesita más espacio. En primer lugar, en los versículos 17 y 18, los gentiles son ramas sostenidas por la raíz. Ellas no son la raíz (la "raíz" es todo lo que Pablo dice en Romanos 9:4-5 que pertenece a Israel). En segundo lugar, los gentiles están firmes por la fe, no por ser gentiles (vv. 19-21). En tercer lugar, Dios bien puede volver a injertar las ramas naturales (vv. 23-24).

4. Romanos 11:25-29, el antídoto para la ignorancia y el orgullo: todo Israel será salvó

El cuarto argumento de Pablo lo tenemos en Romanos 11:25-27, y se desarrolla a lo largo del resto del capítulo. Sus palabras del versículo 25, "para que no os tengáis por sensatos en vuestra propia opinión", dejan claro que sigue desaconsejando la jactancia en los cristianos gentiles. Su objetivo es revelar que, lejos de abandonar a Israel, Dios planea bendecirlos grandemente. No cabe, pues, creerse más que ellos. Pablo comienza dejando claro que lo que tiene que decir es un "misterio".

- *El misterio*

  Consideremos atentamente qué se entiende por misterio, cuál es en realidad el misterio y cómo Pablo interpreta el Antiguo Testamento para probar lo que dice.

  Al estudiar estos temas, nuestro entendimiento debe conducirnos de modo natural a las conclusiones a las que Pablo llega después, que son tres. La primera, que Israel sigue siendo elegido y amado, de modo que los dones y el llamado de Dios a Israel no le serán quitados. La segunda, que la salvación de los judíos y la de los gentiles están entretejidas, de modo que no hay lugar para la jactancia de nadie. La tercera, que la manera de obrar de Dios es sorprendente.

  ¿Qué se entiende por "misterio"? Pablo usa con frecuencia la palabra "misterio", que era una palabra de uso común en el mundo antiguo relacionada con lo que se llamaban las "religiones mistéricas", para designar algo que está oculto a la comprensión natural de los seres humanos, pero que Dios puede dar a conocer cuando decida revelarlo. Todo el evangelio es un misterio en ese sentido, como dice Pablo en Romanos 16:25-26: "Según la revelación del misterio que ha sido mantenido en silencio desde tiempos eternos, pero que ha sido manifestado ahora, y que, mediante las Escrituras de los profetas, según el mandamiento del Dios eterno, se ha dado a conocer a todas las gentes". Al mencionar Pablo "las Escrituras de los profetas" indica que, sea cual sea el misterio del que se está hablando, se le menciona de alguna manera en el Antiguo Testamento, aunque, una vez más, la razón humana no pueda entenderlo sin ayuda. Por eso Pablo cita las Escrituras para probar lo que dice; pues ni siquiera un apóstol puede inventarse algo de la nada, por decirlo así; las Escrituras tienen que corroborarlo.

¿Cuál es el misterio? Pablo no nos deja ninguna duda al respecto; en Romanos 11:25-26 dice: "Ha acontecido a Israel endurecimiento en parte, hasta que haya entrado la plenitud de los gentiles; y así todo Israel será salvo". Parece bastante claro y, sin embargo, ¡cuánto debate ha habido al respecto! Pablo dice claramente que llegará el momento en que la condición dominante de endurecimiento espiritual de Israel se acabará, y será cuando "haya entrado la plenitud de los gentiles". La frase "la plenitud de los gentiles" solo puede referirse a cuando las naciones del mundo hayan oído el evangelio y muchos hayan creído. Está claro que es algo aún futuro. El fin del endurecimiento en parte de Israel (la mayor parte), solo puede significar un cambio total, de modo que la mayoría crea a la verdad del evangelio. O, dicho de otro modo, que todo Israel será salvo. Por supuesto, "todo Israel" no quiere decir cada individuo en ese momento. Es una expresión utilizada en el Antiguo Testamento para referirse a la gran mayoría, por ejemplo, en 1 Samuel 7:5, cuando Samuel reunió a "todo Israel", no tenemos por qué pensar que todos los israelitas estaban allí presentes, así que aquí debemos entender que se refiere a la mayor parte de Israel. ¡Todo Israel salvo! Y esta revelación es seguramente el último clavo en el ataúd de la jactancia de los cristianos gentiles.

- *Otras opiniones*

Hay quienes no están de acuerdo con esta idea de que "todo Israel será salvo", que debemos tener en cuenta. Ya he dicho cómo hay quienes quieren ver que el "Israel" del versículo 26 significa algo distinto al Israel étnico, ya se trate de creyentes judíos o de la iglesia de judíos y gentiles. Lo que no alcanzo a ver es cómo se justifica eso exegéticamente. ¿Cómo puede "Israel" referirse a la nación judía en el versículo 25 y no en el versículo 26 cuando no hay indicio alguno de que cambie el significado? Y después, en el versículo 28, el sujeto de la frase se sobreentiende, porque es el mismo que en el versículo 26, pero la frase dice que son enemigos del evangelio, que ha de referirse al Israel étnico, de modo que el "todo Israel" del versículo 26 debe de ser el Israel étnico. Siempre he creído que adoptar cualquier otra visión de Israel en el versículo 26 es una exposición basada en una teología derivada de algún otro lugar y no de la exégesis del texto.

- *"Entonces" o "y así"*[89]

Se suele comentar que, si esta opinión mía es correcta, entonces Pablo habría dicho "y *entonces* todo Israel será salvo", no "y así", como escribe. Esta última expresión significa generalmente "y de esta manera". Sería una objeción válida si consideramos que el único

---

[89] El autor debate el tema que se suscita en las traducciones inglesas, entre quienes traducen por *"then"* (entonces) o "and so" (y así). El problema también se da en las traducciones españolas, pues, por ejemplo: RVR1960 y RVR1995 traducen por "luego", mientras la RVR1977, que es la usada en esta traducción dice "y así", siguiendo el argumento del autor. N.T.

tema aparente en Romanos 11, y en realidad en todo Romanos 9 al 11, son los propósitos de salvación de Dios para los judíos, pero, como ya he indicado, no lo es. Hay otro foco de atención, que es el entrelazamiento entre la salvación de Israel y la de los gentiles o, dicho de otro modo, la *manera* de salvar Dios a Israel, ya sea como remanente o en su plenitud. Lo que quiero subrayar aquí es que "y de esta manera", es una expresión que se refiere al *método* que utiliza Dios para salvar a todo Israel y se centra en el orden de cómo él obra.

Los dos focos de atención de Pablo, el de la salvación de todo Israel y el de su relación con la salvación de los gentiles, alcanzan su punto culminante en los versículos 25 y 26 donde se revela que la plenitud de Israel *seguirá* a la plenitud de los gentiles. Por eso dice "y así" (y de esta manera), porque se ve la manera de obrar de Dios en lo que está haciendo. Ya me referí a esto al comienzo de este capítulo. La expectativa general era que Israel se tornara hacia el Mesías cuando viniera y Pablo tenía que explicar por qué eso no había sucedido. Como ya escribí anteriormente, no se trataba necesariamente de la expectativa humana de un reino judío terrenal (aunque algunos es lo que esperaban), pero podía también ser la esperanza válida, basada en las Escrituras, de una gran bendición espiritual sobre Israel cuando viniera el Mesías, a lo que seguiría Israel llevando el evangelio a las naciones y siendo el mundo bendecido. Creo que la manera de tratar de Pablo esta cuestión de "todo Israel" en Romanos 9-11 era decir, "Todavía no". Los caminos de Dios no son nuestros caminos. Su plan, para empezar, es que solo un remanente crea de acuerdo con su elección de gracia, que vayan a los gentiles y las naciones se conviertan por multitudes (provocando entre tanto a celos a Israel para que haya siempre algunos que se salven), y solo después de eso caerá sobre Israel una gran bendición y muchos serán salvos. Esto es lo que Pablo proclama en Romanos 11:25,26. Me dan ganas de exclamar junto a Pablo: ¡Cuán insondables son sus juicios e inescrutables sus caminos! (Ro 11:33).

¿Y por qué obra Dios así? Como dice Pablo en otro lugar: "a fin de que nadie se jacte en su presencia" (1Co 1:29). Al actuar de esta manera, Dios se asegura de que judíos y gentiles no se crean los unos mejores que los otros. Los gentiles entran en lo que Dios prometió a Israel y no pueden jactarse contra Israel. El remanente de Israel entra en lo que Dios le prometió a Israel usando a los gentiles como instrumento y la plenitud de Israel se alcanza también. La plenitud de Israel solo se alcanzará una vez que la plenitud de los gentiles se haya alcanzado. Israel no puede jactarse contra los gentiles. Si Dios nos hubiera pedido consejo, ¿hubiéramos hecho las cosas así? Está claro que no. Nuestro consejo habría sido una gran campaña para salvar a muchos en Israel, lo que repercutiría grandemente después en el mundo. ¡Lo que soñaría un ejecutivo de marketing! pero no Dios; sus caminos no son nuestros caminos.

- *Como está escrito*

Veamos ahora cómo interpreta Pablo el Antiguo Testamento para fundamentar estas dos ideas, el futuro acercamiento de Israel al Señor y su retraso en el tiempo. El método de interpretación que Pablo aplica a las profecías que cita aquí no es acumular textos que hablen *claramente* de una *posterior* conversión masiva de los judíos al final de la era del evangelio, porque tales textos no existen. Si lo hicieran, este misterio en particular no sería de ninguna manera un misterio; podríamos abrir el Antiguo Testamento y verlo sin la ayuda de un apóstol. Esta es una de las razones por las que no soy premilenarista, porque los tales afirman que una futura conversión masiva de Israel es evidente en el Antiguo Testamento. Pero si es así, ¿por qué llamarlo un misterio? ¿Y por qué Pablo siente la necesidad de adaptar el texto del modo que lo hace? Tenemos que recordar que un misterio, aunque esté en el Antiguo Testamento, no es algo claro como el cristal, y necesitamos la iluminación apostólica, que proviene de una visión más profunda que les dio el Espíritu.

• *Isaías 59 a 60*

El método que Pablo sigue aquí es ir a las referencias claras que Isaías hace de la venida del Mesías a Israel como Redentor. Son el punto central de la profecía de Isaías en los capítulos 59 y 60, que comienzan hablando del estado de desesperanza del pueblo de Dios en pecado y que, en el capítulo 59, concluye con "la verdad fue detenida" (Is 59:15). La única esperanza es la intervención de Yahveh, trayendo salvación por su propio brazo y que Isaías revela es la persona del Redentor que ha de venir a Sion, a quienes en Jacob se aparten de la transgresión (Is 59:20). Jesús en Jerusalén lo cumplió, especialmente en el monte del templo, enseñando a Israel y haciendo que muchos se apartaran del pecado. A continuación, Isaías habla del pacto de Dios con quienes se vuelven, pondrá su Espíritu sobre ellos, ese mismo Espíritu que unge al Redentor, haciendo así que sean fieles a la verdad de Dios. Esto se cumplió con el derramamiento del Espíritu en Pentecostés.

Lo que sigue en Isaías 60 nos habla, en palabras del Antiguo Testamento, de un Israel que cree, que se levanta y resplandece bajo la bendición de Dios (vv. 1-2), luego los gentiles son injertados (vv. 3-18) y concluye con el establecimiento final del reino de Dios (vv. 19-22). Es una de esas gloriosas descripciones que Isaías nos da de la era mesiánica que lleva a un universo regenerado en el que los redimidos de Israel y las naciones vivirán por toda la eternidad.

Surge la pregunta: ¿puede haber una "segunda parte" de lo prometido aquí a Israel? Naturalmente, no se repite la encarnación, ni la expiación, ni el derramamiento del Espíritu, pero puede haber una segunda bendición para Israel, del Espíritu viniendo sobre ellos con gran gracia y poder, y de la subsiguiente bendición para las naciones. Es algo que no se puede saber si no hay más revelación, que es lo que Pablo reclama como apóstol. Aunque adapta el texto aquí y allá, no está enseñando nada ajeno al contenido central de las palabras de Isaías, que es que el Salvador hará volver a Israel de sus pecados. Con todo, necesitamos examinar brevemente cómo lo adapta, no solo como defensa, sino porque nos ayudará a ver el asunto con más claridad.

Para Pablo, el libertador vendrá "de Sion". Puedo entender una doble razón para este cambio. Primero, porque Sion ha cambiado de lugar, por decirlo así; Jesús no puede venir *a* Sion para bendecir a Israel porque allí es donde está ahora, gobernando desde el Monte de Sion celestial (Heb 12:22-24); las bendiciones añadidas solo pueden provenir "de Sion". El cambio, con todo, no altera la idea central de bendición para Israel. Aunque también parece aludir aquí al clamor de David en el Salmo 53:6, "¡Oh, si saliera de Sion la salvación de Israel!". El salmo presenta a Israel en una pobre condición espiritual, con los impíos dominando y los piadosos siendo excluidos. David ora que la salvación de Dios venga a ellos "de Sion" y obre el cambio. Es casi como si se imaginara a Dios encerrado en el arca del pacto en el Monte Sion sin intervenir en la situación. Clama a él para que actúe, que salga. En los tiempos del Antiguo Testamento, Dios respondió muchas veces a tal clamor, pero la mayor respuesta a ese clamor por la liberación fue la venida del Mesías. Si Pablo dice "de Sion" en Romanos 11:26 es porque ve en el Salmo 53:6 la posibilidad de otra gran respuesta al mismo clamor por Israel: una visitación especial del Salvador, por medio de su Espíritu, para revertir la situación permanente de incredulidad dominante en Israel.

La otra adaptación que hace Pablo tiene que ver con la bendición del pacto. Isaías se centra en el don del Espíritu mientras que el deseo de Pablo es centrarse en la esencia del *nuevo* pacto de Dios con Israel, revelado a Jeremías después del tiempo de Isaías, que no se acordaría más de sus pecados. Pablo está poniendo en primer lugar lo primero en una situación de incredulidad. Por tanto, toma palabras de Isaías 27:9 y las encaja para expresar la principal bendición del pacto que Israel necesita, el perdón de los pecados.

- *¿Cómo, cuándo y dónde?*

Inevitablemente, los cristianos teorizan sobre cuándo, dónde y cómo sucederá todo esto. Lo único que sabemos con certeza como respuesta al "cuándo" es que será después de que la plenitud de las naciones haya oído y respondido. Puede que tal cosa no esté tan lejos si pensamos que el evangelio ha llegado a casi todas las partes del planeta a través de Internet, la radio y la televisión.

En cuanto al "dónde", es obvio decir, dondequiera que vivan los judíos, que es en casi todas partes del mundo. Aunque es difícil evitar pensar que su retorno a la tierra tiene algún significado. Los ojos de todos. están puestos en Israel, y no solo los de los judíos, sino que el mundo entero toma nota de los acontecimientos del Oriente Medio. Todos, o mejor, casi todos, quieren una solución pacífica al conflicto. ¿La mejor manera de mostrar el poder del evangelio sería que los árabes se convirtieran a Cristo y provoquen a celos a los judíos para que todos sean uno en él?

La respuesta a "cómo hacerlo", podemos decir con certeza que será por oír y creer en el evangelio. La Escritura no conoce otra manera. Sugerir, como hacen algunos, que Israel creerá cuando vean el regreso de Jesús, es totalmente contrario a un principio cardinal del evangelio, que la salvación se recibe por fe. Se suele suponer que la conversión de Israel será repentina y espectacular, pero puede que no sea así. Podría suceder a lo largo de un período de tiempo, pero cuesta imaginar que sea mucho tiempo. Algo que sabemos es que los caminos del Señor no son nuestros caminos, por lo que algunas cosas sobre la salvación de Israel sin duda nos sorprenderán a todos y lo glorificarán a él.

5. Romanos 11: 30–32: desobediencia y misericordia

Pablo sigue insistiendo a sus lectores cristianos gentiles sobre el principio fundamental, que el Señor no ha desechado a Israel. Tiene una perspectiva última que quiere que adopten y se refiere a la desobediencia y la misericordia. Inmediatamente después de revelar la salvación futura de todo Israel, recalca a sus lectores gentiles que, aunque a veces vean que los judíos se muestren como sus enemigos, aun así, Dios los ama. Pablo lleva entonces esto en una reflexión más profunda acerca de la misericordia, que tanto gentiles como judíos han experimentado, y la interconexión que hay entre ambos.

- *Todos necesitamos la misericordia*
  Pablo está pidiendo a los cristianos gentiles con tendencia a la jactancia a que se bajen del burro. Les recuerda que lo que son, se lo deben a que, aun siendo desobedientes, han sido recibidos a misericordia. Después señala que lo mismo sucede y sucederá con el Israel desobediente: "para que… ellos también alcancen misericordia". Es como si Pablo les estuviera preguntando: "¿Acaso os molesta?" Teniendo en cuenta lo que por misericordia habéis recibido, ¿queréis que ellos no la obtengan?".

- *Judíos y gentiles nos necesitamos mutuamente*
  De nuevo Pablo habla de que estamos entrelazados. En los propósitos de Dios, los gentiles recibieron misericordia por la desobediencia de Israel, e Israel recibe misericordia como consecuencia de la misericordia mostrada a los gentiles. Que esto fue deliberado en el plan de Dios se indica en el versículo 31; Israel fue desobediente al evangelio precisamente para que pudieran alcanzar misericordia a través de

la misericordia de Dios para con los gentiles. Si este es el plan de Dios, entonces los cristianos gentiles no debemos tener ninguna duda de que el propósito de Dios para con Israel sigue vigente, y además tenemos que seguir presentándoles el evangelio; ¡su salvación depende de los cristianos gentiles!

• *A Dios sea la gloria*
Las reflexiones finales de Pablo tienen de nuevo un enfoque doble: la misericordia de Dios y el misterio de cómo la ejerce. Es un buen punto para terminar. Con seguridad se trata de un gran triunfo de la gracia divina: llegará un momento en que todo Israel creerá. Tras siglos de una de las más feroces resistencias al Hijo de Yahveh, habiendo pronunciado a veces algunas de las blasfemias más espantosas, Dios, que lo ha visto y oído todo, muestra finalmente lo paciente que ha sido durante todo este tiempo, llamando y recibiendo de nuevo a Israel. La oración de Jesús será ampliamente contestada: "Padre, perdónalos, porque no saben lo que hacen" (Lc 23:34). Aunque muchos cristianos gentiles parecen estar contentos de que hayan sido rechazados, Dios no lo está. Está dispuesto a mostrar su gracia de modo que el mundo entero se maraville. Dios perdona nuestra dureza e indiferencia, nuestra actitud de "no hago mal a nadie". Pero no insistiría demasiado en lo singular de la hostilidad judía, pues no hay duda de que en estas palabras finales Pablo ve a gentiles y a judíos esencialmente en igualdad de condiciones; todos son desobedientes e igualmente necesitados de misericordia.

Y después está la cuestión de cómo Dios lo ha hecho. Lo mejor que puedo hacer es asumir plenamente las gloriosas palabras de Pablo y pedir que nos unamos diciendo un "Amén" desde lo profundo del corazón.

¡Oh profundidad de las riquezas de la sabiduría y del conocimiento de Dios!

¡Cuán inescrutables son sus juicios, e insondables sus caminos!

Porque ¿quién penetró en el pensamiento del Señor?

¿O quién fue su consejero?

¿O quién le dio a él primero, para que le fuese recompensado?

Porque de él, y por él, y para él, son todas las cosas. A él sea la gloria por los siglos. Amén.

Preguntas:

1. ¿A quién se le llama "Israel" en Romanos 9 a 11?
2. ¿Cuáles son los dos temas principales de Romanos 11?
3. Pablo pide a los cristianos gentiles que no se jacten contra Israel. ¿Cuáles son los argumentos que usa? ¿Cómo se manifiesta esa jactancia entre los evangélicos en la actualidad?
4. ¿A qué misterio se refiere Romanos 11:25-26?
5. ¿Cómo interpreta Pablo el Antiguo Testamento para basar su enseñanza de Romanos 11: 25-26?

APÉNDICE I

Sobre el autor

El autor de este libro ha sido misionero entre los judíos por más de treinta años. Su ascendencia no es judía, pero creció en el Reino Unido en un hogar cristiano nominal convirtiéndose a Cristo en 1970. En 1977 se casó con Judy, que creció en Ghana. Tienen dos hijos y seis nietos.

Desde el comienzo de su vida cristiana, Paul creyó que Dios lo llamaba a predicar el Evangelio, y leyendo las Escrituras, especialmente Romanos 1:16, sintió carga por la salvación de los judíos. Siguió estudios teológicos y en 1979, se incorporó al equipo misionero de Christian Witness to Israel (actualmente *International Mission to Jewish People*). Los primeros cuatro años los pasó en Brighton, ciudad del sur de Inglaterra, alcanzando a los judíos, visitando hogares y organizando reuniones especiales para ellos. En 1983, Paul y Judy, con sus dos hijos, se mudaron a Londres y participaron en diversos tipos de campañas para alcanzar la comunidad judía en la que vivían. Hicieron muchos contactos con judíos y algunos se convirtieron. Paul tenía igualmente interés por animar a los creyentes judíos en su fe y organizó reuniones de hogar con ellos en su zona de Londres.

Paul ha organizado seminarios de capacitación para cristianos, y en 1990 comenzó la CWI Summer School (Escuela de Verano del TCI), programa de capacitación residencial para cristianos que incluye el testimonio a los judíos de Londres. También ha escrito el libro *Telling Jews About Jesus* (Hablar a los judíos de Jesús).

De 1995 a 2000, Paul viajó a países en los que los judíos tenían pocas oportunidades de oír de Jesús y que estaban relativamente abiertos a escuchar. El objetivo era desarrollar nuevos campos de testimonio. Ha estado en Rusia, Bielorrusia, Bulgaria, Rumanía, Turquía y Marruecos; evangelizando a judíos para ver cómo comenzar nuevas obras.

De 2001 a 2011, Paul y Judy se mudaron a Sydney, Australia, para que Paul dirigiera la obra allí. Utilizaron todas las formas habituales de ministerio y algunos judíos se convirtieron. Para ayudar a Paul en la obra se les añadió una pareja coreana, KayChan Park y su esposa, lo que ayudó a que más cristianos coreanos se interesaran y se unieran a CWI, lo que llevó a Paul y a KayChan a realizar cuatro giras de predicación en Corea del Sur.

En este momento, el autor y su esposa han regresado al Reino Unido, donde él desarrolla un ministerio como escritor y predicador. El original de este libro en inglés se completó y publicó en 2013. Paul participa también en campañas para alcanzar a los judíos, apoya el desarrollo de International Mission to Jewish People en Corea y es miembro del órgano rector de la entidad.

La obra entre los judíos no ha sido nunca fácil. Generaciones de incredulidad y persecución en el nombre de Jesús han creado una atmósfera en la que los judíos no están dispuestos a aceptar las enseñanzas de Jesús. Pero Dios es benigno y soberano y siempre hay alguno que se convierte, pues la semilla de la palabra es sembrada en las mentes y los corazones de muchos. Cuando leas este libro, que el Señor te guíe a trabajar con nosotros de alguna manera y que Dios reciba la gloria.

APÉNDICE II

Christian Witness to Israel, ahora llamada International Mission to Jewish People

¿Qué es International Mission to Jewish People?

International Mission to Jewish People es una entidad misionera evangélica internacional no confesional, cuyo fin es alcanzar a los judíos con el evangelio de Jesucristo.

¿Cómo comenzó?

En los inicios del siglo XIX, se celebraron diversas reuniones en el Reino Unido para ver qué pasos habría que dar para alcanzar a los judíos con el evangelio. Uno de los resultados fue una reunión que se organizó en Londres el 7 de noviembre de 1842 para constituir la British Society for the Propagation of the Gospel among the Jews (Sociedad Británica para la Propagación del Evangelio entre los Judíos). Más tarde, la sociedad se convirtió en la International Society for the Evangelisation of the Jews (IJS, Sociedad Internacional para la Evangelización de los Judíos). En 1976, la IJS se fusionó con la Barbican Mission to the Jews (Misión a los judíos de Barbican) fundada en Londres en 1879), creando así Christian Witness to Israel.

Dónde trabajamos

El "Israel" de nuestro título se refiere a los descendientes de Abraham, Isaac y Jacob, por tanto, el nuestro, es un ministerio internacional, con personal en Australia, Nueva Zelanda, Reino Unido, Francia, Bulgaria, Alemania, Holanda, Hungría, Estados Unidos de América e Israel. En Rusia, Moldavia y Rumania editamos literatura para el ministerio, y por Internet estamos llegando a judíos en todo el mundo.

Qué creemos

En la dirección http://www.imjp.org se puede leer nuestra declaración de fe, que resumimos brevemente a continuación:

Sola Gracia

El ejercicio único de la gracia del Dios Trino en la salvación por medio de la fe.

Sola fe

La suficiencia única de la fe en nuestra unión con Cristo y para participar en todos los beneficios de la redención.

Sola Escritura

La autoridad única de la Escritura como palabra inspirada e inerrante de Dios es la única regla de fe y conducta.

Soporte financiero

La mayor parte de nuestros ingresos provienen de donativos voluntarios, grandes y pequeños, procedentes de cristianos que comparten nuestra carga por la salvación de Israel. El compromiso regular, cada vez mayor, por parte de iglesias y grupos de creyentes nos sirven de gran estímulo.

Personal judío y no judío

International Mission to Jewish People emplea a creyentes judíos y gentiles que trabajan juntos como testimonio de la verdad de que el Señor Jesucristo ha derribado "la pared intermedia de separación (entre judíos y gentiles), para crear en sí mismo, de los dos, un solo y nuevo hombre (Efesios 2:14-18). Nuestro personal proviene de distintos trasfondos nacionales, étnicos y lingüísticos.

Cómo testificamos al pueblo judío

Nuestro testimonio tiene dos aspectos: participamos con nuestro testimonio directo a los judíos, y colaboramos con el testimonio de otros cristianos e iglesias entre amigos y vecinos judíos.

En nuestro propio testimonio directo, utilizamos métodos para llegar a los judíos allí donde viven y trabajan, como evangelización en la calle con tratados, mesa de libros, música y testimonios o predicación al aire libre, así como visitar a los judíos en sus casas. Con este fin, diseñamos y producimos nuestra propia literatura especializada. Asistimos a eventos de la Nueva Era para alcanzar a los judíos de la Nueva Era. Los misioneros también dedican tiempo a brindar amistad y apoyo a las familias que visitan, en hospitales e instituciones judías. Algunos misioneros contactan con judíos asistiendo a conferencias, etc. en instituciones judías. Organizamos reuniones públicas para presentar el evangelio y también hemos realizado campañas publicitarias en los medios de comunicación, suscitando el debate público en los periódicos, en la radio y la televisión para dar a conocer a la comunidad judía nacional los elementos básicos del evangelio. Utilizamos ampliamente Internet y las redes sociales para presentar el evangelio y establecer relaciones con judíos. Tratamos siempre de ser creativos y abiertos a la dirección del Espíritu Santo.

Trabajamos con cristianos e iglesias organizando eventos a los que los cristianos pueden invitar a amigos judíos, por ejemplo, reuniones puntuales como la cena de Pascua, o reuniones más regulares como estudios bíblicos evangelísticos, veladas musicales o una comunidad mesiánica. Los cristianos suelen pedir consejo u organizar que nos reunamos con sus amistades judías. También organizamos seminarios de formación, y editamos literatura para instruir y animar a los cristianos en el testimonio a sus amistades judías.

Nuestro ministerio en Israel es Hagefen Publishing (www.ha-gefen.org.il) que edita literatura en hebreo moderno para las iglesias emergentes en Israel. Hace poco hemos respondido a solicitudes de literatura en ruso, árabe, persa y amárico.

"Al judío primeramente"

La evangelización de los judíos ocupa un lugar central en la estrategia de Dios para la misión mundial. Esta idea encuentra su expresión más clara en Romanos 1:16. Pablo enseña que mientras el evangelio continúe siendo "el poder de Dios para salvación", seguirá teniendo una relevancia especial para los judíos. En su estrategia misionera, Pablo siempre fue primero a los judíos en cualquier pueblo o ciudad que visitara, ¡aun siendo él el apóstol de los gentiles! Actuó así hasta el final de su ministerio, como está recogido en Hechos, lo que establece un modelo para la iglesia: hacer siempre un esfuerzo especial para predicar a los judíos, así como predica a todas las naciones. El gran Hudson Taylor, fundador de la Misión Interior de la China, sostenía que "a la obra de Dios, hecha a la manera de Dios, nunca le faltará la bendición de Dios" y como compromiso simbólico con este principio, su primera contribución financiera a la obra misionera cada año era un cheque enviado a una misión judía llamada "Al judío primeramente".

La restauración espiritual de los judíos

Nuestra declaración de fe no requiere que el personal suscriba una visión concreta de las profecías de los últimos tiempos. Sin embargo, en Romanos 11:15 se dice que la conversión de Israel es "vida de entre los muertos" para el mundo. El argumento de Pablo es que, si los gentiles se han beneficiado tanto del tropiezo de Israel, ¿cuánto más se beneficiarán de la restauración espiritual de los judíos? Parece, por tanto, que el éxito del evangelismo mundial está ligado a la salvación de Israel. De alguna manera, la salvación de quince millones será el medio de vida para seis mil millones.[90] Tenemos que evangelizar el mundo y no podemos posponer esta tarea hasta que Israel sea salvo, pero hemos de trabajar a la manera de Dios. El centro de nuestra preocupación por la misión mundial debe ser la preocupación por la salvación de los judíos.

International Mission to Jewish People en Latinoamérica

Solo hemos tenido un misionero en Latinoamérica, y únicamente por un breve tiempo. Oramos que este libro sirva para hallar quienes se levanten a trabajar con nosotros y así alcanzar, con el evangelio, a los judíos en Latinoamérica. Si deseas saber más, ponte en contacto con nuestra oficina central.

Dirección de nuestra oficina central:

International Mission to Jewish People
1 Oasis Park, Stanton Harcourt Road, Eynsham, Witney, OX29 4TP UK
Tel: +44 (0) 1865 887830
Fax: +44 (0) 1865 887839
Email: info@imjp.org
O rellena el formulario en nuestra página web:
http://www.imjp.org/contact

---

[90] La población mundial al momento de la edición española de este libro (2020). N.T.

ÍNDICE TEMÁTICO